日本比較法研究所翻訳叢書
78

証拠に基づく少年司法制度
構築のための手引き

ジェームズ・C・ハウエル
マーク・W・リプシィ
ジョン・J・ウィルソン
著

中野目善則 訳

**A Handbook for
Evidence-Based Juvenile
Justice Systems**

**by
James C. Howell
Mark W. Lipsey
John J. Wilson**

中央大学出版部

Translated from the English Language edition of Handbook for
Evidence-Based Juvenile Justice Systems ('the work'),
by James C. Howell, Mark W. Lipsey and John J. Wilson,
originally published by Lexington Books, an imprint of
The Rowman & Littlefield Publishing Group, Inc., Lanham, MD, USA.
Copyright © 2014. Translated into and published in the Japanese language by
arrangement with Rowman & Littlefield Publishing Group, Inc.
through Tuttle-Mori Agency, Inc., Tokyo. All rights reserved.

No part of this book may be reproduced or transmitted in
any from or by any means electronic or mechanical including photocopying,
reprinting, or on any information storage or retrieval system,
without permission in writing from Rowman & Littlefield Publishing Group.

"The Age-Crime Curve of self-reported serious delinquents" and
"A Simulated Reduction of the Age-Crime Curve" from the eBook
"MODELING THE IMPACT OF INTERVENTIONS ON LOCAL INDICATORS OF
OFFENDING, CICTIMIZATION, AND INCARCERATION" by Rolf Loeber.
Copyright © 2011, Springer Science+Business Media
Reprinted with permission of Springer
c/o Copyright Clearance Center, Inc., Danvers
through Tuttle-Mori Agency, Inc., Tokyo

"Developmental Domains and Interactive Influences on Delinquent Careers" and
"Developmental pathways to serious and violent offences" from
"Tomorrow's Criminals" edited by Rolf Loeber, N. Wim Slot,
Peter H. van der Laan and Machteld Hoeve
Copyright © 2008 Rolf Loeber, N. Wim Slot, Peter H. van der Laan and Machteld Hoeve
Published 2008 by Ashgate Publishing
Reproduced by permission of Taylor & Francis Books UK
through Tuttle-Mori Agency, Inc., Tokyo

装幀　道吉　剛

訳者はしがき

1. 本書の特長

　本書（A Handbook for Evidence-Based Juvenile Justice Systems）は、少年の非行・犯行の予防と減少に有効であることが証拠により確認された諸方策を用いて、非行・犯行をもたらす背景要因に包括的に対処し、少年の非行・犯行を予防し減少させる戦略を実務に導入するための手引きである。

　少年司法については、様々の考え方があり、それは本書でも検討されているが、本書で展開する、包括戦略という考え方は、OJJDP（アメリカ合衆国司法省少年司法および非行予防局）において推奨され、Guide for Implementing the Comprehensive Strategy for Serious, Violent and Chronic Offenders（「重大犯罪を犯し、粗暴犯を犯し、かつ慢性的に犯罪を犯す犯行者に関する包括戦略の実施のためのガイド」）と題する書物が公刊され、包括戦略はこれまでいくつかの所で実施され、成果を上げてきている。だが、全米でこの考え方が普遍的に採用されているわけではない。本書で示されているように、少年司法制度による拘禁・収容の対象となり、成人手続に送致され、施設に収容される状況もアメリカ合衆国では広く見られ、厳罰化により対処する考え方によるところも多い。そうした中で、本書は、少年非行の予防と再犯の予防・減少に関して、犯行に関係する発達段階のリスク要因と保護要因を踏まえて、有効性があることがメタ分析により認定された方策を用いて対処し、施設への収容をできるだけ減らすことを重視した方策とそれを実施するための具体的方法を提示している。

　本書の特長は、少年非行、少年による犯行の予防・減少について、隣接諸科学の実証的成果を踏まえて科学的議論を展開している点にあろう。

　「証拠に基づく少年司法制度構築のための手引き」という本書の表題が示すように、本書は、コントロール・グループを使った諸プログラムのメタ分析を通して、少年の非行・犯行の予防・再犯防止に効果があることが証拠によって

確認されたプログラムを用いて、少年非行・犯行に関係する諸要因に広く目配りした多機関連携による包括的対処策を提示しており、医学その他の領域などで用いられる、コントロール・グループを用いた方策の有効性の検証とかかる検証のメタ分析を基礎に有効な方法を割り出す手法と共通する手法が採用されており、少年非行・少年による犯行への科学的アプローチが基本をなしている。

　本書は、非行や犯行に至る前の、「予防」の段階から、非行や犯行が発現した後の「再犯の阻止・予防」まで、広い範囲を対象としており、児童・少年の発達段階を考慮に入れて、非行・犯行の背景要因となっているリスク要因と、犯行を阻止し社会化を促進する保護要因を分析し、リスク要因に包括的に対処し、保護要因を促進して、少年非行・少年の犯行に対処する方策を提示している。これらの要因も長年にわたる数多くのリサーチから得られたものである。

　「包括戦略」は、再犯の防止にとどまらず「先手を打って」予防することを視野に入れている。相互に影響を及ぼし、非行・犯行へと至るリスク要因を示し、発達段階に応じた効果的対処方法を提示する。犯行はいきなり出現するのではなく、発達の諸段階を経て、「重大犯罪を犯し、粗暴犯を犯し、犯行を慢性的に犯す犯行者（Serious, Violent and Chronic Offender——SVC）」に至るとの分析を基礎に、包括戦略は、非行と再犯の予防のために、非行・犯行に関係する多様な背景要因と経路があることを踏まえて、それらの諸要因に効果的に対処するべく、「関連多機関」が「連携」してそれらに有効に対処する戦略を提示する点に特長がある。

　非行や犯行に出た少年の再犯の予防に関して、少年の非行・犯行の「段階に応じた」「切れ目のない」対処が包括戦略の特長である。リスク要因に対処するとともに、保護要因を促進し、少年の再犯のリスクに応じた段階的対処の重要性を踏まえた戦略を提示する。少年非行・犯行があり、少年司法制度に関わることになった場合にも、全ての少年を一律に扱うのは妥当ではなく、少年非行はあったが、成人になれば犯行を止める大部分の者と、再犯の危険がそれよりは高く中程度にある者、これよりは再犯の危険が高いがSVCほどではない者、再犯の危険が高い上記のSVC犯行者を区別して扱い、犯行者のニーズと

再犯のリスクに応じた異なる対処を提示する。

　包括戦略の特長の一つは、大雑把に言えば、SVC は、少年犯行者の1割以下を占めるに過ぎないが、これらの者が、犯行全体の5割を超えるほどの非常に多くの犯行を犯していることを踏まえて、これらの者への有効な対処の重要性を強調し、SVC に至るのを阻止する方策とそこにまで至った者への包括戦略による有効な対処を説いている点にあろう。

　少年非行・少年の犯行の予防・減少について、理念とアイディアだけではなく、犯行に至る要因や経路についてのリサーチとデータの分析を基礎とする隣接諸科学の成果を踏まえたアプローチによる対処を本書は提示している。

　本書が費用便益計算について言及している点も重要である。非行・犯行後の対処はコストがかさむ。重大な犯行が生じてからの対処は、社会・被害者に対するコストの点でも、犯行者の処遇に要するコストの点でも、予防よりも遙かに多くのコストを生む。犯罪被害との関連でも、予防の重要性を説く本書の視点は参考となる。次の被害者を生まないようにするには、加害者の行動の変容をもたらすことが重要である。

　Howell 先生、Lipsey 教授、および Wilson 氏には多くの著作があるが、本書は、「包括戦略」の神髄について要領よく纏めた優れた案内となっており、推奨に値する。

2. 我が国との関連での本書の意義

　我が国の少年法は、第二次大戦後終了後に、米国の影響を受けて制定された。本書は、母法国ともいえる米国における変化・動向と、近時の科学的に検証された有効な方法を基礎とする少年非行、少年の犯行への対処がどのような方向に向かおうとしているのか、少年司法がどのような方向に向かうべきなのかを示しており、米国の動向を知る上で重要な文献であろう。米国における状況を把握するのは容易ではない。一口に米国といっても、連邦制度がとられ、50 以上の州と連邦があり、カウンティがあり、制度とその運用には多様性がある。州が違えば制度や運用が異なることがあるのは勿論だが、同じ州の中で

iv

もカウンティによって運用が異なることは珍しくはなく、全米における様々の状況やそれを支えるフィロソフィー（基本的考え方）を的確に把握するのは簡単なことではない。本書は米国における近時の状況について、多数の文献と研究を踏まえて、全体像と問題点を示すとともに、包括戦略による解決策を提示し、包括戦略による対処で少年非行、少年の犯行の予防・減少に成果を上げてきている州にも言及して、包括戦略の意義を説いている。米国について、「米国では」、と一般化されてしまう傾向もあるが、本書を通して、米国における多様な動向と、実証的な科学的理論の基づく包括戦略の意義を知ることができ、有意義であろう。少年非行、少年の非行・犯行の予防と再非行・再犯の防止は我が国においても重要な課題であり、本書は法制度や運用の改善を考えるに際して参考となるだろう。

　我が国の少年法は、米国法の影響を受けて Parens Patriae（国親思想）に立つ考え方を基本に、要保護性を柱とする少年法制度が構築されており、近時は、少年非行について、不定期刑の上限を引き上げるなどの制度の改正がなされ、現在、少年法が適用される年齢を、20歳未満から18歳未満に引き下げるべきか否かが議論されてきているが、本書で展開されている包括戦略の議論は、予防的対処と段階的サンクションを踏まえて、家庭の機能を強化・回復させることで少年の健全育成を図ることが重要であることを説き、少年の発達過程を踏まえた対処の重要性を説いており、効果的な少年の非行・犯行予防、再非行・再犯予防、再非行・再犯減少の点で参考とされるべき点があろう。我が国の場合には、少年院への入院者数は、平成27年段階で2538人と、米国における拘禁者・収容者数の状況とは大きく異なるが、それでも、少年の再非行率は、平成27年で36.4%と上昇傾向にあり、平成27年6月以降、少年鑑別所法が施行され、多機関連携による少年の再非行予防のための方策が導入され、法務少年支援センターによる非行防止のための地域援助が導入されるなどしてきているが、多くの者が非行後に家庭裁判所により、要保護性なしとして処理されており、その後の制度上のアフターケアに懸念が残る。本書で展開されている議論をみれば、米国法を模範とした我が国の少年法制度と異なり、米国には、

Parens Patriae の考え方とは異なる、実証的で堅実な議論が展開されているのを知ることができ、我が国の法制度と運用を再考するきっかけともなろう。

　他方で、我が国においては、少年法による法制度を基礎とする対処とは別に、少年サポート・チームなどの多機関連携による指導・支援が警察を中心に行われて来ており、平成 28 年 12 月 14 日には「再犯の防止等の推進に関する法律」が制定され、非行少年の再犯の防止に関する国及び地方公共団体の責務が定められた。本書はこのような活動に理論的基礎を提供するものであろう。本書は、多機関連携は、精神医療機関など、関連諸機関の範囲をさらに広げて対処するべきことを示唆しており、少年非行、少年の犯行にさらに効果的に対処するための、多機関連携の在り方と拡充を考えるうえで重要な視点を提供している。

　本書においては、非行少年の処遇上のニーズと再犯の危険に関する、具体的に用いられるテストについても言及されており、少年司法の専門家に参考になる視点が提供されている。

　さらに、本書では、少年非行の予防と再犯の予防・減少との関連で発達心理などの隣接諸科学の成果が利用されており、発達心理などの、隣接領域での成果が実際の問題の解決にどのように役立ち、使われるのかが示されており、隣接諸科学の領域での研究者にも、研究領域を広げ、社会問題解決に資するリサーチを行う刺激となろう。本書の議論は、関連諸科学の応用の上に展開されており、我が国における少年非行・犯行の予防・減少を、実証的、科学的基礎に立って考える上で、かなり重要な示唆を与えるものであろう。

3. 翻訳に至った経緯、謝辞、期待

　訳者が、Howell 先生を知るに至ったのは、故渥美東洋教授（中央大学名誉教授）が中心になって研究を進めていた少年法制に関する研究会に端を発する。渥美東洋教授は、本書の包括戦略の考え方に立った多機関連携による少年非行の予防・減少に関する多くの論文・著作を公刊され、2011 年には神戸で開催された国際犯罪学会においても、少年非行の予防・減少をテーマに、包括

戦略による、非行の背景要因に広く目配りした、科学的議論とそれに基づく対処の重要性を指摘した報告をされた。訳者は、2008年に米国において在外研究をする機会を中央大学より与えられたが、そのときに、故渥美東洋教授と一緒に North Carolina（ノースキャロライナ）の Raleigh（ローリー）に Howell 先生をお訪ねして、包括戦略による実際についてのご説明を伺った。精力的に著作を重ねられてきている Howell 先生が、共著で包括戦略の書物を著されたことを知り、本書の翻訳をしたい旨をご連絡しご了解を得るとともに、Lexington Books から著作の翻訳についての了解を得て訳出したのが本書である。

　かかる経緯から、訳者が本書を翻訳し、日本比較法研究所の助力を得て出版する運びとなった。本書の公刊を快諾され、翻訳権の取得をはじめ、種々の助力を提供して下さった、日本比較法研究所に深甚の謝意を表する次第である。

　本書は、我が国の少年司法について政策を策定し運用する専門家、少年非行の問題について日々考察を重ねておられる裁判官、検察官、弁護士、少年司法の問題について考察する研究者、少年の問題について立法に携わる議員、非行・犯行の予防・減少のために活動している実務家、非行の予防との関係で重要な意義を有する学校の先生、少年非行の問題について接する機会の多いマス・メディアの人々、日常の少年非行の問題に関する報道に接して少年非行について考えを廻らせる一般の人々、法律専攻ではない発達心理や精神医学の専門家などの、他の隣接領域で作業されている研究者や実務家に、広く読んでいただければと思う。リスクとニーズに関するテストの説明など、専門家向けの叙述も多いが、どのような考え方と方策が少年非行・少年による犯行の予防と再犯の防止にとって効果的なのかを考えるうえで、本書は、リサーチとデータに基づいた予防と再犯防止に関する科学的議論を展開しており、十分に参考に値するものと思料する。本訳書が、今後の我が国における少年非行の予防・減少を進めるうえで寄与することができれば幸いである。

　2017年1月10日

中野目善則

謝　辞

　著者らは、次の方々が、本書の詳細な記述に重要な寄与をなしたことを認め、これに謝意を表するものである。とりわけ、ヴァンダービルト大学のGabrielle Chapman は、本書で報告されているメタ分析と、様々の州での制度改革において、Mark Lipsey と共同作業してきた。また、我々は、Megan Qually Howell が本書にユニークな寄与をしてくれた点に深甚の謝意を表するものである。彼女は、「包括戦略に立って考えを廻らせる人」であるとともに、少年司法の分析者である。また、我々は少年司法制度の改革を実行するのに、我々と緊密に協議して作業に当たってくれた州の重要なオフィシャルに多くを負っている。彼らは、しっかりとしたリーダーシップを果たしてくれた。これらの人々には、Billy Lassiter, June Ward, Jesse Riggs, Nancy Hodges, Pam Stokes, Rich Smith, Scott Stoker, Cindy Porterfield, Linda Graney, Ron Tillman, Massey Whiteside (North Carolina); Rob Lubitz, Stacia Nowinski-Castro, David Redpath, and Jeanne Brandner (Arizona); Wansley Walters, Laura Moneyham, Joan Wimmer, Adrienne Conwell, Michael Baglivio, and Mark Greenwald (Florida); Keith Snyder and Robert Williams (Pennsylvania); and Steve Grant, Julie Revaz, and Antonio Donis (Connecticut) がいる。また、North Carolina (Megan Howell), Florida (Michael Baglivio), Pennsylvania (Justine Fowler), Connecticut (Peter Kochol), and Arizona (David Redpath) などの少年司法の分析の専門家は、重大犯罪を犯し、粗暴犯を犯し、かつ慢性的に犯罪を行う犯行者に関する分析を行い、そこから政策立案上の、また、プログラム策定上の黙示的意味を引き出すにあたり、我々と緊密な協同作業を行った。Chris Baird と Kristen Johnson (National Council on Crime and Delinquency (犯罪と非行に関する全国協議会)) は、そのユニークな専門知識で、リスクとニーズを評価する実務に、進化した技術を我々が一層進んだ形で適用するのを助けてくれた。これら全ての専門家が本書の価値を高めるのに寄与してくれた。

viii

Dan Oates, Library Director, Suzanne Sinclair, Librarian, Health Sciences Library, First Health of the Carolinas, in Pinehurst, North Carolina（ノースキャロライナ州パインハーストにある、First Health of the Carolinas の、健康科学図書館の図書館長である Dan Oates と、図書館員である Suzanne Sinclair）は、リソースとなる公刊物を集めて、一人目の著者（Howell）を大いに助けてくれた。このことに、深甚の謝意を表するものである。

著 者 紹 介

James C.（Buddy）Howell

　Comprehensive Strategies for Juvenile Justice（少年司法に関する包括戦略）のパートナーである。彼は、連邦のオフィスである federal Office of Juvenile Justice and Delinquency Prevention（OJJDP）in the U.S. Department of Justice（アメリカ合衆国司法省少年司法および非行予防局）で 21 年間働き、その間大部分を Director of Research and Program Development（リサーチとプログラム開発長）としてその職務を果たした。彼はまた、OJJDP の Deputy Administrator（管理運用副官）としてもその職務を果たしてきた。彼は現在、フロリダ州、タラハッシーの全国ギャング・センターの上級リサーチ・アソシエイトとして仕事をしている。彼はここで過去 18 年にわたり、若年者のギャングについてリサーチを重ねてきている。彼は、少年司法、若年者の暴力、およびギャングについて数多くの本を公刊してきている。彼の労作は、例えば、*Crime and Delinquency*（犯罪と非行）、*Criminology and Public Policy*（犯罪学と公共政策）、*Journal of Research in Crime and Delinquency*（犯罪と非行の領域でのリサーチに関するジャーナル）、および *Youth Violence and Juvenile Justice*（若年者の暴力と少年司法）などに公刊されてきている。 Dr. Howell は州と地方における少年司法制度の改革に助力を与えるのに非常に積極的であり、証拠に基づくプログラムを用い、これらのところと共同作業して若年者の暴力とギャングの問題に対処するのに当たり、リサーチに基礎を置く（research based）、データを収集し分析し活用した（data-driven）、バランスのとれたアプローチ（balanced approach）をとってきている。彼は、少年司法の領域で諸組織からいくつか賞を受賞している。例えば、the National Council of Juvenile and Family Court Judges（少年裁判所および家庭裁判所全国協議会）、the National Council on Crime and Delinquency（犯罪と非行に関する全国協議会）、そして、the National Juvenile Court Services Association（少年裁判所サービス全国協会）

x

から賞を受賞している。

Mark W. Lipsey

The Peabody Research Institute（ピーボディ・リサーチ・インスティテュート）の長（director）であり、ヴァンダービルト大学（Vanderbilt University）のリサーチの教授である。彼は、リスクを抱えた児童と若年者に焦点を当てたプログラムの評価を専門に行っている。彼のリサーチ活動は、反社会的行為と非行に関するリスク要因と効果的介入の研究を含む。少年犯行者に関する介入についての彼のメタ分析を行ったリサーチは、多くの効果的なリサーチを識別してきており、この研究をより良く用いて実務を改善する最近のイニシャティヴを率い、この作業を the Center for Juvenile Justice Reform at Georgetown University（ジョージタウン大学少年司法改革センター）および the Office of Juvenile Justice and Delinquency Prevention（OJJDP）と共同して行っている。このリサーチは主要な連邦機関と私的財団による基金の提供を受けて行われてきており、the American Probation and Parole Association（アメリカ合衆国プロベイションおよびパロール協会）、the Association for the Advancement of Evidence-Based Practice（証拠に基づく実務を促進するためのアメリカ合衆国協会）、the Society for Prevention Research（予防リサーチ学会）、the American Society of Criminology（アメリカ犯罪学学会）のような組織から受賞して認められてきている。Lipsey 教授は、the Science Advisory Board for the federal Office of Justice Programs（chairing the OJJDP Subcommittee）（司法プログラムに関する連邦オフィスのための科学助言委員会（OJJDP のサブコミッティーの委員長））と the Advisory Committee for the National Science Foundation Directorate for Education and Human Resources（教育および人材リソースに関する全国科学財団理事会の助言委員会）のメンバーである。彼は、the National Research Council Committee on Law and Justice（法と司法に関する全国リサーチ協議会委員会）と the Crime and Justice Coordinating Group of the Campbell Collaboration（キャンベル・コラボレー

ションの、犯罪と司法の調整グループ）での活動も行ってきており、近時、co-editor-in-chief of Research Synthesis Methods and Campbell Systematic Reviews（リサーチ統合方法およびキャンベル体系的レヴュー誌の共同編集主幹）である。

John J. Wilson

少年司法のための包括戦略のパートナーである。1974 年から 2005 年にかけて、彼は、アメリカ合衆国司法省の司法プログラム・オフィスで、様々な法的問題を扱い、プログラム策定を行う地位にあった。1991 年に、彼は、the federal Office of Juvenile Justice and Delinquency Prevention (OJJDP)（アメリカ合衆国司法省少年司法および非行予防局）に加わり、そこで彼は、Acting Administrator（運営者代理），Deputy Administrator（運営者副官）および Counsel to the Administrator（その運営者の助言者）としての職務を果たした。彼は、OJJDP にいるときに、OJJDP's *Comprehensive Strategy for Serious, Violent, and Chronic Juvenile Offenders* (1993)（OJJDP により公刊された、「重大犯罪を犯し、粗暴犯を犯し、かつ慢性的に犯罪を犯す犯行者に関する包括戦略」(1993)）の共同執筆者となり、この包括戦略の全国テストと実施を率いた。また、彼は、*A Sourcebook: Serious, Violent, and Chronic Juvenile Offenders* (1995)（「ソースブック：重大犯罪を犯し、粗暴犯を犯し、かつ慢性的に犯罪を行う少年犯行者」(1995)）の編集者でもあった。彼は、児童の法的権利、少年司法および家族法のコースで講義をし、教えてきており、彼の業績は、*Children's Legal Rights Journal*（児童の法的権利ジャーナル）、the *Juvenile and Family Court Journal*（少年裁判所および家庭裁判所ジャーナル）、および*Corrections Today*（今日の矯正）に公刊されてきている。彼は、the U.S. Advisory Board on Child Abuse and Neglect（児童虐待および育児放棄に関するアメリカ合衆国助言委員会）のメンバーとしてもその職務を果たしてきている。2005 年以来、Mr. Wilson は、少年司法の問題に関するコンサルタントとして活動してきており、the National Council of Juvenile and Family Court

Judges' *Juvenile and Family Court Journal*（少年裁判所および家庭裁判所裁判官の全国協議会による、少年裁判所および家庭裁判所ジャーナル）の編集レヴュー委員会に参加し、the Board of Directors of the National Juvenile Defender Center（少年の審判等に関係する弁護人全国センター理事会）でその職務を果たしてきている。

目　　次

訳者はしがき
謝　　辞
著者紹介

第1章　は じ め に ……………………………………………………… 1

第2章　少年司法実務に重要な意味を持つリサーチ ……………… 11

第3章　証拠に基づく少年司法実務のための包括戦略…………… 57

第4章　少年犯行者に対する証拠に基づく効果的な予防と
　　　　介入プログラム ……………………………………………… 93

第5章　標準化されたプログラム評価手順 ………………………113

第6章　証拠に基づく実務の開始と証拠に基づく実務の維持……145

第7章　証拠に基づくプログラムの作成をサポートする
　　　　八つの枢要な運用上のツール ……………………………157

第8章　結　　　論 …………………………………………………207

　付言（Appendix）　必要とされる少年司法制度の改革　210
　参 照 文 献　251
　索　　　引
　　和文事項索引　284
　　英文事項索引　290

第 1 章

は じ め に

　「少年司法のサイクル」は、アメリカ合衆国の少年犯罪に対応するための、独特の特徴を示すアプローチである。ここに、アメリカの少年司法がどのように働いてきたかを示そう（Bernard, 1992）。アメリカ人は、少年非行とそれに対処する適切な公の対処について、強固でしかも相抵触する見解を長きにわたって抱き続けてきた。アメリカの少年司法制度は、少年犯行者のための処遇を強調する点で、寛大に過ぎる、と主張するグループがアメリカ合衆国の社会にはいる。彼らは、少年司法制度が寛大であるために、非行を奨励することになっており、したがって、少年犯行者に、より厳しいアプローチが必要だと主張する。これらの政策が実行されると、別のグループが厳しい処罰に反対し始め、厳罰が少年犯罪を減少させていることは明らかではないと指摘する。このような議論は、少年犯行者の更生をより強調する議論に回帰する議論に至り、このサイクルが再度始まるということとなる。これらの各時代において、その時点における少年非行者の群は、「かつてにもまして悪くなっている」と描かれた。少年非行者をこのように特徴づけるのは異常なことではない。「若年者の大部分ではないにせよ、若年者の多くは、人種の歴史の中で最も悪意のある者であるとの見解を、全ての世代は、古代から抱いてきている。」（Hamparian, Schuster, Dinitz et al., 1978, p.11）。最近の処罰―更生のサイクルは、過去 20 年にわたるものだが、少年非行に関する異なる見方であり、少年犯行者に関する証拠に基づく実務が発展するために、重要な支流を成す考え方であった。

　重大犯罪を理由とする少年非行による逮捕は、多年にわたりほとんど変化が

2

みられなかったが、その後、1980年代後期に増加し始め、その後、毎年増加が続き、1994年にピークに達するまで続いた（Synyder and Sickmund, 2006）。1980年代半ばから1990年代初期にかけて、粗暴犯を理由とする少年の逮捕率は急激に上昇し、ホミサイド（homicide（人の死を惹起する犯罪）による少年の逮捕者数はその中でも最も顕著なものであった。二、三人のリサーチを行う者は、その10年で、若年者による粗暴犯が「前例のない規模での伝染病」の域に達していると主張した（Blumstein, 1995; Cook and Laub, 1998; Fox, 1996）が、数多くのデータ・ソースが注意深く検討されると、少年の粗暴犯が一般的な伝染病のように広がっているという結論は経験的な基礎を欠いていることが判明した（Howell, 2003b; Zimring, 1998）。より多くの少年が粗暴犯で告発されていたが、暴力に訴える行動の実際の率は上昇してはこなかった。いわゆる少年犯罪が伝染病のように広まっていると言われた時期のピーク時で「すべての逮捕少年のわずか約6パーセントが粗暴犯で逮捕されたにとどまり、粗暴犯で逮捕された者の1パーセントの10分の1以下を、ホミサイド（人の死を惹起する犯罪）で逮捕された少年が占めているのに過ぎなかった（McCord, Widom, and Crowell, 2001, p. 33）。

　それにもかかわらず、少年司法の領域以外の二、三の分析者がいわゆる伝染病を非常に誇張した見解を示した。DiIulio（1995）と Wilson（1995）は、おおよそ1995年から2010年の間に、少年による粗暴犯の新たな「波」が生ずると予言した。彼らは、その見解の基礎を、一部、いわゆる少年の「超捕食者（通常の域を超える捕食者）（super predators）」の津波が起こるとの予測においていたのであり、この超捕食者達は、より若い殺人者であり、ますます多くの粗暴犯からなる捕食者であると推定された。これらの想定のいずれも妥当ではないことが証明された。超捕食者は決して到来しなかったのである。かえって、粗暴犯を理由とする少年の逮捕は急激に減少した。1994年から2009年にかけて、粗暴犯を理由とする少年の逮捕率は50パーセント減少した（Puzzanchera and Adams, 2011）。

　少年の暴力の新たな「波」が到来するとの恐ろしい予測は現実化することは

決してなかったが、若い人々を恐れる気持ちは公衆の心に広がり、成人の刑事司法制度で使われている、より処罰に重きを置くフィロソフィー（基本的考え方）が、濾過され薄められて、少年司法制度に適用された。この動きは、矯正プログラムのレヴューによりさらに加速された。このレヴューは、矯正プログラムが「全く効果がない（nothing works）」と結論づけたものであった（Lipton, Martinson, and Wilks, 1975; Martinson, 1974）が、この評価は誤りであった。総じてみると、これらの発展は、少年司法制度の境界をかなり変化させ、少年犯行者を扱う政策と手続を、重要といえるほどに変化させた。新たな法律は、より多くの少年を重大犯行者として名指しし、軽微な犯行を犯した少年をより多く少年司法制度で扱うようになり、少年矯正施設に収容する期間はより長くなった。多くの州は更生プログラムを廃止し、ブート・キャンプ、つまり「恐れさせてまともにする（Scared Straight）」プログラムを採用するようになり、若年者を身柄拘束センター（detention center）と少年院に収容する場合を増加させた（本書では、detention を「身柄拘束」と訳した。審判を待つ間、収容先が決まるまでの間、拘束される場合を指す。我が国の制度との関連でいえば、看護の措置がこれに相当しよう。confinement と区別される。confinement は、審判後に、少年院などの、拘禁施設に収容される場合を指す。detention の期間は 1 週間から 30 日、confinement は、1ヶ月から 3ヶ月が多く、1 年を経ても拘禁される場合もある。――訳註）。少年の犯行者が刑事司法制度により多く移送される場合がますます増加し（Kurlychek and Johnson, 2004）、重罪で有罪を言い渡された移送された少年は、しばしば、同じ犯罪で成人が言い渡される収容刑よりも長い刑期を言い渡された（Brown and Langan, 1998）。

　1990 年代中期には、少年司法制度を廻る思潮は変化し始め、より建設的な方向へと向かい、再犯を減少させるプログラムを提供することが強く強調されるようになった。成人および少年に関する効果的な矯正実務の原理が、ますます増加する一団のリサーチから引き出され（Andrews, Bonta, and Hoge, 1990）、少年犯行者の多岐にわたるニーズに対処し、彼らの再犯の減少に効果がある、少

4

年司法での介入（intervention）が数多く識別された（Lipsey, 1992; Lipsey, Wilson, and Cothern, 2000; Lipsey and Wilson, 1998）。1990 年代後期には、証拠に基づくプログラムへの関心が増加しているただ中で、「青写真」と呼ばれる、予防および更生プログラムの採用が広く推奨された（Elliott, 1998; Mihalic, Irwin, Elliott et al., 2001）。それに引続く年には、いくつかの州が、公的基金の支出を、証拠に基づくプログラムに限定する立法を制定した。だが、「証拠に基づく」とは何をいうのかについての定義は様々であり、その差異は広かった。これらの先端を行く州での発展は、少年司法制度における効果的な実務を通して少年非行を予防し減少させることができるとの楽観論を回復させることとなった。

　過去 10 年かそれ以上にわたり、連邦および州の機関のいくつかと私的事業家の中には、より積極的に、科学を実務に適用することを促進し、何が作用するのかについて情報を広く伝え、効果的なプログラムの実施をサポートする方向を歩むものもあった。だが、証拠に基づくプログラムを、そのプログラムの要件に従って忠実に実行することを含めて伝搬しようとした試みは、しばしば、期待された結果を生み出さなかった。例えば、このようなプログラムには、教育領域（Hallfors and Godette, 2002）、精神保健領域（Knitzer, 1982; Knitzer and Cooper, 2006）、ソーシャル・サービスの領域（Fixsen, Blasé, Naoom, and Wallace, 2009）および少年司法の領域（Lipsey and Howell, 2012; Welsh, Sullivan, and Olds, 2010）がある。誤りを犯した若年者のために利用可能な証拠をより良く利用して少年司法制度の効果を改善し、それによって公衆の安全を一層守ることができるようにするべく熱心に企図された少年司法制度の進歩を、本書で描かれたリサーチとツールを提供してサポートするのが我々の希望するところである。

　近時の州、地方および部族を単位とする、そのニーズに関する全国的評価において、応答した者・機関の半数以上が、何が「証拠に基づく」プログラムとしてその資格を有すると理解すべきなのかに関するニーズが最も高いと回答しており、また、彼らの状況に適用できるプログラムを見つけることが難しく、

そのプログラムを継続する指針が欲しいと指摘している（National Juvenile Justice Evaluation Center, 2012）。現在、利用可能なリサーチは豊富にあり、少年非行を予防し再犯率を減少させるのに十分な潜在力を有する、証拠に基づくプログラムとサービスを少年司法制度で実施する指針を、これらのリサーチを用いて提供することができる。我々が本書を執筆した主な関心は、かかるリサーチの要約とそれが実務について持つ意味を把握できる形で提供することにある。

少年司法制度が解決すべき難しい課題

　少年司法制度を証拠に基づいて運用するには現在いくつかの障碍がある。証拠に基づくプログラムの最前線においてプログラムの目的を達成できるようにするのに、それに先立って対処しなければならない問題をここで論ずる。第一に、裁判所の事件負担は、過去にも増して多様な状況となっている。近年の過去と比較して、現在、より多くの少年が軽微な犯罪を理由に裁判所に引致されている。1995年と比較して、法施行機関は、家出、学校のずる休み、言うことを聞かない事件などを、現在、より多く少年裁判所に送致している（Puzzanchera, Adams, and Hockenberry, 2012）。最近の過去（のデータ）をみると、女性の非行の事件数は86パーセント増加したが、これに対し、男性の少年非行者の増加数は17パーセントにとどまる（Puzzanchera et al., 2012）。ギャングに関係した犯行者が今やますます少年裁判所の審理事件負担を増やし、審理の対象となり、少年裁判所制度にますます深く入り込み、そして、これらの犯行者には、数多くの処遇上のニーズが認められる傾向がある（M.Q. Howell and Lassiter, 2011）。少年裁判所に送致される精神衛生上の問題を抱える若年者が、少年の犯行者の示す問題の多様な問題に加わる。「有病率検査によると、少年裁判所制度に関わる若年者の、少なくみて30パーセント、多くみると70パーセントが、精神衛生上の障害（disorder）の基準を充たしているといえると明示している（Wasserman, McReynolds, Lucas, Fisher, and

6

Santos, 2002)」（McReynolds, Schwalbe, and Wasserman, 2010, p. 204）。さらに、少年裁判所に引致された少年の45パーセントおよび少女の50パーセントが、精神医学上の障害（psychiatric disorder）と診断することが可能な障害を少なくとも一つ有している（Wasserman, McReynolds, Ko, Katz, and Carpenter, 2005）。犯行を繰り返す者は、平均して、精神衛生上の障害の基準を充足する蓋然性が、（そうでない者に比し）、1.5倍以上ある（Wasserman, McReynolds, Schwalbe et al., 2010）。精神衛生上の障害のいずれかの型に当てはまる危険は、男子（67パーセント）に比し、女子が相当高く（80パーセント）、女子が男子よりも、障害を自己の内に抱える率が高いことが示されている（Shufelt and Cocozza, 2006）。

　第二に、拘禁施設への収容（confinement）を利用しすぎることが依然として多くの州における問題である（Hockenberry, 2013）。アメリカ合衆国における少年の収容率（若年者10万人あたり225人）は他国の3倍である（Justice for Families, 2012）。1997年以来身柄を収容されている少年犯行者の人口は3分の1に減少しているが、人種・民族的少数者の少年の拘禁施設への収容率は高く、減少させることが必要とされている。全国でみると、黒人の若年者の収容率は白人の少年の4.5倍であり、ヒスパニックの若年者の収容率は白人の若年者の1.8倍である。いくつかの州では少年矯正施設の規模を縮小してきているが（Campaign for Youth Justice, 2013; Hockenberry 2013）、過剰収容は、多くの身柄拘束施設（detention facilities）および矯正施設（correctional facilities）で依然として問題である（Hockenberry, Sickmund, and Sladky, 2011）。

　第三は、多くの少年司法制度は、財政上の謎のただ中にあると認めている。最近の米国の経済危機の結果、少年司法制度の予算は劇的に減少してきているが、公式に扱われる少年犯行者の事件の比率は減少していない（Puzzanchera et al., 2012, p.37）。したがって、多くの州の少年司法制度は、現在、最先端では負担過重となっている。

　少年司法制度は漏斗のようなものであるとみることができる。そこでは、比

較的数少ない非常に重大な事件が少年司法制度を突き進み、閉鎖型矯正施設（secure correctional facilities）にまで至ることになる。それよりも重大ではない事件は、より温和な制裁を受ける。例えば、親および子供相談または一つ以上のコミュニティ・プログラムへの「ディヴァージョン」（施設への収容にも至りうる、少年裁判所の正式の審判手続から外して、コミュニティ・プログラムに付す場合）がこれであり、他方、正式の裁判所の行動は、閉鎖型拘禁施設への収容（secure confinement）、および成人の刑事司法制度への逆送を含む。少年非行事件の約 60 パーセントは法執行機関から裁判所に正式に送致され、これらの送致された事件の約 3 分の 2 が非行と審判され、これらの審判された者の 4 分の 1 が閉鎖型施設（secure placement）に送致される（Snyder and Sickmund, 2006）。少年司法制度に受理（インテイク）された後、若年者の中には、審判を待つ間にいなくなるのを防ぎまたは再犯を予防するために、公判前に身柄拘束される者もいる（全国で 21 パーセント；Puzzanchera et al., 2012）。施設に収容する決定は、犯罪の重大さと再犯のリスクを反映するので、少年司法制度をさらに突き進む者は、この次元でさらに突き進まない者とは相当程度異なっている。

　困難な課題は、事件負担を減少させることであり、より高度のリスクを有する犯行者の示す課題に対処することであり、より少ないリソースで少年非行を減少させることである。資源の限定があるため、それが刺激となって、少年を費用の高い居住型施設への収容処分から、それよりも費用のかからない、プロベイション、ディ（日中）処遇、またはその他のコミュニティに基礎を置くサンクションのような選択への、それとわかるシフトがみられるが（Hockenberry, 2013）、これらの選択肢の利用は少年犯罪の減少率と歩調を合わせていない。この難しい課題に対処する方法が本書で示される。

州の再犯率

　州全体にわたる再犯率に関しては、個々の州の報告書に依拠しなければなら

ないが、質の高いデータは数少ない。この理由の大部分は、大部分の州のデータ収集システムの能力が限定されていることにある。1州全体にわたる少年の再犯率を公表している州はほとんどない。利用可能な最良の全国的ベンチマークは次のものである。全国では、少年裁判所にはじめて送致された者のうち、再度少年裁判所に戻る率は41パーセントである（Snyder and Sickmund, 2006）[1]。

　州の中には、もっと良い平均を示す州もあるが、州により広範なばらつきがある。

・アリゾナ州では、裁判所に送致されたものに関して、その24パーセントが1年以内にその後に少年審判を受ける（Baird, Johnson, Healy et al., 2013）

・ノースキャロライナ州の3年の追跡調査では、裁判所に送致された若年者全員の34パーセントがその後に少年非行を犯したとして告発されたが、逮捕されたのは23パーセントに過ぎない（Flinchum and Hevener, 2011）。

・ペンシルヴァニア州では、裁判所に送致された全員の20パーセントだけが1年以内に裁判所に立ち戻った（Pennsylvania Commission on Crime and Delinquency, 2013）。

・フロリダ州では、2009年から2010年の間に標準的なプロベイション完了時から1年以内の再犯率（その後に非行があったとして告発された場合）は19パーセントきっかりであった（Florida Department of Juvenile Jusitice, 2012）。

・ミズーリ州では、1年以内に非行に当たる違反があったことを理由に新たに裁判所に送致された、若年者の再犯率は、23パーセントであった（Office of State Courts Administrator, 2013）。

・ウォーシントン州では、少年犯行者であると審判された者のうち、23パーセントが、2年半以内にその後の審判を受けたのにとどまる（Barnoski, 2004a）。

二、三の州ではもっと高い再犯率がみられる。テキサス州では、非行の審判を受けた少年でプロベイションに付された者の3年にわたる追跡調査の結果、66パーセントが再逮捕されていたことが判明した（Legislative Budget Board, 2011）。

州の矯正施設から釈放された犯行者の再犯率を測定するのに、良いデータである合理的に判断できる利用可能なデータがあり、それを使って大雑把な概算をはじき出すことができる（Virginia Department of Juvenile Justice, 2005）。州の中には、この編集を行って、再逮捕により再犯率を測定した州（9州）もあれば、有罪認定を使ったそれ以外の州（12州）があり、最後に、再度収容・収監された場合を使って再犯率を測定した州（12州）もある。全部で33州がデータを提供したが、データが報告されたフォーマット（書式）には重複がある（しかし、4州のみ、三つ全ての指標を使って再犯を報告した）。施設への収容後の平均再犯率は次の通りである。再逮捕（57パーセント）、再度の審判（33パーセント）、および再度の収容・収監（20パーセント）。だが、二、三の州は非常に高い再犯率を示している。カリフォルニア州では、2004-2005会計年度に少年司法部局（Department of Juvenile Justice）から釈放された若年者のうち、81パーセントが再度逮捕され、56パーセントが3年以内に州レベルの収容・収監施設に戻った（California Department of Corrections and Rehabilitation, 2010）。テキサス州では、閉鎖型収容施設（secure placement）から釈放された少年犯行者のうち、同じ会計年度内に再度逮捕された者は76パーセントであった（Legislative Budget Board, 2011）。したがって、多くの州の少年矯正プログラムにおいては改善の余地が多くある。

註
1) リスクレベルによる、州の再犯率の比較については、Baird, et al.（2013）を見よ。

第 2 章

少年司法実務に重要な意味を
持つリサーチ

は じ め に

　証拠に基づく効果的実務を実行する上で少年司法制度にガイダンスを提供することができるかなりの数のリサーチが現在あり、これらのリサーチには、非行を予防し、再犯率を減少させ、少年犯行者に関して結果を改善し、その過程で公衆の安全を増加することができる潜在力がある。

　（これらのリサーチの）重要な認定の一つは、法に違反する若年者の大部分は、成人の犯行者のキャリアに通ずる経路（pathway）にはないということである。大部分の非行は、若年者が年を経るにつれて自己矯正するものであり、大抵の非行は、重大犯罪ではなく、粗暴犯ではなく、または慢性的なものではない。したがって、少年司法制度は、全てのケースを、強力な介入をしなければ、少年が生涯にわたり犯罪を行うものとなるかのように扱うべきではないということである。稀少なリソースを割り合て焦点を当てる必要があるのは、重大犯罪を犯し、粗暴犯を犯し、かつ慢性的に犯罪を犯すケースである。そしてこの者は、少年犯行者の人口の、比較的小さな部分を占めているのである。

　さらに、予測可能なリスクと保護要因とが識別されてきており、これらを使って、若年者が、重大犯罪を犯し、粗暴犯を犯しまたは慢性的に犯罪を犯す者となる蓋然性を評価することができる。この情報を使えば、リスクの高い経路にある少年を比較的早期に識別し、少年司法制度が彼らに特別の注意を払うこ

とができることとなる。前述した、この「経路」の部分は、（多少ともランダムな非行とか出来事を示すというよりも）発達過程の進行を示しており、効果的な介入を行ってこの経路を中断させることができることを意味する。さらに、この経路に沿って異なる介入地点があり、初期の予防からより集中的な介入にまでわたり、この発達段階の進行のどこに少年が位置するかにより介入の段階を段階づけることが容易にできる。早期の年齢で非行行動を始めた若い犯行者は、重大犯罪、粗暴犯または慢性的非行を行うリスクが特に高く、彼らが少年司法制度に現れた場合には格別の注意を払わなければならない。

少年犯行者のキャリア

少年犯行者に関するリサーチは次の三つのソースに依拠している。逮捕歴、インタヴューでの自己報告、および少年裁判所記録である。重大犯罪を犯し、かつ慢性的に犯罪を犯す犯行者のキャリアに関する初期の研究では逮捕歴が使われていた。これらの研究は、非常に小さな部分を占める少年犯行者が、少年非行行為の大部分と重大な非行行為の大多数を犯していることを結論的に示していた。Wolfgang, Figlio, and Sellin（1972）は、1945年にフィラデルフィアで生まれた1万人近い少年について、18歳の誕生日まで公式記録を追跡調査した研究で、この出生群のわずか6パーセントの者が、その全員が少なくとも五つの犯罪を犯しており、すべての加重暴行69パーセントを犯し、ホミサイド（人の死を惹起する犯罪）の71パーセントを犯し、強姦の73パーセントを犯し、強盗の82パーセントを犯していたと認定した。これらの6パーセントの者は「慢性的犯行者」と名付けられたが、この発見により、これらの者は、介入すべき主たるターゲットとして、早期に識別すべきことが求められることとなった。

その後の、少年非行に関する自己報告を使った研究でも、少数の犯行者が少年犯行の大部分ではないとしても、その相当多くの部分を犯していることが証明された（Loeber, Farrington, and Waschbush, 1998）。そして、この比較的少

数の、慢性的に重大犯罪を犯し、かつ慢性的に粗暴犯を犯す犯行者が、サンプルとされた非行少年により犯された重大犯罪と粗暴犯の圧倒的大部分を占めていることが証明された。ローチェスターの研究では、慢性的に粗暴犯を犯す犯行者は、サンプル全体の15パーセントを占めるに過ぎないが、自己報告により犯したと全サンプルにより報告された粗暴犯全体の75パーセントを占めていた（Thornberry, Huizinga, and Loeber, 1998）。デンバーでは、研究対象となったサンプルの14パーセントが自己報告された犯行全部の82パーセントを犯していた。

　若年者が犯す犯行のほとんどが、警察または少年裁判所の注意を引くことはないが、重大な犯行を犯し、粗暴犯を犯し、かつ慢性的に犯罪を犯す者は、結局は、その大部分が逮捕される。Thornberry とその同僚は（1998）、ローチェスター、デンバー、およびピッツバーグでの研究に関する報告で、慢性的に粗暴犯を犯す思春期の者の大部分（ローチェスターでは81パーセント、デンバーでは97パーセント、ピッツバーグでは74パーセント）は、14歳までには、粗暴犯を犯し始めるが、これらのグループに属する若年者の小さな部分のみ（ローチェスターとデンバーでは3分の1をわずかに超える程度、ピッツバーグでは約半数）が逮捕されていることを認定した。だが、粗暴犯を慢性的に犯す者は大抵どこかの時点で逮捕される（ローチェスターでは、3分の2が結局は逮捕され、デンバーとピッツバーグでは、4分の3が結局は逮捕された）。それでも、逮捕と裁判所への送致の間にはギャップが存在する。ピッツバーグのサイトでは、非行少年の3分の2が、最初の犯行の開始から数年が経過するまで、裁判所には引致されなかったのであり、最も悪い少年非行者の40パーセントが裁判所の審理（petition）に付されたのは、18歳になってからであり、それまでは裁判所に送致されなかった（Stouthamer-Loeber and Loeber, 2002）。ここで示される重要なことは次の点である。つまり、少年裁判所の記録では、非行のキャリア（経歴）に関する多くの情報が見落とされるが、諸データ間に何らかの一致はあり、したがって、これらの記録は、図2.1に示すような、キャリアのパタンをある程度示しているということである。

時間が経つに連れて、犯行と年齢の関係は釣鐘型になり、これを年齢犯罪曲線と呼んでいる（Farrington, Loeber, and Jolliffe, 2008）。図2.1は、非行行動に関する自己報告に示された年齢犯罪曲線の典型的な形を描いたものである。この曲線では、開始時期および終期があり、その間に、様々の坂を上下する犯行者のグループがいる。図2.1にみるように、少年非行に関係する若年者のパタンは児童期後期（7歳から12歳）から思春期中期（13歳から16歳）にかけて増加し、下降線を辿る年齢犯罪曲線は、思春期後期（17歳から19歳）から初期の成人期（20歳から25歳）に入る時期を示している（Loeber, Farrington, Howell, and Hoeve, 2012）。諸研究によれば、リスクの高い・犯行頻度の高い犯行者（例えば、最も多くの犯罪を犯す者）が、非行少年と若い成人の犯行者の大部分を占めていることが明らかに示されている（Macleod,

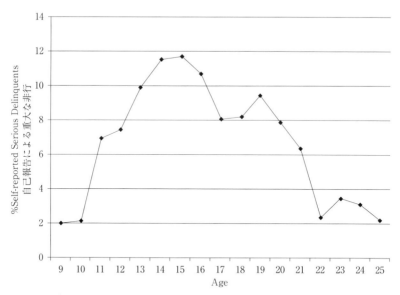

Figure 2.1　The Age-Crime Curve of self-reported serious delinquents
　　　　図2.1　自己報告した重大非行の年齢−犯罪曲線
Reprinted with permission from Springer（Springerの許諾を得て掲載）

Groves, and Farrington, 2012)。

　研究の中には、成熟期後期の、小さな部分に属する者が犯行の頻度が相当高く、そのキャリアが、わずかに後に、つまり 20 代に、犯行頻度の頂点に達する者がいることを示したものもある（Thornberry, 2005; Van der Geest, Blokland, and Bijleveld, 2009）。だが、犯行頻度は、通常、17 歳から 19 歳に頂点に達し、時が経つに連れて、そのままで安定するのは少数の犯行者のみである。大部分の犯行者は、脳の働きがより成熟するに連れて、20 代の半ばには自然に犯行を止める。この脳の機能には、信号のコントロール、将来を視野に入れた計画、推理力、情緒統制力、満足を遅らせること、抽象的思考、言葉の記憶、同輩の影響に対する抵抗などがある（Farrington, Loeber, and Howell, 2012）。

　重大な財産犯と粗暴犯に、思春期を通じて継続的に関わっていた、と自己報告する少年のパーセントは非常に少数である。複数の研究を通じて、重大な犯罪と粗暴犯を犯す若年者の約 8〜9 パーセントがこれらのタイプの犯行を、思春期全体を通して犯していることが示されている（Lipsey and Derzon, 1998; Mulvey, Steinberg, Piquero et al., 2010; Thornberry et al., 1999）。同様のライフ・コースを辿る非行軌道パタンが男子と同様女子にもみられるが（Huizinga and Miller, 2013; Kempf-Leonard, Tracy, and Howell, 2001）、主要な差異は、女子の場合には、男子と比較すると、女子が、犯行をしつこく続ける犯行者になることの割合はより少ない。以前の研究では、粗暴犯の頂点の時期が男子よりも女子の方がより早いことを示す先行研究もあるが、この点に関してはリサーチでは相異なる見解が混在している（Hipwell and Loeber, 2006）。

　要するに、少年非行は、大部分の犯行者にとっては年齢に関係する一過性の段階であり、したがって、大抵の犯行者は、年齢が進むにつれて犯行から遠ざかり、重大犯罪を犯すキャリアまたは長期にわたり犯行を行うキャリアの持ち主にはならないということである。したがって、この、リスクが低く、犯行率が低い、重大な犯罪を犯さない犯行者に関して、少年司法制度は害を加えるべきではないということである。だが、しつこく重大な犯行を繰り返す犯行者が

16

おり、これらの犯行者は年齢が進んでも犯行をやめることがなく、これらの犯行者により多くの注意を払うことが必要となる。次に、重大犯罪を犯し、粗暴犯を犯し、かつ慢性的に犯罪を行う犯行者のキャリアを次にレヴューする。

重大犯罪を犯し、粗暴犯を犯し、かつ慢性的に 犯罪を犯す犯行者のキャリア

「少年」の地位は、州法に法典化されており（大抵の場合、しばしば 10 歳から 17 歳と定められている）、児童期から初期の成人期の間の年齢に関係する移行期と定められ、一般に「思春期」として言及される、より広い時期を伴っている。十代の時期に大抵の犯行者は、年齢が進むと非行をやめる。これらの軽微な犯行者——これらの者はしばしば実験者と呼ばれるが——に関する少年司法制度の目標は、最小限度の介入をするというものである。他方、年齢が進んでも少年非行をやめない重大な犯罪を行う犯行者がいる。犯行者のキャリアの研究は、後者のグループ（犯行をしつこく続けるグループ）を、より大きなグループ（犯行をやめるグループ）から区別するのを助ける。少年司法制度の目的が、公衆の安全と少年司法制度に入ってきた少年に関し良い結果をもたらすことにあるとするならば、限りあるリソースを最も効果的に割り当てるには、最も危険なかつ多くの犯罪を行う犯行者に焦点を当てるべきことになる。これらの犯行者は、非行を犯していると認定される少年のうち比較的小さな部分を占めるが、犯罪全体の圧倒的大部分を行っているのである。

5 つの州レベルでの研究は、特に、少年司法制度を評価する目的で発展させられたトポロジー（類型論）に基づいて少年犯行者のキャリアを分析してきており、SVC（(Serious, Violent, and Chronic Offender) 重大な犯罪を犯し、粗暴犯を犯し、かつ慢性的に犯罪を犯す犯行者）を、それ以外の者から区別した（Wilson and Howell, 1993）。これらの研究の最初の研究である Snyder の研究では（1998）、膨大な数のサンプルを対象としている。この研究では、1962年から 1977 年までにアリゾナ州マリコパで出生した全ての子供（16 歳の出生

群）で、後に 8 歳から 18 歳までの誕生日の間に非行となる犯行を理由に少年裁判所に送致された者を対象としている [1]。合計すると、151,209 人の、16 歳の出生群の若年者が、裁判所に送致されたキャリアを有する。

　Wilson-Howell 類型を追跡して、Snyder が、SVC 犯行者（重大な犯罪を犯し、粗暴犯を犯し、かつ慢性的に犯罪を犯す犯行者）を定義して、それ以外の通常の非行少年から区別するのに用いた、犯行の具体的カテゴリー化は次のものである。

　　・粗暴犯（violent offenses）の犯行者とは、謀殺犯罪を行った者および過失
　　　には当たらない故殺（manslaughter）、誘拐、暴力を用いた性的暴行、強
　　　盗および加重暴行を行った者を含む。
　　・粗暴犯には当たらない重大犯罪（serious nonviolent offenses）とは、住居
　　　侵入、重窃盗、自動車窃盗、放火、凶器に関わる犯罪および薬物取引を含
　　　む。
　　・重大犯罪ではない非行に当たる犯罪（non-serious delinquent offenses）と
　　　は、単純暴行、禁制品の所持、秩序違反行為、器物損壊、暴力の関係しな
　　　い性犯罪、軽微な窃盗、酒類規制法違反、およびその他の非行に当たる違
　　　反行為を含む。
　　・慢性的犯行者（chronic offender）とは、四つ以上、裁判所に告発された
　　　者として分類された者を指す。

　Snyder の分析は、通常の非行キャリアのグループ（つまり、軽微な犯行を行った犯行者または重大ではない犯行を行った犯行者）は、実際には、最大のグループであることを示した。このグループの犯行者は、少年で裁判所に送致されたキャリアを持つ 151,209 人のほぼ 3 分の 2 を占める。言い替えれば、少年裁判所に送致されたキャリアを有する少年のほぼ 3 分の 2（64 パーセント）は慢性的に犯罪を犯す犯行者ではなく、重大な犯行を犯す者もでも、粗暴犯を犯す者でもないということである（表 2.1）。少年非行者の 3 分の 1 強（36 パ

ーセント）が重大犯罪を犯すか、粗暴犯を犯すか、または慢性的に犯罪を犯す経歴を有する。少年裁判所に送致されたキャリアを有する全犯行者のうちの18パーセント近くが、重大犯罪または粗暴犯を理由に裁判所に送致されたが、慢性的に犯罪を行う場合ではなく（裁判所に送致された回数が4回未満である）、裁判所に送致されたキャリアを有する者全体の8パーセントが粗暴犯を理由に送致されたが、慢性的に犯罪を行う犯行者ではなく、裁判所に送致されたキャリアを有する全員のうち、わずか4パーセント以下が、重大な財産犯を犯し、粗暴犯を犯し、かつ慢性的に犯罪を犯している場合である。

　SVC犯行者（重大犯罪を犯し、粗暴犯を犯しかつ慢性的に犯罪を犯した犯行者）のキャリアに関する分析が、最近、4州全体にわたって（フロリダ州、ペンシルヴァニア州、コネチカット州、およびノースキャロライナ州）行われた。この目的は、それらの各州における証拠に基づくイニシャティヴ（作戦）をサポートすることにあった。これらの州は、この枠組みと OJJDP

Table 2.1　Five States' Analyses of Serious, Violent, and Chronic Offennder Careers
表 2.1　重大犯罪を犯し、粗暴犯を犯しかつ慢性的に犯罪を犯した犯行者（SVC犯行者）のキャリアに関する5州の分析結果

SVC Category （SVCのカテゴリー）	FL （フロリダ州）	PA （ペンシルヴァニア州）	CT （コネチカット州）	NC （ノースキャロライナ州）	AZ （アリゾナ州）
Non SVC（SVC非該当者）	44%	79%	67%	66%	64%
Serious offenders（重大犯罪を犯した犯行者）	55%	6%	24%	29%	34%
Violent offenders（粗暴犯の犯行者）	29%	6%	6%	3%	8%
Chronic offenders（慢性的犯行者）	16%	14%	14%	9%	15%
Serious, violent, and chronic（SVC） （重大犯罪を犯し、粗暴犯を犯し、かつ慢性的に犯罪を犯した犯行者）	9%	0.4%	2%	1%	3%

Note（註）
FL: Juvenile court referrals in Fiscal Year 2008（2008会計年度に少年裁判所に送致された者）
PA: Juvenile offenders with a 2007 case closure（2007年に事件処理が終了した少年犯行者）
CT: Juvenile conrt referrals in 2005-2009（2005-2009年に少年裁判所に送致された者）
NC: Juvenile conrt referrals in Fiscal Year 2009-2010（ノースカロライナ州）
AZ: Cohorts of juvenile court referrals turning 18 years of age during 1980-1995（1980年から1995年にかけて18歳になった者で少年裁判所に送致された者の群）
出典：州の分析者との共同作業から得られた資料集

第2章　少年司法実務に重要な意味を持つリサーチ　19

Comprehensive Strategy for Serious, Violent, and Chronic Juvenile Offenders
（アメリカ合衆国司法省少年司法および非行予防局）による、重大犯罪を犯し、
粗暴犯を犯し、かつ慢性的に犯罪を犯す少年犯行者に関する包括戦略）を実施
するための犯行者管理ツールを元に、少年司法制度を構築してきている
（Wilson and Howell, 1993）。四つの比較研究はそれぞれ、Snyder の少年犯行者
のキャリアの分類方法を忠実に模している。犯行者のキャリア・タイプを統計
的に示したのが表2.1 である。この表を読めば、表2.1 の数字はそれを合計し
ても1 州につき 100 パーセントにはならないことに気づくべきである。これ
は、犯行者のタイプが他のタイプと重なる場合があるためである。例えば、重
大犯行者のキャリアは、重大犯行者と慢性的に犯罪を行う者を含む場合、重大
な犯行を行う者と粗暴犯を行う者を含む場合、または重大な財産犯だけを含む
場合があるからである。

　これらの分析の最初のものは、2008 年から 2012 年にかけてフロリダ州の少
年裁判所に送致された者のみについて分析したものであり（Baglivio, 2013a;
Baglivio , et al., 2014）、Snyder のアリゾナ州の研究と比較すると、Snyder の
報告したよりも、SVC 犯行者の比率がより大きい。表2.1 に示したように、
フロリダ州の犯行者の55 パーセントは、少なくとも一つの重大な財産犯また
は粗暴犯を犯行歴として有しており、29 パーセントは、粗暴犯で裁判所に送
致され、16 パーセントは慢性的犯行者であり（4 回以上裁判所に送致されてい
る）、9 パーセントは、SVC（重大犯罪を行い、粗暴犯を犯し、かつ慢性的に
犯罪を犯す犯行者）であり、44 パーセントは、重大犯行者、粗暴犯の犯行者
または慢性的な犯行者のキャリアには当たらない。

　フロリダ州のSVC 犯行者（重大犯罪を行い、粗暴犯を行い、かつ慢性的に
犯罪を犯す犯行者）のサブグループはノースキャロライナ州でみられたそれよ
りも4 倍の多さであることがわかる（図2.1）。だが、この差異は、ノースキ
ャロライナ州の場合には、研究対象となったのがフロリダ州よりも若い少年犯
行者であることと、裁判所への送致を示すソースにより、少なくともその理由
の大部分を説明することができる。ノースキャロライナ州では、少年非行を理

由に元の少年裁判所がその管轄権を行使できるのは、15歳が年齢の上限である。第二に、フロリダ州では、検察官が裁判所に送致した若年者のみが、裁判所に送致された者としてカウントされており、したがって、リスクの低い、裁判所に送致された犯行者の比率は下がることになる。これに対し、ノースキャロライナ州の40パーセントの裁判所への送致は、学校からなされ、大部分がリスクの低い犯行者である。そうではあっても、ベン図（Venn diagram）（図2.2）はノースキャロライナ州の若年者による犯行者母集団での、重大犯罪を犯し、粗暴犯を犯し、かつ慢性的に犯罪を犯す犯行者の重なりを視覚的にわかるように図で示している（M.Q. Howell, 2013）。2009年から2010

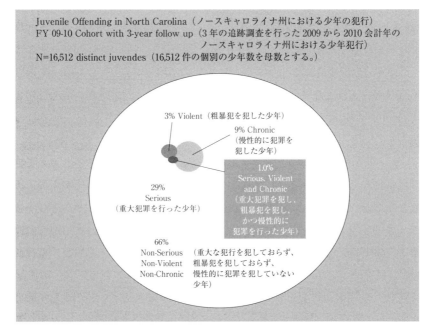

Figure 2.2　Overlap of Serious, Violent, and Chronic Offender Careers in North Carolina
　　図2.2　ノースキャロライナにおける、重大犯罪を犯し、粗暴犯を犯し、かつ慢性的に犯罪を犯すキャリアを持つ者の重なり合い。
Reference（出典）：Howell, M. Q . (2013). Serious, violent and chronic (SVC) offenders in North Carolina. Paper presented at the Annual Meeting of the American Society of Criminology, November. Atlanta, Georgia

年に裁判所に送致された若年者の全群の中で、29 パーセントが少なくとも犯行歴の中で一つの重大な財産犯を犯し、9 パーセントが慢性的に犯罪を犯す犯行者であり、6 パーセントが重大犯罪を犯し、かつ慢性的に犯罪を犯しており、3 パーセントが粗暴犯を犯し、わずか 1 パーセントが、SVC（重大犯罪を犯し、粗暴犯を犯し、かつ慢性的に犯罪を犯す犯行者）であり、66 パーセントは、重大犯罪を犯す犯行者、粗暴犯を犯す犯行者、または慢性的に犯罪を犯す犯行者には当たらなかった（図 2.2）。

　フロリダ州は、上述の理由から、比較をした他の州よりも、重大犯罪を犯しかつ粗暴犯を犯す犯行者の割合が高いと思料されるが、フロリダ州以外の州は、大雑把に言って、裁判所に送致された若年者全員の約 3 分の 2 は、重大犯罪を犯した犯行者ではなく、粗暴犯を犯した犯行者ではなく、または慢性的な犯行者ではない。ノースキャロライナ州の比較的より若い犯行者を除き、それ以外の四州での慢性的犯行者のグループはその規模が非常に類似しており、14 パーセントから 16 パーセントである。五つの州の SVC 犯行者（重大犯罪を犯し、粗暴犯を犯し、かつ慢性的に犯罪を犯す犯行者）の比率は、ペンシルヴァニア州 1 パーセント以下からフロリダ州の 9 パーセントまで、相違がある。重要なのは、表（Table）2.1 に示されていない分析において、各州には、重大な財産犯を慢性的に行う犯行者がかなりいるということである。

　さらに分析すると、比較的少数の部分を占める SVC 犯行者（重大犯罪を犯し、粗暴犯を犯し、かつ慢性的に犯罪を犯す犯行者）が、一つの州の犯罪全体の大きな部分を占めるというのが典型的な場合であることも示された。例えば、ノースキャロライナ州の SVC 犯行者は、各人が平均して 14 件の裁判所送致がなされており、重大犯罪を犯すか、粗暴犯を犯すか、「または」慢性的に犯罪を犯す犯行者からなる全グループ——これらの者は全ての犯行者の 34 パーセントを占める——は、少年非行に当たる犯行全体の 62 パーセントを占めている（M.Q. Howell, 2013）。フロリダでは、2008 年から 2013 年に裁判所に送致されたすべての事件で、SVC 犯行者のかなり大きなグループが——このグループは全犯行者の 9 パーセントを占める——、検討対象となった 5 年の

期間にわたり、逮捕すべての30パーセントを、謀殺・故殺の35パーセントを、謀殺・故殺未遂の45パーセントを、武装強盗の41パーセントを、加重暴行の37パーセントを占めていた（Baglivio, 2013c）。

　さらに、驚くには当たらないが、SVC犯行者（重大犯罪を犯し、粗暴犯を犯し、かつ慢性的に犯罪を犯す犯行者）は、他の犯行者のグループよりも再犯率が高い。しかし、非常に大きな差が存在することが非常に重要である。5州全体にわたり、SVC犯行者は、SVC犯行者ではない犯行者よりも再犯を犯す蓋然性がずっと高い（Baglivio, 2009; M. Q. Howell, 2013; Kochol, 2013[2]; Snyder, 1998）。ペンシルヴァニア州では、SVC犯行者の48パーセントが再犯を犯しており、粗暴犯の犯行者の再犯率は31パーセントであり、重大な犯罪の犯行者の再犯率は34パーセントであり、これに比し、同州での全体の再犯率は20パーセントである（Fowler, 2013）。フロリダ州で（1年以内に）再犯を犯すSVC犯行者の比率はより小さく35パーセントであるが、SVCの若年者はSVCではない若年者よりも、再度有罪とされる蓋然性がほぼ2.5倍であり、重大犯罪を犯した者、暴力犯罪を犯した者または慢性的に犯罪を犯した者という基準に合致しない若年者と比し、SVCの若年者が再度有罪を言い渡される蓋然性は3.5倍以上であった（Baglivio et al., 2014）。要するに、Thornberryとその同僚が述べているところ（1998）であるが、「慢性的に粗暴犯を行う犯行者の生活に介入することに成功しなければ、思春期の犯罪の量全体に大きな影響を及ぼすことが不可能である。例えば、慢性的に粗暴犯を犯す犯行者ではない犯行者が「いつか」（ever）粗暴犯を行うのを阻止するのに100パーセント成功したとしても、粗暴犯の行動のレベルを減少させるのは25パーセントにとどまるのである」（p. 220）。

　大都市ではギャングの問題を抱えており、ギャングのメンバーは、しばしば、SVC犯行者（重大犯罪を犯し、粗暴犯を犯し、かつ慢性的に犯罪を犯す犯行者）の大部分を占めている。数都市の犯罪多発地域での研究によれば、すべての非行少年が犯したと自己報告した粗暴犯の10分の7以上をギャングのメンバーが犯していたことが示された（Thornberry, 1998）。また、多年にわ

たるギャングのメンバーが、重大犯罪を犯しかつ粗暴犯を犯す犯行者に占める割合は、もっと大きいことを示す証拠がある。デンバーの研究によれば、多年にわたりギャングのメンバーである者は、若年者のサンプルの8パーセントを占めるに過ぎないが、重大な粗暴犯全部の71パーセントを行っていたことが示された（Huizinga, 2010）。ローチェスターでのより大きな思春期サンプルでは、慢性的に粗暴犯を犯す犯行者の3分の2（66パーセント）はギャングのメンバーであることが示された（Thornberry et al., 1998）。したがって、介入戦略はギャングの介入を考慮に入れなければならない。このことは本書の全体を通して言及する。

　幸いなことに、SVC犯行者（重大犯罪を犯し、粗暴犯を犯し、かつ慢性的に犯罪を犯す犯行者）は、リスク要因と処遇上のニーズの点で他の犯行者から区別でき、初期に対処すれば、彼らの再犯を減少させることができる見込みがある。ノースキャロライナ州の分析では（M.Q. Howell, 2013）、SVC犯行者とSVCには当たらない犯行者の双方について対比するべく、リスク要因と処遇上のニーズを検査した。再犯のリスクが高いと分類されたSVC犯行者の比率は63パーセントであったが、これに対し、SVC（重大犯罪を犯し、粗暴犯を犯し、かつ慢性的に犯罪を犯す犯行者）には該当しない犯行者の場合の再犯のリスクが高いと分類された者はわずか5パーセントであった。同様に、SVC犯行者の場合には、一段高い処遇上の必要があると示された者は67パーセントであったが、SVC（重大犯罪を犯し、粗暴犯を犯し、かつ慢性的に犯罪を犯す犯行者）に該当しない犯行者の場合にはそのニーズがあることが示されたのは、そのうちの24パーセントに過ぎなかった。最も顕著なリスク要因と（処遇上の）ニーズの要因は、精神衛生上の問題と薬物乱用の問題、学校での停学、強制退学、脱落、ギャングのメンバーであることまたはギャングと関わりがあること、家庭内での諍いを含めた家庭の問題があること、親が自分の子供を監督したくないかできないこと、保護者またはその他の者から被害を受けた経験があることなどである。フロリダ州の結果によれば、SVCの若年者は学校での学業成績、同輩との関係、生活環境と家族歴、反社会的態度、攻撃

性、アルコールと薬物の使用歴、精神衛生上の問題などの点で、相当重要なリスクを抱えていることが示されている（Baglivio et al., 2014）。このフロリダ州の分析では、また、SVC（重大犯罪を犯し、粗暴犯を犯し、かつ慢性的に犯罪を犯す犯行者）の犯行者は、SVC（重大犯罪を犯し、粗暴犯を犯し、かつ慢性的に犯罪を犯す犯行者）の基準に合致しない若年者よりもギャングと関係している率がほぼ4倍に上ることも示された。要するに、ノースキャロライナ州とフロリダ州の分析は、SVCの犯行者に関して包括的な処遇計画を立てるための素晴らしいガイダンスを提供している。

　フロリダ州でのSVC（重大犯罪を犯し、粗暴犯を犯し、かつ慢性的に犯罪を犯す犯行者）について分析した他の研究は、介入戦略にさらに指針を提供している。他のリサーチにサポートを提供したこれらのリサーチでは、より高いリスクを抱えた者は再犯率がより高いことである（Baglivio, 2009; Baglivio and Jackowski, 2013）。もう一つの分析は、リスクの低い若年者に関するリスク原理をサポートしている（Baglivio, 2013b）。リスクの低い若年者をダイヴァートし（少年裁判所による正式手続での処理から外して、他の処理に委ねて）、拘禁の程度がより低い状況でサービスを受けさせれば、再犯率がかなり低くなることが証明されており、これは、リスクの低い者をダイヴァートすることが、後の再犯を減少させるという観点からすると、非常に効果的な戦略であることを示している。第三に、この分析は、また、比較的リスクは低いが、処遇上のニーズが一段高い、「リスクは低いが、処遇上のニーズが高い」という若年者がいることを識別した。

　リスク要因と保護要因は、犯行予測に強い力を発揮するため、SVC（重大犯罪を犯し、粗暴犯を犯し、かつ慢性的に犯罪を犯す犯行者）のキャリアへの介入にさらにガイダンスを提供することになる。LipseyとDerzon（1998）は、ヴァンダービルト大学での反社会的行為の進展に関する複数の長期予測研究について、現に行っているメタ分析から得たデータを利用して、暴力の予測をレヴューした。このメタ分析は、暴力的な結果が生ずる場合はもちろん重大な財産犯の非行にも焦点を当てたものであり、34の独立した研究に関する66

第2章 少年司法実務に重要な意味を持つリサーチ　25

の報告書を含んでいる。この34の研究は、6歳から11歳までと、12歳から14歳の年齢でのリスク要因と、重大犯罪と粗暴犯の結果を測定したものであり、使われたサンプルは、14歳から25歳であり、このときに、かかる行為が、思春期（adolescents）と成人期初期（young adult）に、その頂点を迎える傾向がある。

　LipseyとDerzonの認定は、次のように要約することができる。

・6歳から11歳での、その後の重大犯罪または粗暴犯の最良の予測因子は、この初期の年齢で非行（一般的な犯行）に関与していることと薬物の利用である。第二の最強の予測因子グループに入る因子は、男子であること、貧困な家庭で生活していること（社会経済的地位が低いこと）、そしてその親が反社会的であることである。第三の最も強い予測因子のグループに入るのは、攻撃行動歴があることと、どの民族に属するかである。

・12歳から14歳までのグループに関しては、社会的な繋がり（絆）を欠いていることと、反社会的な同輩がいることが、その後の重大犯罪および粗暴犯に関する最も強い予測因子である。非行（一般的な犯行）への関与は、第二の犯行予測ランキングの因子グループに入る、一つの予測因子である。第三の最強の予測因子グループには次のものがある。攻撃行動歴があること、学校での態度および学業成績、心理的状況（精神衛生）、親と若年者の関係、男子であること、暴力歴があること、がそれである。

・家庭の崩壊と虐待する親は、後の重大犯罪または粗暴犯に関する予測因子としては最も弱く、このことは、両方の年齢グループに当てはまる。

・反社会な同輩と薬物濫用の重要性は、上記の二つの年齢グループで逆転する。6歳から11歳までのグループに関しては反社会的な同輩がいることは最も弱い予測因子であるが、12歳から14歳までの年齢グループでは、二つの強い予測因子のうちの一つである。反対に、6歳から11歳までの年齢グループでは、薬物利用が早期に始まっていることは二つの非常に強い予測因子の一つであるが、12歳から14歳の年齢グループでは、最も弱い予測因子の中の一つに過ぎない。

このメタ分析は、児童（6歳から11歳）と思春期にある者（11歳から14歳）の、二つの年齢グループに関して、これらの予測因子が予測因子として相対的強さを示している点で重要である。これが黙示的に意味するのは、予防プログラムを策定する際の優先順位を決める際にこれらの因子が重要性を持つということである。児童に関する初期の介入は、薬物の利用、攻撃性を示す行動を含む、初期の非行行動、家族の貧困、および反社会的両親をターゲットとすべきである（Farrington and Welsh, 2007）。これとは相対的に、思春期にある者を対象とする予防では、若年者の反社会的同輩との結びつきと非行、攻撃行動、および物理的暴力を減少させることに努力を傾注し、他方、社会との結びつき（絆）を強め、同輩との関係を改善し、精神衛生を改善することに努力を傾注すべきである。

保護要因の強化については以下で論ずる。予測因子と保護要因について、一つ以上のリスクが認められるドメイン（各段階領域）（例えば、同輩グループおよび家族）に存在する予測因子と保護要因に、包括戦略によるアプローチで対処すれば、最も大きな効果が得られる見込みがある。

非常に若い犯行者

犯行が初期に始まり裁判所に送致された者のキャリア（年齢が13歳未満で少年非行に関与した児童）は、（後に）重大犯罪および粗暴犯で、より広範に、そして前にも増して裁判所に送致される蓋然性が高いことは既に十分に証明されている（Krohn, Thornberry, Rivera et al., 2001; Loeber and Farrington, 2001; Snyder, 2001）。リサーチの認定が合意するところによれば、後に粗暴犯、重大犯罪および慢性的犯行を犯す危険は、犯行の開始時期が早い犯行者の方が、開始時期が遅い犯行者よりも2倍から3倍以上高く、この比率は男子と女子にともに当てはまるということである（Loeber and Farrington, 2001）。早期に犯行を開始している犯行者に関するピッツバーグの研究では、——この犯行者は全サンプルの10パーセントを占めている——自己報告した17歳まで

の犯行が平均142件あり、（全サンプルの犯した犯行の50パーセント以上を占めていた）（Welsh, Loeber, Stevens et al., 2008）。

犯行のキャリアを年齢の遅い時期に開始した犯行者と比べると、児童の非行者——特に男子——は、SVC犯行者（重大犯罪を犯し、粗暴犯を犯し、かつ慢性的に犯罪を犯す犯行者）となり、凶器を携行し、ギャング・メンバーになり、薬物乱用者となる蓋然性が、少なくとも2倍はあり（Loeber, Farrington, Stouthamer-Loeber, White and Wei, 2008; Loeber, Slott, Van Der Laan et al., 2008）、彼らの犯行はしつこく続いて、この状態は成人の時期まで続いていく蓋然性が高い（Loeber and Farrington, 1998, 2001, 2012; Loeber, Hoeve, Slott, et al., 2012）。さらに、児童期後期と思春期初期に、ホミサイド（homicide（人の死を惹起する犯罪））の多くの予測因子が準備されることになるのであり、停学処分を受け、破壊的な行動異常がみられ、非行を犯すことに肯定的な態度をとるという場合には特にそうである（Loeber and Ahonen, 2013）。

フロリダ州では、SVC犯行者（重大犯罪を犯し、粗暴犯を犯し、かつ慢性的に犯罪を犯す犯行者）は、SVCには当たらない若年者が裁判所に送致されるよりも前の、12歳かそれよりも若い時期に裁判所に送致される蓋然性がほぼ3倍ある（Baglivio et al., 2014）。ペンシルヴァニア州では、児童の犯行者の45パーセントは、重大な犯罪の犯行者、粗暴犯の犯行者または慢性的犯行者のいずれかであった（Fowler, 2013）。より若いSVCの犯行者に関するこれらの分析を用いて、州は、これらのサブグループを比較的駅早期の年齢で区別でき、次に彼らに介入して、その介入を確実に成功させることができることになる。

このリサーチが重大犯罪を犯し、粗暴犯を犯し、かつ慢性的に犯行を犯す犯行者のキャリアについて持つ黙示的意味

上でレヴューした。リサーチでみたように、犯行、とりわけより重大な犯行の大部分は、我々が、重大犯罪を犯し、粗暴犯を犯し、かつ慢性的に犯行を犯

28

す犯行者として言及してきた比較的少数の割合を占める犯行者により犯されている。少年非行を相当程度減少させるという結果を実現するには、このグループの犯行者において再犯減少を実現しなくてはならない。最初の SVC 分析（重大犯罪を犯し、粗暴犯を犯し、かつ慢性的に犯罪を犯す犯行者に関する分析）での重要な発見に留意することが重要である。つまり、Snyder（1998）は、若年者は、新しい告発で裁判所に戻るたびに、その者が粗暴犯を将来犯す危険はより高くなる、すなわち SVC（重大犯罪を犯し、粗暴犯を犯し、かつ慢性的に犯罪を犯す犯行者）の地位に向かって前進しているということを意味すると認定している点である。したがって、Snyder は次のように主張している。「したがって、少年の粗暴犯・暴力を減少させるには、我々は、少年裁判所制度の注意を引くことになった行為が何であるのかに関わりなく、少年犯行者の再犯を減少させるように作業しなくてはならない」（p. 444）。

Cohen, と Piquero と Jennings（2010）は、自分の生涯で 6 個以上の犯罪を犯す若年者は、420 万ドルから 720 万ドルのコストを社会と被害者に負わせていると推定している。ピッツバーグのリサーチを行った研究者は、犯罪多発地域での 500 人の男子少年からなる群全部が、被害者の負わせるコストという形で社会に与えている負担は、控えめに見積もって、8,900 万ドルから最高 1 億 1,000 万ドルに上ると推定している（Welsh, et al., 2008）。犯罪の数を相当程度減らし、SVC（重大犯罪を犯し、粗暴犯を犯し、かつ慢性的に犯罪を犯す犯行者）の犯罪キャリアの長さを短縮できれば、費用（コスト）と被害者への害の両方に関して、相当に出費を抑えることができることになる。

SVC（重大犯罪を犯し、粗暴犯を犯し、かつ慢性的に犯罪を犯す犯行者）のキャリアを検討したところで既に述べたように、大部分の少年犯行者は自らその犯行をただす、つまり、彼らは生涯にわたる犯行キャリアを有することはなく、多くの者は裁判所制度の注意を引くことはなくなるのである。長年にわたり、ノースキャロライナ州は、毎年少年裁判所に送致された若年者のほぼ 3 分の 1 をディヴァージョンに付してきた（M.Q. Howell and J.Bullock, 2013）。これは注目すべき業績であるが、他の州は、この先例にならい、リスクとニー

第 2 章　少年司法実務に重要な意味を持つリサーチ　29

ズの評価ツールを使い、少年と適切なレベルの監督とサービスのマッチングを促進している。

リスク要因および保護要因についての対処

前セクションでみたように小さな割合の犯行者が歩を進めて SVC 犯行者（重大犯罪を犯し、粗暴犯を犯し、かつ慢性的に犯罪を犯す犯行者）となる。だが、予防と介入の観点からすると、しばしば彼らを頂点にまで至らせるリスク要因についてより良く理解する必要がある。社会発達モデルは、非行のキャリアを開始し、しばしば SVC（重大犯罪を犯し、粗暴犯を犯し、かつ慢性的に犯罪を犯す犯行者）のレベルに達するまでしつこく続き、他方、大抵の場合には次第に犯行を止める過程を、最もよく説明するものである。図2.3は主要

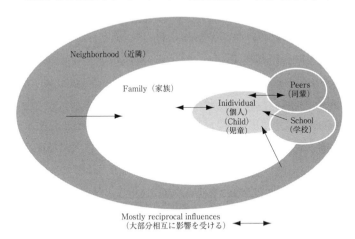

Figure 2.3　Developmental Domains and Interactive Influences on Delinquent Careers
図 2.3　発達上の諸ドメイン（各段階領域）と非行キャリアに及ぼす相互作用の影響
Reprinted with permission from Ashgate（Ashgate の許諾を得て掲載）

30

なリスク要因となるドメイン（各段階領域）の影響とそのドメインと年齢の相互作用が進化する過程を図に示したものである。リサーチを行った研究者は、子供に影響を与える「巣となる諸ドメイン（各段階領域）」が変化すると記してきた。つまり、児童期の中期から児童に影響を与える「巣となるドメイン（段階領域）」が変化し、社会発展の過程で、時間が経つに連れて新たなリスク要因が生じ、そのいくつかは年齢が進んでもしつこく続き、したがって、時間が経つに連れて「積み上がる」（Loeber, Slott, and Stouthamer-Loeber, 2008）。年齢が若いときに、児童は家族の影響を最も強く受け、他方、家族は今度は近隣の条件により影響を受ける。「非常に早期の年齢時での犯行の出現は、構造的影響、個人的影響および親の影響が「結びついたものとその相互の影響」からもたらされる」（Thornberry and Krohn, 2001, p. 295）。学校に入る前の年に、そして特に小学校とそれ以降の時期に居並ぶリスク要因が展開し、子供によっては、家庭の外で同輩の良からぬ影響に晒されることになる。社会的スキルが乏しく、学業成績が低く、アルコール・薬物の使用が早くから始まるといった要因が重要な個人のリスク要因である。就学年齢の早期の段階での同輩による拒否により、逸脱した同輩の影響をより大きく受けやすくなる場合がある。こうした逸脱した同輩には、より攻撃的行動様式を持ちおそらくはギャングに関係する同輩がいる。時間が経つに連れて、子供は広範囲な場所の移動が可能となり、近隣の要因により直接的影響を受けることになる。

　リスク要因に関して重要な点は、犯行の開始と非行への関与に関する、いわば、六つのリスクについて、十分に有効であると認められた包括的な手短なリストをみることはできないということである。非行行為は予測が容易ではない。「なぜならば、児童が、軽微な犯行から重大な犯罪を犯し、粗暴犯を犯し、かつしつこく犯行を繰り返すというところまで発展する過程は、複雑な過程だからであり、ここでは、数多くの要素が児童の逸脱行動に主たる影響を及ぼし、時として、それらの相互作用から生ずる効果も、時間が経つに連れて、同じように影響を及ぼすからである」（Van Dornburg, Verrneiren, and Doreleijers, 2008, p. 170）。そのうえ、リスク要因は年齢とともにその数が増

え、児童期から思春期を通して若年者を追跡調査した大規模サンプルの研究
は、リスク要因の広範なリストを生み出してきている。

Box 2.1

保護要因（protective factors）をみる二つの方法

　保護要因は主要な二つの経路で働く（Lösel and Farrington, 2012）。「直
接的保護要因」はリスク要因から人を遮断し、したがって、粗暴犯となる
可能性は低いと予測できる。保護要因は、このような方法で、社会化に資
する行為を促進するものとみられ、時として、「促進的要因」と呼ばれる
こともある。一般的にいって、ある少年司法制度で働く専門家は、保護要
因を「強化要素」であると考えている。実際、保護要因に関する多くのリ
サーチは、抵抗力（resilience）のトピックに関係する保護要因に関係す
る。抵抗力（resilience）は、リスクの高い状況に置かれているにもかか
わらず、健全な発展を遂げる場合を指し、保護、再生、そして修復という
生物学的保護メカニズムに関係する場合もある（Lösel and Bender,
2003）。回復力は保護要因の概念と多くの類似性を共有しているので、こ
の概念構成については、ここでは個別には論じない。

　「緩衝材として働く保護要因」は、現存するリスク要因を、若年者がそ
れらを乗り越えるのを助けることで、弱め、払拭し、これにより、リスク
があっても粗暴犯を犯す蓋然性は低いと予測できるようになる。この保護
要因の二重の役割を前提とすると、リサーチでは、この保護要因が働く態
様を具体的に特定しないのが典型的な場合である。したがって、ここで
は、リスク要因の場合にあるような、保護要因に関するリサーチによる高
度の妥当性の検証はない。それにもかかわらず、極端にリスクが高い条件
下では、数多くのリスク要因を若年者が乗り越えるには、単なる数多くの
保護要因以上のものが必要とされる（Stouthamer-Loeber, Loeber,
Stallings et al., 2008）。例えば、Smith とその同僚は（1995）、犯罪多発地

32

域に住む思春期の者で、少なくとも八つ以上の保護要因に接する者は、五つ以下の保護要因に接する者よりもその抵抗力は 4 倍高いと認定している。したがって、最も効果的なアプローチは、リスク要因を減少させ、逆用量反応関係にある保護要因を増やすことであり、犯行者が接する保護要因の数が多ければ多いほど、その若年者が非行に関与し続ける蓋然性は減少することを意味する。

　表 2.2a から 2.2e は、研究により十分に支えられた、少年非行と少年の粗暴犯に関するリスク要因を、（リスク要因よりはリサーチによる妥当性評価が少ない）保護要因とともに示したものである。数多くの研究がリスク要因の数とその後の粗暴犯の蓋然性には強い関係があると示している。このリサーチにより十分に根拠づけられた用量反応関係（dose-response-relationship）は、粗暴犯および重大な財産犯罪を含む問題行動を示す全ての場合に関して、証明されてきている。

　それに引き続き、リスク要因を容易にコントロールできるという対処は、リサーチにより最も強くサポートされてきており、この方法を使って、非行から犯罪行動へ、児童期からその後の発展段階へと経路を進むのを阻止すべきことになる（Tanner-Smith, Wilson, and Lipsey, 2013a, Table 5.3, p. 105）。

　個人（のドメインでのリスク要因）（表 2.2 a）。非行および犯罪行動の以前のレベル。これには、問題を外に表す行動はもちろん、薬物の使用を含む。特に、「暴力を伴う行為または攻撃的行為、衝動的行為、過剰行動、および子供時代の情緒を外に表す問題行為があり、これらは全て早期介入により利益を得られるといえる児童を識別するのに役立つ（p. 108）。

　家族（のドメインでのリスク要因）（表 2.2 b）。親のスキル、監督、行動の監視が貧弱であり、厳しすぎる（harsh）躾を行い、家族の一貫性や温かさを欠くこと。

　学校（のドメインでのリスク要因）（表 2.2 c）。主に学校での成績に関係する。学校での成績が良くないことに対するサポートが弱いこと、学校に行く動

第2章　少年司法実務に重要な意味を持つリサーチ　33

Tables 2.2 a-e　Risk Factors and Protective Factors for Delinquency（Including Violence）
表 2.2 a-e　（暴力行為を含む）非行のリスク要因と保護要因

Table 2.2a　Risk Factors within the Individual Domain
表 2.2a　個人のドメイン（段階領域）内のリスク要因

Risk Factors（リスク要因）	Protective Factors（保護要因）
Delinquency/violence （非行・暴力があること）	High academic achievement （学業の達成度が高いこと）
Aggressive behavior （攻撃的行動があること）	High perceived likelihood of getting caught （拘束される蓋然性についての認識度が高いこと）
Impulsivity/hyperactivity （衝動的行動・過剰行動があること）	High self-esteem （自尊心が高いこと）
Substance use （薬物の使用があること）	Lower perceived reward regarding offending （犯行を行えばそれに対する見返りはより低いことを認識していること）
Externalizing problems （情緒を外に示す問題行動があること）	Substance abuse treatment （薬物濫用で治療を受けていること）
Low self-aspirations （自尊心の低さがみられること）	Positive attitudes toward family and school （家族と学校に積極的に関与する態度をとっていること）
Drug exposure/attitudes （薬物に晒されているか薬物に許容的な態度がみられること）	Low impulsivity and an easy temperament （衝動的行動が少なく、温和な気質であること）
Positive attitude toward delinquency （非行を肯定する態度がみられること）	Low attention deficit hyperactive disorder （注意欠陥による過剰行動の異常が少ないこと（低いこと））
Anti-establishment attitudes （反権威的態度がみられること）	
High alcohol use （アルコールの利用度が高いこと）	
Psychiatric disorders （精神医学的異常があること）	
Violence victimization （暴力の被害に遭っていること）	
Gang membership/involvement （ギャングのメンバーになっていること、ギャングに関与していること）	
Gun carrying （銃器を携行していること）	
Drug selling （薬物を販売していること）	

Table 2.2b Risk and Protective Factors within the Family Domain
表2.2b 家族のドメイン（段階領域）におけるリスク要因と保護要因

Risk Factors（リスク要因）	Protective Factors（保護要因）
Parenting skills （親としての子育てのスキル（が貧弱であること））	Close relationship to at least one parent （少なくとも一人の親と密接な関係にあること）
Low family cohesion/warmth （家族としての一貫性が欠け、温かさに欠けること）	Intensive parental supervision （親の監督が行き届いていること）
Harsh parenting （厳しすぎる躾）	Parental disapproval of aggressive behavior （親が攻撃的行動を容認していないこと）
Family structure （家族の構造（の歪み））	Low physical punishment （体罰の利用度が低いこと）
Socioeconomic status （社会経済的地位（の低さ））	Intensive involvement in family activities （家族の活動によく関わっていること）
Family criminality （家族に犯行歴があること）	Family models of constructive coping （建設的対処を良しとする家族モデル）
Child maltreatment （子供の虐待があること）	Positive parental attitudes toward child's education （子供の教育に親が肯定的態度であること）
	Low parental stress （親のストレスが低いこと）
	Parental support （親のサポートがあること）
	Parental involvement in conventional activities （社会慣習的な活動に親が関与していること）

Table 2.2c Risk and Protective Factors within the School Domain
表2.2c 学校のドメイン（段階領域）でのリスク要因と保護要因

Risk Factors（リスク要因）	Protective Factors（保護要因）
Low achievement test performance （テストでの成績が低いこと）	School achievement （学業成績が良いこと）
Poor school performance (overall) （（全体的に）学校での成績が極めて悪いこと）	Bonding to school （学校への絆・愛着があること）
Weak school motivation/attitudes （学校で勉学する動機が弱いか・学校での態度が悪いこと）	Strong work motivation （働く動機が強いこと）
Negative school climate （学校での雰囲気がよくないこと）	Higher education （より高度の教育を受けていること）
	Support and supervision by teachers （教師によるサポートと監督があること）
	Clear classroom rules （教室での明確なルールがあること）

第 2 章　少年司法実務に重要な意味を持つリサーチ　35

Table 2.2d　Risk and Protective Factors within the Peer Domain
表 2.2d　同輩のドメイン（段階領域）でのリスク要因と保護要因

Risk Factors（リスク要因）	Protective Factors（保護要因）
Antisocial peers （反社会的同輩がいること）	Non-deviant good friends （逸脱行動をしない良き友がいること）
Peer substance use （同輩が、薬物を利用していること）	Peer groups who disapprove of aggression （攻撃的行動を認めない同輩のグループがいる こと）
Poor peer relations/popularity （同輩が周りとの関係が極めて悪いか、周りか ら受け入れられていないこと）	Involvement in religious groups （宗教グループに関与していること）
Peer delinquency/criminality （同輩が非行・犯罪に手を染めていること）	Less association with antisocial peers （反社会的な同輩との関係が薄いこと）
Peer attitudes toward deviance （同輩が逸脱行動に向かう態度をとっているこ と）	Group conventional behavior （多くの人に受け入れられているグループ行動 （に参加すること））

機が弱く、学校での態度が悪く、学校での雰囲気（が悪いこと）。

　同輩（のドメインでのリスク要因）（表 2.2 d）。同輩に、薬物濫用を含む、非行および犯罪行動があること。逸脱に同輩が許容的であり、多くの者に受け入れられている活動への同輩の参加がなく、同輩のその周りとの関係が極めて悪いか、同輩の間で周りから受け入れられていないこと。

　（12歳以前の）児童期に少年裁判所に送致される若年者は相対的にほとんどいないことを前提とすると、思春期初期の間に測定したこれらのリスク要因のいずれが、思春期後期および成人期初期の犯行を予測するうえで強い要素かを知ることが重要である。Tanner-Smith とその同僚が彼らの行ったメタ分析で統合した長期間研究（2013a）では、次のリスク要因が12歳以降のリスク要因として示された。この要因は、リサーチにより、最も強く支持されているものである。

　　個人（のドメインでのリスク要因）。以前の非行と犯罪行動のレベル。これには、薬物の使用、情緒上の問題を外に表す行動、および反権威的態度を

Table 2.2e Risk and Protective Factors within the Community/Neighborhood Domain

表 2.2e コミュニティ・近隣のドメイン(段階領域)内でのリスク要因と保護要因

Risk Factors (リスク要因)	Protective Factors (保護要因)
Disadvantaged neighborhood (近隣が他と比べて不利な状況にあること)	Non-deprived neighborhood (近隣が貧困状況にないこと)
Residential instability (居住者が安定しないこと (人の移動))	Non-violent neighborhood (近隣が暴力にさいなまれていないこと)
Racial/ethnic transition (人種・民族的な変化があること)	
Low resident cohesion/informal social control (住人の緊密な結びつきが弱いこと・非公式の 社会的コントロールが弱いこと)	
Exposure to firearm violence (火器を使用した暴力に晒されていること)	
Availability of firearms (火器が利用可能な状況であること)	
Availability of drugs (薬物が利用可能な状況であること)	
Low neighborhood attachment (近隣への愛着が低いこと)	
Feeling unsafe (安全でないと感じていること)	
Youth often in trouble (若者がしばしばトラブルを起こすこと)	

Note (註): Typical age at risk: six to fourteen; Typical age at outcome: twelve to seventeen; Typical ages at protection: six to seventeen. Only factors that are malleable in everyday practice are included (リスクを抱える典型的な年齢は 6 歳から 14 歳である。リスクが外に現れる典型的な年齢は 12 歳から 17 歳である。保護を要する典型的な年齢は 6 歳から 17 歳である。日常生活においてコントロールが可能な要因のみを挙げている。)

Sources (出典): Bushway, Krohn, Lizotte et al., 2013; Farrington et al., 2008; Howell, 2012; Krohn, Lizotte, Bushway et al., in press; Loeber, Farring ton, Stouthamer-Loeber, White, and Wei, 2008; Loeber, Slott, and Stouthamer-Loeber, 2008; Lösel and Farrington, 2012; Loughran, Mulvey, Schubert et al., 2009; Loughran, Piquero, Fagan et al., 2012; Monahan and Piquero, 2009; Mulvey, 2011; Mulvey, Steinberg, Fagan et al., 2004; Mulvey, Schubert, and Chung 2007; Mulvey, Steinberg, Piquero et al., 2010; Stouthamer-Loeber et al., 2008; Tanner-Smith, 2012

含む。

　家族(のドメインでのリスク要因)。各家族の要因が児童期には最もその及ぼす効果が大きいが、成人になってもその効果は重要である。ただし、厳し過ぎる躾は例外である。

　同輩(のドメインでのリスク要因)。同輩の要素のそれぞれが成人期まで重要性を持つ。例外は、同輩の薬物利用と同輩との関係であり、思春期後期

から成年期初期にかけての再犯の予測要因としての強さを失う。

　学校（のドメインでのリスク要因）。学校での要因の強さは思春期に入るに従い、弱まり、学校での学業成績と学校に行く動機と学校での態度だけが重要性をその後も持つことになる。

　このように配列されたリスク要因は、個人、家族、学校および同輩のドメイン（各段階領域）からなる複数のシステムを横断し、他方で具体的に年齢に見合ったリスク要因に集中した処遇計画を創ることが重要であることを示すものである。「発達の全ての段階で、ほとんどのドメイン（各段階領域）に、重要かつ複数のリスク要因が存在する」（Tanner-Smith et al., 2013, p. 108）。したがって、一つだけに焦点を当てた介入は、限定された影響しか持たないことになる。

　さらに、児童期に非行が始まり思春期の犯行にエスカレートして行くことを予測させるリスク要因のいくつかは、思春期にまでその予測力を及ぼすものではない」（Farrington, Loeber, Jolliffe, and Pardini, 2008; Ezelle, 2007; Tanner-Smith et al., 2013a）。以下は、Tanner-Smith とその同僚の非常に包括的なリサーチの統合研究から得られた極めて重要な認定である。

・数多くのリスク要因が、児童期の役に立つ診断指標としての潜在的価値を持つことは明らかである。児童期における、学校での失敗、暴力または攻撃的行動、衝動的行動または過剰活発行動、そして情緒を外に表した問題行動は全て、かかるリスク要因を抱えた児童を識別するのに役立ち、識別された児童は、早期の介入から最も利益を受けるものとなり得る。

・児童期に測定された家族のリスク要因は、後の犯罪行動との関係で、特に顕著なリスク要因である。犯罪行動を減少させることを目的とする予防プログラムは、児童期における家族のダイナミックスを扱った親の訓練と親教育の要素を含めることで利益を得ることができる。

・個人、家族、同輩および学校というリスク・ドメイン（リスク要因の存在

する各段階領域）におけるその他の重要なリスク要因は、思春期と成年期
初期の発達の初段階にかけて、その強さが異なっている。したがって、非
行および犯罪行為に関するリスクを予測するのに際しては、発達段階を具
体的に考慮に入れて、将来に関する理論を構築し、リサーチを行い、実務
を行うことが重要であることをここで強調すべきことになる。

・思春期と成年期初期にかけて犯罪のリスク要因として最も強力で最も強固
な要因は、非行または犯行の前歴を示す要因である。したがって、予防プ
ログラムと少年司法制度は、この点に最初のそして最大の関心を払い、非
行・犯行の開始を阻止し、児童の非行のエスカレーションを阻止すべきで
ある。

女子に関するリスク要因と保護要因

女子の小さなグループは、男子のグループと同様、破壊的行動が早くに始ま
っており、彼らの問題行動は、比較的安定したパタンを示している
(Kroneman, Loeber, and Hipwell, 2004)。また、女子と男子とで少年非行のキ
ャリアには、以前に想像されていたよりも、より類似性があることも明らかで
ある（Borduin and Ronis, 2012; Wong, Slottboom, and Bijleveld, 2010）。例え
ば、フィラデルフィアの研究では、重大犯罪を犯し、粗暴犯を犯し、かつ慢性
的に犯罪を犯している少年犯行者のサブグループについて、犯行の継続を調べ
たところ（Kempf-Leonard, Tracy, and Howell（2001））、重大犯罪を犯した犯
行者（重大な財産犯および粗暴犯を犯した犯行者）の男女の比率は、男子3対
女子1であり、粗暴犯を犯した犯行者の比率は、男子4対女子1であり、慢性
的に犯罪を犯す者の男女比は男子3対女子1であった。このリサーチの研究者
らは、重大犯罪と粗暴犯を繰り返す者を調べて、男女間には重大な差異が存在
すると認定した。

重大な非行に関する女子個人の非行率は男子と比較してかなり低いままであ
るが（Snyder and Sickmund, 2006; Steffensmeier, Zhong, Ackerman et al.,

2006)、女子は男子と同じタイプの犯罪を犯しており、思春期にある者の自己報告調査は、男女比でみたときの非行への女子関与の比率は、近年相当程度増えてきているという見方を支えるものである（Esbensen, Peterson, Taylor, and Freng, 2010; Hipwell and Loeber, 2006）。したがって、非行への女子の関与を過小評価すべきではない。少年司法制度が、男子はもちろん女子についても、再犯を減少させることに注意を払っていることを前提とすると、全体的にみて制度の効果がより増しているとみることができるであろう。

　非行と粗暴犯を予測させるリスク要因には異性間で類似性があることを示すかなりの証拠がある（Hubbard and Pratt, 2002; Loeber, Farrington, Howell et al., 2012; Moffitt, Caspi, Rutter et al., 2001; Van der Put, Dekovic, Geert et al., 2011; Wong et al., 2010）が、いくつかの重要な男女間の差があることが示されてきている。実際、近年のリサーチによれば、思春期および成人若年の女子のリスク要因のメタ分析とその他のレヴューでは、リスク要因に晒される率が女子と男子とで異なる領域があることが識別されてきている（Hubbard and Pratt, 2002; see also Tanner-Smith et al., 2013a; Wong et al., 2010; Hawkins, Graham et al., 2009）。具体的には、女子の非行に関する予測要因のメタ分析（Hubbard and Pratt, 2002）によれば、反社会的人格と反社会的同輩が、最も強い犯行予測要因であると認定された。さらに、学校および家族との関係と、有形力を行使した暴行歴および・または性的暴行歴も、反社会的人格と反社会的同輩よりは予測因子としての強さは弱いが、女子の非行の強い予測要因である。個人の要因として重要なのは、反社会的人格、知能の低さ、薬物濫用、身体的虐待または性的虐待（を受けていること）、精神衛生上の問題（があること）、初潮の時期、および自己価値のレベルが低いことである。Hipwell, White と Loeber とその同僚（2005）は、引き続くアルコールの使用、虐待および早期の年齢での依存の影響を、より受けやすいといえると述べている。

　だが、男子と女子とで最も不一致が大きいのは、性的暴行の被害を受けていることである。男子は何らかの暴行の被害に遭ったことを女子よりも報告する蓋然性があるが、女子は男子よりも、性的暴行の被害を経験する率が10倍以

上であるという蓋然性がある（McReynolds et al., 2010）。Hubbard と Matthews は（2008）は、反社会的行為に寄与したと思われる女子の人格の独特の特徴を選び出している。女子は四つの独特の強さ（過剰行動が少なく、衝動をコントロールする力が弱く、行為を道徳的に評価する力が男子よりも強く、そのことが、よからぬ同輩の影響を弱める能力を高めており、共感能力が男子よりも高く、非行・犯行について罪の意識を感ずる傾向が男子よりも強い）があるが、女子は、男子よりも、自己の価値を低くみて自己認識を歪める傾向（例えば、自己非難、自己についての否定的思考）が強く、この結果、問題を自分の内にかかえる行動と自傷行為に至る場合がある。とりわけ、女子は、男子よりも、交友関係と他者の受容を求める願望が強く、その結果、否定的感情を抱くに至ったり（例えば、ストレス）、心の中の問題を外に表す行動（例えば、危険な性的行為）をとったりすることになる場合がある。

　家族のドメイン（段階領域）では、女子にとって重要なリスク要因は、親と子供の関係の質、家族内での諍い、親のコントロール、家族内での暴力、世話をする者に薬物濫用歴または非行歴があることなどである。兄弟と姉妹を比較したロンドンでの研究では、Farrington と Painter（2004）は、社会的地位が低く、家の収入が低く、住まいがおよそ不十分で、家族規模が大きいといった、社会経済的リスク要因は、兄弟よりも姉妹により強く働く犯行予測要因であると認定している。さらに、親が褒めることが少ない、規律が厳しくまたは一貫性を欠いており、親の監督が十分にされず、親に諍いがあり、親の教育への関心が薄く、父親の子供への関心が薄い、といった子供を養育するうえでのリスク要因も、兄弟よりも姉妹により強く働く犯行予測要因である。

　同輩のドメイン（段階領域）は、男子の場合と同様、非行少年の友人、ギャングのメンバーであること、そして同輩の関係の質が女子の非行に影響を及ぼす（Petersen and Howell, 2013）。女子の平均的行動は、男子のそれよりももっと、親密な関係に依存する（Losel and Farrington, 2012）。同輩関係の二つの特徴が、女子の非行への関与に関して重要な黙示的意味を持つ（Hubbard and Matthews, 2008）。第一に、男女の混合したグループと友人関係があると

報告する女子は、同性の友人グループに属する女子よりも非行に関わる蓋然性がかなり高い（Peterson, 2012）。第二に、Brown（2013）が「女同士のけんか」または「他の女子による感情的で目立たないいじめ」と呼んだ行為（例えば、噂をふりまく、操る、からかう、仲間はずれにする、など）を行うことで、相互に支え合う友情の発展を、知られないように害することが行われる（p. 244）。

　女子を非行と暴力から遠ざける独特の保護要因は二つの文献のレヴューにより調査されてきている。最初のレヴューでは、家族との繋がり（絆）、学校との絆、そして信心深さが、暴力を犯すことから女子を相当程度守る保護要因となっていると認定された（Hawkins, Graham, Williams, and Zahn, 2009）。その後の文献の検討でも、パタンをなす保護要因が女性・女子の場合にはあり、この点が男子の保護要因と「部分的に異なっている」と認定された。（Lösel and Farrington, 2012, p. S19 [3]）。また、男子よりも女子の方がリスク要因の蓄積効果が悪く作用することも明らかであり、多様な態様のサービスを必要とする（Hipwell and Loeber, 2006）。これらの発達上の差は、女子への介入に関して重要な黙示的意味を持つのであり、この点は本書の付言で論ずる。

ギャングに関与することに関係するリスク要因と保護要因

　若年者のギャング・メンバーは、今や、the Centers for Disease Control and Prevention and the U.S. Department of Justice（疾病コントロールおよび予防センターと合衆国司法省）の両者により、アメリカ合衆国内で重大でしつこい問題であると認識されている（Simon, Ritter, and Mahendra, 2013）。（ギャングとは、5名以上のメンバーから成り、メンバーは同一性を共有し、典型的には名称と他のシンボルを有し、メンバーは自らをギャングと認識し、他者からそのように認識され、継続的に仲間を組み、組織を誇示し、ギャングであることを示す活動をする集団であり、犯行レベルが一段高い特徴を有する。──訳注）。合衆国全体で、約12人に1人の若年者が、彼らが十代のときに、いずれ

かの時点でギャングに属していたと述べている（Snyder and Sickmund,
2006）。さらに、第6学年から第12学年までの生徒の5人に1人が、自分たち
の学校にギャングがいると報告している（Robers, Zhang, Truman et al.,
2012）。そして高校生のほぼ半数が、自分たちの学校では、ギャングまたは自
分をギャングの一部だと考えている生徒がいると述べている（National
Center on Addiction and Substance Abuse（中毒と薬物濫用に関する全国セン
ター、2010）。

　ギャングの男女比は約2対1であり、これは男子のギャングが11パーセン
トであるのに対し、女子のギャングは6パーセントであることを意味する
（Snyder and Sickmund, 2006）が、過去数十年にわたり、ギャングに関係する
女子の比率は増加してきている（Howell, 2012）。全ギャング・メンバーの3
分の1以上が女子である（Peterson, 2012）。さらに、女子のギャングメンバー
は男子のメンバーと同じ種類の犯罪を犯している。1990年代半ばに行われた
11都市での第8学年の調査（Esbensen et al., 2010）にみられるように、男子
および女子のギャング・メンバーの90パーセント以上が、過去12ヵ月間に、
一つ以上の暴力行為を行ったと報告している。また、リサーチを行った研究者
の認定によれば、女子のギャング・メンバーの75パーセントはギャング間の
闘争に関係したと報告し、37パーセントは凶器で他の者を攻撃したと報告し
た。誰かを殴る、一般的な暴力を振るう、特に重大な粗暴犯を犯す（例えば、
銃器を使用する）という場合――この場合には、男子の犯行比率が女子よりも
かなり高い――を除き、個人が粗暴犯を犯す率は、男女で類似していた。

　ギャングへの参加に関してリスク要因が異なって作用しているのか否かに関
するリサーチは数少ないが、多くのリスク要因が男子と女子で同じように影響
を及ぼす、と強く論ずることができる。ローチェスター（Thornberry, Krohn,
Lizotte et al., 2003）とシアトル（Gilman, Hill, Hawkins, 2014）の両都市での研
究では、個人、家族、学校、近隣、および同輩のドメイン（各段階領域）全体
にわたり、リスク要因に性差はみられないと認定している。同様に、the
National Longitudinal Study of Adolescent Health,（思春期の健康に関する全

国長期研究）Bell（2009）でも、「ギャングへの関与に関連するリスク要因が男子と女子とで異なっていることを示す証拠はほとんどない」と認定している（p. 379）。この研究では、男子および女子の両性に関して、ギャングのメンバーになることが、近隣が劣悪であること、親と子供の関係が良くないという要因があること、学校での安全に懸念があること、暴力を用いる同輩に晒されていること、という、五つの主要なリスク要因のセクターの内、四つに該当する要因が認められ、その要因により予測されていた。

　男子と女子にとり、ギャングに参加する決定に寄与する条件は同様であり、次の二つのカテゴリーに分けられる。つまり、ギャングの魅力とリスク要因である。さらに、同様に、複数のリスク要因が存在する類似した状況下にあると、男子も女子もともに、ギャングに参加する危険を高める。つまり、個人の特徴（早期からの問題行動がある）、家族の状況、学校での経験、同輩グループの影響、およびコミュニティの状況がこれである。まず最初に、ギャングの魅力について論ずる。

ギャングの魅力

　ギャングの文化は、映画、音楽および衣服のスタイルを通し、若年者の一般的なサブカルチャーと絡み合っている。都市領域での若者のほとんどは、ギャングのシンボルとドレス・スタイルを認識している。ギャングは、しばしば、人々の心に響く社会的行為の中心にいる。この社会的行為には、パーティ、音楽、薬物、および異性のメンバーと知り合う機会が含まれる。言い替えれば、ギャングが魅力的であるのは、それが若者の社会的ニーズに合致するからである。女子がギャングに参加する理由は、男子の場合と類似した理由による。両性ともに、次の理由をギャングに加わる理由として報告している。以下では、重要度の高い理由から順に示す（Peterson, 2012）。

・楽しみのため
・保護を得るため

44

・友人がギャングにいるため

・尊敬を得るため

　男子と同様に、保護を得たいということと、社会的機会を得たいということが、女子がギャングに加わる主な理由である。彼女らは安全であり安心できると感じたいのであり、社会的なシーンの中で不可欠な部分でいたいのである。思春期にある多くの女子がギャングに魅せられるのは、彼女らの友人またはボーイフレンドがギャングに加わっているからである。

ギャングへの参加に関するリスク要因

　若年者をギャングに加わるように推し進める要因は、ギャングの魅力よりも複雑である。ギャングに特定の個人が加わるかどうかを、受容できる正確さで予測することは不可能だが、一定の数多くのリスク要因を有する個人または数多くのリスク要因に囲まれている個人は、ギャングに加わるチャンスが、そうでない個人よりも、より大きいことが、諸研究により示されてきている。要するに、ギャングに加わる若年者は、彼らの生活において——家族、学校、近隣および同輩グループの中で——数多くの良くない経験をしてきており、早期の段階から非行があり、薬物およびアルコールを使用しているといった個人の問題も同様に抱えている。男子も女子も同様に、個人のリスク要因の数の多さと不利益な結果を被る可能性が増すこととの間には、用量反応関係が関連する。したがって、若年者がより多くのリスク要因を経験すればするほど、ギャングに加わる蓋然性は増加する。

　リスク要因がギャングに加わる意思決定に及ぼすこの影響は、次の二つの方法で働く。第一は、数多くのリスク要因が積み重なると、それが、一般的な非行に関与するというのではなく、ギャングに加わるに至る。シアトルの研究では、21 から 26 の測定されたリスク要因を経験した、12 歳以下の児童は、ギャングに加わるリスクが、そうではない児童よりも高く（Hill, Howell, Hawkins et al., 1999)、ギャングのメンバーになる予測要因は、少年非行、暴力の使用、および薬物の使用の予測要因と類似していることが示された。次のリスク要因が、ギャングに加わる蓋然性を 3 倍以上高めた。つまり、家族構造（片親家族）、第 5 学年および第 6 学年における学業成績の低さ、早期のマリワナの使用の開始、近隣で薬物を利用できる環境、という要因がそれである。信頼できるリサーチでは、ギャングに特有の保護要因は識別されなかった。しかし、若年者が非行を犯すことに通ずるリスク要因が及ぼす影響の緩衝材となる保護要因は、ギャングへの参加にも同様に適用されるであろう。なぜならこの二つの犯行者グループは同じリスク要因の状況下にあるからである。

　第二に、複数の発達上のドメイン（各段階領域）に存在するリスク要因は、さらに、ギャングに加わるリスクを高める。シアトルの研究では、諸ドメイン（各段階領域）を通して七つのリスク要因が存在することが証明された児童は、そのリスク要因が全くないか一つしかない児童よりもギャングに加わる比率は 13 倍であった（Hill et al., 1999）。ニューヨーク州のローチェスターでの別の研究（Thornberry et al., 2003）では、リスク要因のある全てのドメイン（各段階領域）についてリスク要因が測定され、そこでのリスク要因のスコア（点数）が高かった男子の 61 パーセント、女子の 40 パーセントは後にギャングに加わった。

　ギャングのメンバーに加わり始める時期は、児童期後期または思春期初期が典型的であり、思春期中期に頂点を迎え、しばしば、より重大な犯行にギャングのメンバーが関与する場合が相当程度増加する（Howell, 2012）。確かに、ギャングのメンバーであることと、重大犯罪を犯し、粗暴犯を犯し、かつ慢性的に少年犯行を犯すこととの間にはかなりの重なりがみられる。発達段階の経路モデル（図 2.4：後出）は、重大犯罪と粗暴犯を含めて、ギャングへの関与が、非行行動に密接に関係していることを明確に図で示している。ギャングメンバーによる犯罪行為への関与は、通常の非行の年齢犯行曲線と同様の年齢犯行曲線を辿る。ギャングメンバーになることが、児童期の後期または思春期の初期に始まり、思春期の中期に頂点を迎えることもある。ギャングに加わる全

ての若年者は大抵、既に非行に関係しているが、ギャングに加わっている間に、彼らの暴力のレベルは２倍または３倍になり、いったんギャングへの活発な参加をやめると、その暴力のレベルは減少する（Krohn and Thornberry, 2008）。The national Adolescent Health Survey（全国青年健康調査）によれば、ギャングのメンバーの大部分は、過去に、重大なギャング間の抗争（62パーセント）、財産損壊（40パーセント）、他人を撃ったり刺したりする行為（21パーセント）を行ったことを認めた（Glesmann, Krisberg, and Marchionna, 2009）。思春期後期には、ギャングへの関与は薬物取引へと至り、いつも銃器を携行するようになる（Lizotte, Krohn, Howell et al., 2000）。

このリサーチがリスク要因および保護要因に 関して持つ黙示的意味（含意）

　破壊的行為を行い非行行為を行う児童の小さな割合を SVC 犯行者（重大犯罪を犯し、粗暴犯を犯し、かつ犯罪を慢性的に犯す犯行者）としての地位に移行させる特定のリスク要因について知ることには、いくつかの重要な黙示的な意味がある。この危険因子と保護因子にはこの移行に関する予測的価値があるので、高度のリスクのある経路上にいる少年を比較的早期に識別し、それにより、少年司法制度で彼らに特別の注意を払うことができることになる。この描写の「経路」の部分は発達過程を示しており、多少ともランダムな非行と出来事を示すものではないので、この過程に効果的に介入して、この経路を中断させることができることを意味し、早期介入による成功の見込みが増す。だが、この試みは複雑なものである。大抵の犯行者は、犯行をやめまた開始することが断続的に続くからである。したがって、リスク評価を注意深く行うことが必須となる。さらに、経路に沿って様々の介入の時点があり、この時点は、初期の介入から、犯行者のキャリアが進んだ時点での集中的な介入にまでわたる。

　初期の介入は他のいくつかの理由から慎重で賢明な戦略の下に行うべきことになる。この早期介入は介入の最適時である。なぜならば、リスク要因と、そ

れとともに起こる問題が、年齢とともに、個人、家族、および学校のドメイン（各段階領域）で多くなる時期だからである。予防と介入プログラムの焦点を、リスクのある一つのドメイン（段階領域）または一つのドメイン（段階領域）内の一つのリスク要因に限定しなければ、予防と介入のプログラムはより効果的なものとなる蓋然性が高い。発達時期がある時期から別の時期に移るに連れて、リスク要因の影響も変化することに照らすと、個々人の評価が必須であり、依頼者がより複雑な者であればその個人に応じた段階的評価でなければならない。リスクを減少させ、保護を高めるのが目標であるが、リサーチでは、ターゲットとされるべき保護要因に関して、明らかではない。すなわち、親の監督が十分になされている、学業成績で成功しているといった要因が保護要因であることは明らかだが、それを超える保護要因は明らかではない。

　小学校から中学校へ、そして、中学校から高等学校へと移行する時期が介入の好機である。なぜならばこの各移行期を進むに連れて、家庭の良い影響が減少するからである。ギャングへの関与は非行の経路を進み、次第に、より重大な犯罪と粗暴犯を犯すようになることと絡みあっている。したがって、ギャングメンバーに関するコミュニティ内のリスク要因と保護要因をターゲットにし、少年司法制度の事件負担を考慮に入れて対処すれば、より広範な非行の減少を達成できる助けとなる。

しつこく続く少年の犯行に関する指導的理論

　一定の非行理論は、実務に適用すると有用なものであり、少年司法制度において戦略的介入に指針を与えるものとなる。しつこく続く少年の犯行に関して三つのタイプの理論が最もよく受け入れられている。「静的」理論は、犯罪を犯すその者の自然な傾向（propensity）は人生の初期に始まり、その後、人生のコースで起こる出来事により影響を受けないということを前提とする。例えば、自己コントロール理論は、犯罪を犯すその人の自然な傾向はその個人の自己コントロールのレベルの産物であり、この統制力は大雑把にいって8歳の頃

48

に確立されると推定される、との見解に立つ（Gottfredson and Hirschi, 1990）。この見解のような、静的理論に立ってしつこく続く犯行を説明する立場は、したがって、しつこく犯行を続ける者は、主として、自己コントロールが低く、それには、家族の機能不全と神経心理学的欠陥が伴い、これらは児童の時期に確立されると認定している。

第二の最もよく受け入れられている類型論は、犯行者に二つのグループを識別する（Moffitt, 1993）。つまり、この理論は、ライフ・コースにわたりしつこく続く犯行の開始時期が早期の者と、思春期にだけ犯行を行う犯行開始時期がより遅い者の2群に分ける。Moffitt（1993）によれば、ライフ・コースでみると、この非常に小さな割合を占める犯行者は、噛みつきと殴打を4歳で行い、万引きと学校のずる休みを10歳で行い、薬物の販売と自動車窃盗を16歳で行い、強盗と強姦を22歳で行い、詐欺と児童虐待を30歳で行う、とされる。これと対照的に、Moffitt の理論において、思春期にだけ犯行を行う者は、年齢犯罪曲線の中期における、より大きな割合を占める思春期にある者を指している。これらの犯行者は児童時期に反社会的行為歴がなく、むしろ、彼らは、思春期の間だけ反社会的行為を行う。

最近の研究は、犯行者にはこの二つの主要なグループがあるとする Moffitt の前提に挑戦してきている。The Rochester Youth Development Study（ローチェスター若年者発達研究）では、多様な犯行パタンを持つ八つのグループを観察し、その結果、Thornberry（2005, p. 160）は、「犯行の開始は、より早期の場合もあれば、より遅い場合もあり、開始時期で、「早期開始者」と「後期開始者」のパタンにきれいに分けることができるとの Moffitt の仮定のように、開始時をはっきりと分けることはできない」と結論した。しかし、Moffitt の理論は、非行を十代の間にだけ行う犯行者——つまり、思春期にのみ犯行を行いその犯行時期が限定されている者——という短期の犯行者を識別するのには有用である。他のキャリア研究ではこれらの犯行者を、断続的にまたは時折犯行を行う者と呼んできた。

リサーチを行う研究者の大部分は、四つの主要な、思春期の犯行者キャリ

ア・グループがあることを示してきている。生涯にわたり問題行動の頻度が少ない者、問題行動が増えている者、生涯にわたり問題行動の頻度が依然として高いままである者、問題行動が減少する者、の四つがそれである（Bushway, Thornberry, and Krohn, 2003; Loeber, Farrington, Stouthamer-Loeber, White and Wei, 2008; Farrington et al., 2008）。もちろん、問題行動が増え、依然としてその頻度が高いままであるという者が、最も懸念される者である。地方によっては、後の段階に問題行動を開始しその問題行動が高止まりしている者のグループがかなりある場合があることが認識されており、この点も重要である（Loeber, Farrington et al., 2008）。

　第三の理論は、発達理論を採用し、犯罪に関し生涯にわたるパースペクティヴ（見通し）に立って、思春期の年代における犯行のパタンに関して、第一、第二の理論とは明確に異なる説明をする（Thornberry, Giordano, Uggen et al., 2012）。静的理論と類型論は説明をするうえで、初期の特徴が何らかの重要性があることを認めるが、発達理論によると、後の犯行を説明する主たる理由は、個人がライフ・コースを進むに連れて直面する社会環境の変化にあるとされる。Thornberry とその同僚が次のように述べている点が重要である。「両親と同輩との変化する関係、家族、学校、および仕事のような、主たるライフ・コースの軌道に沿った移行のタイミングと移行の成功、より早期の非行への関与の結果、および少年司法制度との接触、これらの全てが、しつこく犯行が続くか、犯行をやめるかというような、犯行のパタンの分かれ目に大きな影響を及ぼす」(p. 57)。この故に、発達理論は広く受け入れられてきている。それは、この理論が、個人の非行と犯行者としてのキャリアに関して、個人が犯行を開始し、犯行をエスカレートさせ、個人の犯行が減り、個人が犯行を止める理由を説明しているからである。

　思春期に犯行がしつこく続く理由を説明するために、二つの一般的発達過程が識別されてきている（Thornberry et al., 2012）。第一の過程は、犯行の開始に関連する因果関係的要素の安定性から生ずる。否定的気質的特徴、親の教育の効果のなさ、貧困、学校での失敗および同輩の少年との関係、これら全てが

非行キャリアの開始とその維持に結びついている。第二の過程は、相互作用的なものであり、反社会的な行動へのより早期の関与の及ぼす否定的結果、とりわけ非行への関与と関係があり、これが後のライフ・コースの発展を破壊し、特にこの早期の段階での非行への関与が長引き、重大なものである場合には、そうである。言い替えれば、初期の非行があるとこれが両親から疎外され、高等学校を卒業できず、非行を犯す同輩のグループに取り込まれることになる蓋然性が高い。引き続くセクションでは、犯行者のキャリアの軌道をより詳細にレヴューし、その主要な軌道を説明する発達理論を示す。

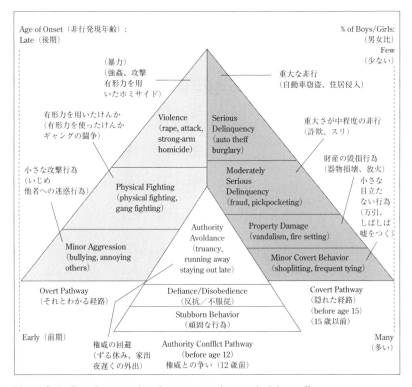

Figure 2.4　Developmental pathways to serious and violent offenses
　　図2.4　重大犯罪および粗暴犯への発達経路
Reprinted with permission from Ashgate（Ashgateの許諾を得て掲載）

第2章　少年司法実務に重要な意味を持つリサーチ　51

　次に、これに関連する問題は次のものである。非行への関与がSVC（重大犯罪を犯し、粗暴犯を犯し、かつ慢性的に犯罪を犯す犯行者）のレベルに達する踏み石は何か。Loeberとその同僚は、the Pittsburgh Youth Study（ピッツバーグでの若年者研究）において、非行のキャリアが、児童期のから思春期の非行へと進む際に、主要な三つの経路があることを発見した（Loeber, Slott, and Stouthamer-Loeber, 2008; Loeber, Wei, Stouthamer-Loeber et al., 1999; Loeber, Wung, Keenan et al., 1993; Kelley, Loeber, Keenan, and Zang, 1997 も合わせて参照）。図2.4 に示すように、権威との争いの経路、（重大な非行との結びつきが）隠れた経路（covert pathway）、と、（粗暴犯との結びつきが）それとわかる経路（overt pathway）とがある。権威との争いの経路は、非行以前の違反行為からなり、（重大な非行との結びつきが）隠れた経路は、隠し事と重大な財産犯からなり、（粗暴犯との結びつきが）それとわかる経路は暴力を用いた犯行からなる。Loeberの経路モデルは四つの重要な次元からなる。第一に、このモデルは、時間が経つに連れて、より重大でない犯行からより重大な犯行へと順序だって進み、非行へと至ることを示している。多くの児童に関して、踏み石パタンは時間が経つに連れて観察され、より重大でない犯行からより重大な犯行へと至り、非行行動に至る。第二に、この三角形が上に進むに連れて次第に狭まっていくが、これは、特定の問題行動と非行に至る傾向のある違反行為を犯す若年者の比率が、減っていく（「多くの者」から「数少ない者」へ）ことを示している。第三に、このモデルは、一般的な犯行開始年齢（「初期」から「後期」へ）を示している。第四に、この経路は階層構造をなしており、それぞれの経路で最も重大な行為に達した者は、通常、それぞれの経路の、より早期の段階で、しつこい問題行動があるという特徴を示している。問題行動は、権威との争いの経路に始まるのが典型的な場合であり、それは、頑固な行動、それに引き続き反抗または不服従、そして次に学校のずる休み、家出、または遅くまで家の外にいるといった行為に示される。しつこい犯行者は、次に、（粗暴犯との結びつきが）それとわかる経路に進むか、（重大な非行との結びつきが）隠れた経路のいずれかに進むのが典型例である。（重大な非

行との結びつきが）隠れた経路の第一段階は、軽微な隠れた行為（万引きをする、しばしば嘘をつくといった行為）だが、これに引き続いて財産毀損行為（器物損壊、放火）がなされ、次に、比較的重大な犯行（詐欺、スリ）の段階へと至り、そして重大な非行（しばしば自動車窃盗、住居侵入盗）に至る。（粗暴犯との結びつきが）それとわかる場合の、第一段階は、軽微な攻撃行動（いじめ、他者への迷惑行為）であるが、これに引き続いて有形力を行使した暴力の段階（しばしばギャング同士のけんかを含む）に至り、さらに、より重大な暴力犯罪（強姦、有形力または威迫を用いた強盗）へと至る。要するに、しつこく犯行を行う者は、より重大ではない問題行動から、より重大な問題行動へ、児童期の非行から思春期の非行へと、順序だって歩を進めるのが典型例である。最も数多くの犯罪を行う者、つまり SVCs 犯行者（重大犯罪を犯し、粗暴犯を犯し、かつ慢性的に犯罪を犯す犯行者）はピッツバーグ研究のサンプルの 10 パーセントを占めるが、17 歳までに平均して 142 件の犯行を行ったと自己報告している（これは、同研究の全サンプルにより犯された犯行の 50 パーセント以上に当たる）（Welsh et al., 2008）。

　次の比率が、元のピッツバーグのサンプルで観察された（Loeber, Farrington, Stouthamer-Loeber, and White et al., 2008）。

・非行に向かう傾向のある破壊行為を行い、それが軽微な非行行動にエスカレートした率は、全児童の約 4 分の 1 である。
・（そこから）SVC の非行にエスカレート（発展）したのは、3 分の 1 である。
・中程度の犯行をしつこく続けた児童の約 3 分の 2 は、思春期に重大犯行を犯した。
・しつこく犯行を続けた犯行者のグループの約半数（45 パーセント）は、思春期に、重大さのレベルが最も高いレベルの犯行を行った。これは、重大な犯行をしつこく行う者である。他の半分（55 パーセント）は、軽微な犯行を続け、その重大さのレベルは中程度であった。

第 2 章　少年司法実務に重要な意味を持つリサーチ　53

・全サンプルの約 5 分の 1（20 パーセント）は思春期に犯行をやめた。
・総じて、SVC の犯行者は思春期および成人期に、重大犯罪と粗暴犯全体の約半数を犯していた。

　この三つの経路は、四つの大都市での研究と、アメリカ合衆国での思春期にある者のサンプルを使った全国調査で確証されており（Loeber, Slott, and Stouthamer-Loeber, 2008）、これらの経路は、男子はもちろん女子にも当てはまり（Gorman-Smith and Loeber, 2005）、シカゴで行われたアフリカ系アメリカ人とヒスパニックの男子で思春期にある者のサンプルでも確証された（Tolan, Gorman-Smith, and Loeber, 2000）。さらに、最も不利益を多く受けている近隣ではこの経路を辿る若年者の比率が高い（Loeber and Wikstrom, 1993）。

　Loeber の経路を明確な形で描いたモデルは少年司法制度に実務上適用するのによく適合している。前述のように、（重大な非行との結びつきが）隠れた経路と、粗暴犯との結びつきがそれとわかる経路は、重大な犯罪と粗暴犯のカテゴリーに、それぞれ対応している。三つの経路にある者が、時が経つに連れて、数多くの犯行を行うようになることを考慮に入れると、Loeber の理論モデルは、慢性的に犯罪を犯す者についても説明している。実務に Loeber のモデルを適用する次の段階は、（重大な非行との結びつきが）隠れた経路を進む犯行者（重大犯罪を慢性的に犯す犯行者）と、（粗暴犯との結びつきが）それとわかる経路を進む犯行者（粗暴犯を慢性的に犯す犯行者）とに、予測因子（リスク要因と保護要因）を結びつけることである。表 2.2a から 2.2e までに示したリスク要因は、時の経過とともにリスク要因の影響が変化することを証明した Tanner-Smith とその同僚の洞察に富む分析とともに、素晴らしい基礎を提供する。

　「重大な少年犯行を犯す者」（重大な財産犯と粗暴犯歴のある者）という相対的に大きなグループで、一緒に起きる問題行動に関するリサーチを行った他の研究も教えるところがある。薬物の使用がしつこく続き、学校での問題があ

54

り、精神衛生上の問題があるという状態が組み合わさっていると、重大な非行をしつこく行う蓋然性は格段に増加する。デンバー、ローチェスターおよびピッツバーグでリサーチを行った研究者は、「重大犯罪をしつこく行う非行者」について、これらの問題の存在を評価した。彼らは、「重大犯罪をしつこく行う非行者」を、次のように定義した。リスクの高い児童と思春期にある者のそれぞれのサンプルについて、最初の 3 年の内の少なくとも 2 年の間に、重大な暴行または重大な財産犯を行ったと自己報告した者、がその定義である（Huizinga and Jakob-Chien, 1998; Huizinga, Loeber, Thornberry, and Cothern, 2000)。これらの研究では、三つの研究対象サイトを通して、しつこく続く重大な非行と、他のしつこく続く複数の問題行動が組み合わされたもの（薬物問題、学校での問題、および精神衛生上の問題）との間の関係は、かなり一貫性がある、と認定している。重大な犯罪を犯した男子の犯行者の大部分では、重大な非行へのしつこい関与とその他の問題とが一緒に生じていた。これらの三つの問題の内の二つが存在することが証明された者についてみると、問題が増えるに連れて、しつこく重大な非行をしつこく繰り返すことになるチャンスが増えることになる。二つ以上の問題を抱えた者の半数以上（55〜73 パーセント）は、重大な非行をしつこく繰り返す者である。女子に関しては、しつこく続く問題の組合わせの間の関係が異なっており、調査対象となったこのサイトの二つの都市で異なっており、Huizinga とその同僚は、女子の性に関しては、一般化するのは正当ではないと警告している。

　この三つのサイトでのしつこく非行・犯行を行う男子のうち、25 パーセントは重大犯罪をしつこく行う非行少年であり、15 パーセントは薬物使用者であり、7 パーセントは学校での問題を抱えた者であり、10 パーセントは、思春期の間、精神衛生上の問題を抱えていた。二つのサイトでの調査対象となった、しつこく非行・犯行を行う女子のうち、5 パーセントは重大な非行を慢性的に行う者であり、11〜12 パーセントは薬物の使用者であり、10〜21 パーセントは学校での問題を抱え、6〜11 パーセントは精神衛生上の問題を抱えていた。しつこく繰り返される重大非行、薬物濫用、学校での問題、および精神衛

生上の問題が起こる最も共通したパタンは、三つの研究サイトを通して、断続的なものであった。全部のサイトで最も共通した、各問題行動の一時的パタンは、最初の年だけ生じ、翌年は生じず、3年目に再度その行動が起こるというものであった。したがって、問題の重大性の評価が決定的に重要である。

　若年の犯行者が少年裁判所に送致された時に、少年司法制度のオフィシャルは、その児童または思春期初期の犯行キャリアについて、しばしば公式の記録だけに基づいて、非常に限定された見解しか持たない。これは、スナップショット（場面のみをとらえたもの）に過ぎない。若年者の犯す非行行為のほとんどは警察または少年裁判所の注意を引くことは決してないが、最も重大な犯行と粗暴犯を犯す犯行者はついには逮捕されるが、彼らが犯した最も重大な犯行を理由とするわけでは必ずしもない。犯行歴についてのこの狭い見解のため、SVC犯行者（重大犯罪を犯し、粗暴犯を犯し、かつ慢性的に犯罪を犯す犯行者）としての潜在性がある者と、思春期だけにその犯行が限定されている犯行者を区別することが非常に難しくなる。だが、初期に犯行を開始した者は公式の裁判所記録に記載される蓋然性はより高い。以前に少年司法制度に関係したことがあること、家族が児童福祉に関与した履歴があること、およびソーシャル・サービスの介入があることを考慮に入れた注意深いリスク評価から得られた結果は極めて重要な指標であり、少年司法のオフィシャルが情報を十分に持った意思決定をする助けとなる。発達理論の示すパースペクティヴも、SVC（重大犯罪を犯し、粗暴犯を犯し、かつ慢性的に犯罪を犯す犯行者）のキャリアへと経路を進む場合を推測する助けとなろう。

註
1)　これは、フェニックスとその郊外領域を含む。そこに、その州の全少年犯行者の半数以上が住んでいる。
2)　Personal communication, Peter Kochol, Program Manager, Court Support Services Division, Center for Research, Program Assessment, and Quality Improvement, May 20, 2013.
3)　Arthur, M. W., Hawkins, J. D., Pollard et al. (2002); Crosnoe, Erickson, and

Dornbusch (2002); Fagan, Van Horn, Hawkins, and Arthur (2007); and Hart, O'Toole, Price-Sharps et al. (2007) を見よ。

第3章

証拠に基づく少年司法実務のための包括戦略

は じ め に

　本書は、少年司法実務のための包括戦略を促進するものである。この包括戦略は、現在利用することができる広範なリサーチの基礎により支えられたものである。第一に、本包括戦略は、少年司法制度に最初に関わる者のうち、比較的少数の者が、重大犯罪を犯す者、粗暴犯を犯す者または慢性的犯行者（serious, violent or chronic offenders）になることが証明されるが、この少数のグループが、少年非行全体の多くの部分を占めているという認識に立っている。　反対に、少年司法制度と最初に接触した非行少年の大部分は、思春期の発達の症状（兆候）を示す行動のために少年司法制度と関わりを持つことになったことは明らかであり、犯罪行動が持続する潜在性があるからではない。したがって、証拠に基づく包括戦略の視点に立つ少年司法制度は、現に SVC 犯行者（重大犯罪を犯し、粗暴犯を犯し、かつ慢性的に犯罪を犯す犯行者）であるか、その潜在性がある者と、少年非行が思春期に限定された、もっと多くの者を区別し、少年司法制度の注意と資源を、この、より少数の、SVC のグループ（重大犯罪を犯し、粗暴犯を犯し、かつ慢性的に犯罪を犯す犯行者のグループ）から区別するのである。これらのグループは、それらの者の抱えるリスク要因により、それ以外の者から区別され、体系的なリスク評価がなされ、このリスク評価を基礎に少年司法制度において、このグループ以外の者と区別し

た取り扱いがなされるのであり、このグループに属する者への対処が効果的な少年司法制度の核心をなすことになる。

　第二に、包括戦略は、重大な非行、粗暴犯の少年非行または慢性的な非行は、より重大ではない特徴を持つ犯行から進行するという発達過程を辿って現れるという認識に立つ。この進行の様々の段階は、その過程を進むにつれて、重大かつ数多くのリスク要因が増加し、保護要因または（社会化）促進要因が減少する過程として特徴づけられるのであり、このことは、体系的なリスク評価の結果にも反映される。だが、包括戦略の観点からは、この進行過程の主要な黙示的意味は、効果的な介入（intervention）を行えば、この進行過程を壊し、この経路に沿って犯行をエスカレートさせるSVCの少年の犯行（重大犯罪を犯し、粗暴犯を犯し、かつ慢性的に犯罪を犯す少年犯行者）の数を減少させる潜在力があるという点にある。SVC犯行者（重大犯罪を犯し、粗暴犯を犯し、慢性的に犯罪を犯す犯行者）の経路にいる少年に関して、早期の段階での介入を行えば、最大の効果が達成できるのであり、この犯行者を早期に識別し処遇することが重要である。もっとも、どの段階であれ、効果的な介入は、介入を受ける者にとってよい効果をもたらすが。少年が、SVCの経路（重大犯罪を犯し、粗暴犯を犯し、かつ慢性的に犯罪を犯す犯行者となる経路）を進んで行くに連れて、少年司法制度は、公衆の安全にますます関心を寄せ、監督のレベルを測定して合わせなければならず、少年の行動を彼らのリスクのレベルに応じて非行少年の行動をコントロールしなければならない。

　したがって、包括戦略の第三の主要な構成要素は、効果的な介入プログラムであり、この効果的介入プログラムにより、さらに非行を犯すリスクのある少年の再犯を減少させることができる。後に本書でこの点について触れることになるが、利用可能な証拠に照らせば、効果的な介入に関するいくつかの重要な要となる特徴を指摘することができる。第一に、後に非行を犯すリスクを有する少年全員にフィットする一つの介入はない。介入は、各非行少年のニーズとリスクに関するプロファイルに十分にマッチしたものでなければならない。したがって、リスクはもちろんだが、ニーズの評価も、健全な介入プランの重要

な要素である。この評価結果に照らし、（介入の）ニーズも（SVC 犯行者になる）リスクも低い犯行者で、介入がほとんど適切ではないか全く適切とはいえない場合と、（介入の）ニーズも（SVC 犯行者になる）リスクも高く、少年司法制度による効果的な介入の重要性が極めて高い少年とを区別することになる。第二に、すべてのプログラムではないが、例えば、政策立案者と公衆には魅力的なプログラムの中には、再犯減少に実際に効果的であるものもあるが、事態を悪化させてしまうものもある。したがって、リサーチにより実際に再犯を防止できることが証明されたプログラムを選択することが不可欠である。第三に、これらのプログラムは、それらのプログラムが生み出すことができる効果が実際に十分に得られるように実施されなければならない。

　SVC 少年犯行者（重大犯罪を犯し、粗暴犯を犯し、かつ慢性的に犯罪を犯す少年犯行者）に対処するための包括戦略犯は、年齢犯罪曲線全体にわたり、犯行者のキャリア（経歴）に応じた、切れ目のない連続するサービスをサポートする運用の枠組みである。この枠組みは、特に再犯を減少させる、証拠に基礎を置いたプログラムの立案を強調し、包括的な処遇プランを開発するための手順をサポートする。この包括的処遇プランは、非行少年の経歴に関するライフ・コース（人生経路）に沿った、犯行者の処遇上のニーズにマッチするものでなければならず、犯行者が、インテイクから、プロベイション、コミュニティ・プログラム、拘禁施設への収容、および再社会化と移動するに連れて、犯行者の処遇上のニーズに応じた、効果的なサービスを提供するものでなければならない。次に、この枠組みの要素をより十分に述べることにする。

重大犯罪を犯し、粗暴犯を犯し、かつ慢性的に犯罪を犯す非行少年犯行者に関する包括戦略

　証拠に基づく実務を、日々の実務で少年司法制度に組み込むための有用な枠組みは、Serious, Violent, and Chronic Juvenile Offenders（重大犯罪を犯し、粗暴犯を犯し、かつ慢性的に犯罪を犯す少年犯行者）に対処するための OJJDP（ア

メリカ合衆国司法省少年司法および非行予防局）の包括戦略（OJJDP Comprehensive Strategy）である（Wilson and Howell, 1993, 1994, 1995; see also Howell, 2003a, 2003b, 2009）。この将来を展望した運用枠組みは、リスク管理を中心に組織化され、犯行者のキャリアに沿った、州全体にわたる、切れ目のない連続する段階的サンクションと切れ目のない連続するサービスの配置を促進するものである（図3.1）。この枠組みは、最良の実務（ベスト・プラクティス）のためのツールを含む。このツールには、例えば、有効性が検証された、リスクとニーズの評価ツール、公衆を保護する態様でどのような処遇施設に収容する（placement）かの選定に指針を与える、処分決定に用いる行列表（matrix）、犯行者の処遇上のニーズと効果的なサービスの合致を改善する包括的処遇プランを開発するための手順書（protocols）などが含まれる（Lipsey, Howell, Kelly et al., 2010）。

　この包括戦略は、犯行者のキャリアに沿った、切れ目のない連続する対処を各法域が発展させる際に指針を与える。この切れ目のない連続する対処は、犯罪の予防に始まり、直接的介入と段階的サンクションがこれに続く。SVC犯行者（重大犯罪を犯し、粗暴犯を犯し、かつ慢性的に犯罪を犯す犯行者）が付される更生プログラムは、より構造化された、集中的なものでなければならず、より重大な犯行者が示す、重大な問題に、効果的に対処するものでなければならない。包括戦略は数多くの州の少年司法制度において実施され成功を収めてきており（Howell, 2003b, pp.292-300；Lipsey et al., 2012）、少年司法制度に関係した若年者の発達上の軌道を考慮に入れた処分決定をするのに用いられる詳細なプランを実務家に提供している。

　包括戦略は次の核をなす原理に基づいている（Wilson and Howell, 1993）。

・子供に道徳的価値を持たせ、指針を与え、子供をサポートする第一次的責任を負うのは家族であり、家族がその機能を果たすことができるように家族を強化しなければならない。機能しうる家族のユニットがない場合には、家族となりうる代わりのものを創設し、それが子供に指針を与え、子

第 3 章　証拠に基づく少年司法実務のための包括戦略　61

供を養育するのを助けなければならない。

・学校、宗教組織、コミュニティの組織のような、核をなす社会制度が、有能で、成熟し、自己の行為について責任を持つ若年者を育成する役割を果たすことができるように、これらの諸制度をサポートしなければならない。これらの各社会的諸制度の目標は、子供が機会を与えられて成熟し、何かを生み出す、遵法市民となるのを確かなものとすることに置かれるべきである。子供を育むコミュニティの環境では、核心をなす社会制度は、若年者の生活に積極的に関与している。

・少年非行を減少させる最も対費用効果の高いアプローチとして、少年非行の予防を促進しなければならない。家族、学校、宗教組織、および市民のヴォランティアと私的セクターを含むコミュニティの組織は、少年非行の予防という全国的努力に参加させられなければならない。これらの、核をなす、社会化を促進する組織は、強化されなければならず、子供が有能で責任感のある市民となる機会を確実に持てるようにする各組織の努力に助力が与えられなければならない。子供が、ステータス・オフェンス（――犯罪には当たらない行為で、未成年であるが故に法に違反する行為として捉えられる行為をいい、例えば、ずる休み、夜間外出禁止違反、家出、アルコールの許容年齢以下での摂取、一般的に手に負えないこと、などを指す（――（訳注））のようなアクティング・アウト（内面を行動に表す）の行動に出た場合には、その家族とコミュニティは、児童福祉機関と協同して、適切な処遇・治療とサポート・サービスで対処しなければならない。コミュニティは、リスク要因として知られている要因に対処し、少年非行を犯すリスクを抱えるその他の若年者を対象とする包括的予防アプローチを設計し、構築するのに、指導的役割を果たさなければならない。

・非行行為が生じたときには、非行を犯した者が慢性的犯行者となり、または、さらに重大な犯罪を犯し、粗暴犯を犯す経路を進むようになるのを阻止するために、直ちにかつ効果的な介入をしなければならない。最初の介入の努力は、（警察、インテイク、およびプロベイション）などの制度的

機関の傘の下で、家族およびその他の核をなす社会の機能を支える諸制度を中心になされるべきである。少年司法制度を担う当局は、確実に適切な対処がなされるようにすべきであり、正式の制度による審判を行う必要があり、サンクションを加える必要があることが証明されている場合には、迅速かつ確実に行動すべきである。

・重大な犯罪を犯し、粗暴犯を犯し、かつ慢性的に犯行を行う少年犯行者の小さなグループを識別し、これをコントロールしなければならない。この犯行者は、重罪を犯したか、または介入に応答せず、少年司法制度の提供する、閉鎖型ではない（nonsecure）コミュニティに基礎を置く施設での処遇とリハビリテイション・サービスに応答しないで来た者である。コミュニティの安全に脅威となる非行を犯した犯行者に対処するための措置は、コミュニティに基礎を置く閉鎖型施設（secure community-based facilities）、訓練学校、およびその他の、閉鎖型少年施設（secure juvenile facilities）に収容する場合も含む。最も暴力的で手に負えない少年でさえも、少年司法制度の管轄下にある手続を終えるまでは、刑事司法制度に移されてはならない。

・重大犯罪を犯し、粗暴犯を犯し、かつ犯罪を慢性的に行う少年犯行者に関して、深層評価を行い、包括的なケース・プランを創り、処遇の実施を統合し、そのプランを共同して実施する、多機関が連携したティームを創設しなければならない。これらの連携する多機関のティームには、少年司法機関、児童福祉機関、ソーシャル・サービス機関、精神衛生に関わる機関、および教育制度の代表者を含むべきである。

　これらの各原理は、児童および思春期にある者に関する長期にわたる発達研究を行ったリサーチで明確に支えられるものであり、これらのリサーチは本書で要約されている（Loeber, Farrington, Stouthamer-Loeber, and White, 2008, pp. 329-334 も見よ）。包括戦略においては、予防と初期の介入を強調している。これらは、SVC 犯行者のキャリア（重大犯罪を犯し、粗暴犯を犯し、

第 3 章　証拠に基づく少年司法実務のための包括戦略　63

慢性的に犯罪を犯す犯行者としてのキャリア（経歴））を発展させるのを阻止する要（かなめ）である。統合されたプログラムと切れ目のない連続するサンクションを発展させることで、少年司法制度は、犯行者のキャリア（経歴）の発展過程のいずれの地点であれ、犯行者のリスクレベルと処遇上のニーズと、適切なサービスと監督とを、合致させることができる。次に示すものは、包括戦略を利用することから得られると考えられる利益である。

- ・少年司法制度に関わる若年者の数を少なくすることができること
- ・少年司法制度の応答を高めることができること
- ・若年者の側の責任（感）（accountability）をより高めることができること
- ・拘禁を減少させることができること
- ・少年矯正のコストを下げることができること
- ・少年司法制度が社会的責任をより良く果たすことができること
- ・少年司法のプログラムをより効果的にすることができること
- ・少年非行を減らすことができること
- ・再犯を減少させることができること
- ・非行少年が、重大犯罪を犯し、粗暴犯を犯し、かつ慢性的に犯罪を犯す犯行者となる場合を減少させることができること
- ・非行少年が成人の犯行者となるのを減少させることができること

　包括戦略は、少年非行に先手を打って対処するための 2 段階からなるシステムである（図 3.1）。第一段階では、非行の予防、若年者の健全な発育、および初期の介入プログラムがあり、これにより、非行を予防し、リスクを抱えた若年者が少年司法制度に現れる蓋然性を減少させる。これらの努力が失敗した場合には、少年司法制度は、第二段階で、再犯を引き起こすリスク要因に対処し、犯行者、とりわけ、SVC 犯行者（重大犯罪を犯し、粗暴犯を犯し、かつ慢性的に犯罪を犯す犯行者）となる蓋然性の高い犯行者の、再犯予防に関連する処遇上の必要に先手を打って対処しなければならない。包括戦略の枠組みで

は、この後者の監督とコントロールの構成部分が「段階的サンクション (graduated sanctions)」と呼ばれる部分であり、この用語は、多くの少年司法制度において、このように使われてもいる。

より具体的にいえば、包括戦略の枠組みとは、七つのレベルの、対象となる者のリスクとニーズに相応するプログラムによる介入とサンクションを廻って構造化されており、最も制約度の弱いレベルから最も制限度が強いレベルまであり、これに加えて、閉鎖型の施設 (secure facilities) から釈放された若年者のアフターケアがある。

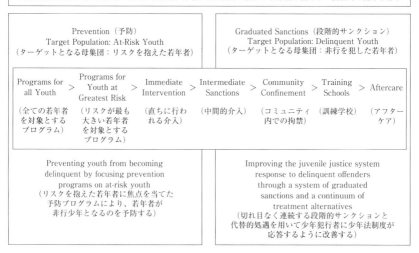

Figure 3.1　The Comprehensive Stategy for Serious, Violent, and Chronic Juvenile Offenders
　図 3.1　重大犯罪を犯し、粗暴犯を犯し、かつ慢性的に犯罪を犯す少年犯行者に関する包括戦略

Reference:（参照文献）: Wilson, J. J., and Howell, J. C. (1993). A comprehensive strategy for serious, violent and chronic juvenile offenders. Washington, DC: Office of Juvenile and Delinquency Prevention.

第3章　証拠に基づく少年司法実務のための包括戦略　65

・コミュニティによる第一次的予防プログラムでは、すべての若年者を対象にリスクを減少させ、強さを強化することに向けられるべきこと。
・最大のリスクを抱えているが、まだ少年司法制度には関わっていない、コミュニティにいる若年者、または少年司法制度からダイヴァートされた（少年裁判所の審判手続きによる処理に拠らずに、それ以外の代替的措置に委ねられた）若年者に焦点を当てた予防プログラムを実施すること。
・小さな非行を犯した初犯者で最小限度のサンクションを加えられる者のリスクとニーズを特定し、それに見合った介入プログラムを、最小限の制裁を加えて実施すること。これには、例えば、ディヴァージョンや行政目的でのプロベイションがある。
・重大犯罪または粗暴犯の初犯者のリスク要因とニーズ要因を識別しそれにあった集中的介入プログラムを立案し実施すること。これには、例えば、プロベイションに付して集中的監督を行うことや居住型施設を用意してコントロールするプログラムがある。
・最も重大な犯罪と粗暴犯を犯し慢性的に犯罪を犯す犯行者には、拘禁矯正施設で集中的な介入プログラムを実施すること。このプログラムでは、制約を伴う拘禁された環境での処遇と更生の双方に焦点を当てたプログラムが実施される。
・居住型施設および矯正施設から釈放される犯行者の釈放後の監督と社会に再入する際のアフターケア・プログラムを実施すること。

　前述のように、軽微な犯罪を犯した、たいていの少年犯行者は、自らその行動を是正するのであり、生涯にわたる犯罪経歴を有することにはならない。たいていの事件では、この大部分を占めるグループは、少年司法制度の注意を（再度）引くことは決してないのである。彼らは成熟して非行をやめるか自己の意思で犯罪をやめるのであり、おそらくは、両親、教師または社会に適合する行動をとる同輩の影響に反応してそうするのである。したがって、逮捕された若年者または少年裁判所に送致された若年者の全員を、生涯にわたる犯罪を

始めたかのように扱う必要はない。リスクの評価について良く設計され実施されるリスク評価ツールは、犯罪をしつこく続ける者と犯罪をやめる者とを区別する貴重なツールである。リスクが低い後者の場合は、ディヴァージョンに付して対処するのがふさわしい場合である。重大犯罪と粗暴犯を犯す若年者で、これらのタイプの犯罪を、思春期を通して犯し続けるのは、10%以下にとどまることを前提とすると、少年司法制度は、この比較的小さな、犯罪を慢性的に繰り返す犯行者のグループに特に焦点を当ててその注意を向けなければならない。

　犯行者が重大犯罪と粗暴犯をしつこく繰り返す場合、切れ目なく連続する段階的サンクションの中での彼らの位置は、公共の安全のために、より厳しい対処を受ける方向に進むべきことになる。最も効果的であるためには、プログラムまたは施設への収容（placement）は、その非行キャリアの発達歴と再犯のリスクとに見合ったものでなければならない。「機会の窓」が開くに従い、その機会の道に沿って、とりわけ、初期の児童期、そして小学校に引き続く、ミドル・スクール（5～8年生）、そして高等学校への移行時点で、彼らは、非行に関わり、介入の対象となる。非行少年への対処を決めるために用いられる行列表（matrix）を指針に使って、どのレベルの監督に付し、どのレベルのケース管理に付すかを決めるべきである。この監督・管理には、行動管理、犯罪には当たらないプロベイション（の条件）違反およびパロールの条件違反を非行の重大さとリスクに従って管理することを含む。犯行者が段階的サンクションのシステムを上るに従って、これに関連するリハビリテイション（更生）プログラムはより構造化された集中的なものにし、非常に少数の、重大な粗暴犯を犯す犯行者を、閉鎖型の拘禁施設に収容して、より危険な犯行者が示す、なかなか直らないしつこい問題に効果的に対処しなければならない。

　包括戦略の成功の大部分は、諸段階に分けられた介入レベルのどこに犯行者を適正に割り振るかにかかっている。いくつかの考慮事項が重要である。例えば、裁判所が関わらないで済ませ予防サービスから利益を得られるのは、どの若年者かを判断するには、どのような基準を用いるべきなのだろうか。同様

に、初犯の粗暴犯を犯した犯行者に直面した場合、その少年を制限度がより厳しい所に送致するのではなく、プロベイションによる監督に付する判断をするにはどのような基準を用いるべきなのだろうか。制限度がより厳しい所に付託するのではない監督とは何を意味するのだろうか。高度に構造化されたコミュニティに基礎を置くプログラムに付すのではなく、閉鎖型の収容施設に拘禁するのが公正であると判断するのに用いる基準は何なのだろうか。段階づけられた異なる介入を用いることに依拠するシステムでは、様々のプログラムのどれを用いるべきか、どのレベルの介入をすべきかについて、明確に述べられた具体的な基準がなければならず、個々の若年者がこれらの基準にどの程度合致するのかを評価するための適切な方法がなければならず、そして、この包括システムの各レベルで介入の対象とされる若年者が、事実、そのレベルでの対処に付されれば効果があることを確かなものとする、選択プロセスがなければならない。

　州の中には、現在、拘禁施設への収容（confinement）を減らして、処遇のために、コミュニティでの更生とその他の処遇のための治療的措置を用いる州もある（Butts and Evans, 2011）。アメリカ合衆国全体を通して、2009 年には、少年審判に付された少年犯行者全体の 4 分の 1 以上が、大部分薬物関連の犯罪を理由に、家庭から引き離された所に収容された。（Puzanchera et al., 2012）。少年司法制度により収容される期間が長引くと、釈放後に犯行を犯す率が高くなる（Loughran et al., 2009）。収容に代わる代替策がたいていの犯行者には用いられるべきだが、他方、重大犯罪を犯し、粗暴犯を犯し、かつ慢性的に犯罪を犯す犯行者には、集中的な監視とサービスが用いられるべきである。少年の拘禁収容をともなわない環境での、少年の犯行者の処遇は、その処遇が、発達に関する知識に基づき、（モデル・プログラムに）忠実に実行されれば、拘禁施設に収容する措置よりも、少年の再犯を減少させるうえで効果が高く、コストがよりかからないことが証明されてきている。

予防の層（段階）

　包括戦略の予防の構成部分は、切れ目のない連続する最初の二つのプログラム・レベルからなる。第一次的予防と第二次的予防である。この枠組みでは、「第一次的予防」とは普遍的な予防プログラムを指し、若年者全員がコミュニティ規模のプログラムに参加するか、または、地方の学校のクラスルーム、コミュニティ・センター、および類似の所で若年者全員に提供されるプログラムに参加することを意味する。「第二次的予防」プログラムは、非行とそれに関する不利益を及ぼす結果に関して、リスク要因があると識別されたコミュニティにいる児童を対象とする。これらの者は少年司法システムにはまだ登場していない、非行を犯す前の者であり、学校またはコミュニティを基礎とするプログラムの対象者である。または、これらの者は、軽微な違反行為を犯し、少年司法制度に送致されたが、サービスの対象とするのに足りる十分なリスクがあると判断され、コミュニティまたは学校に基礎を置く予防プログラムにダイヴァートされた（少年裁判所の審判手続きによる処理に拠らずに、それ以外の代替的措置に委ねられた）者である場合もある。

　リサーチに基礎を置く、リスクと保護の枠組みを用いることは、公衆衛生モデルと合致し、コミュニティでの予防の活動の助けとなる。確かに、このモデルはすべての実務家によく知られたものである。リスク要因を減じ、保護要因を強化することの重要性を、実務家は自己の訓練からよく知っているのであり、そして、公衆もこの重要性をよく知っているのである。なぜならば、心臓病やその他の病気を減少させる際に、このことが広く用いられているからである。少年非行とその他の児童および思春期の問題行動は、リスク要因および保護要因に関して、多くの共通点があるのである。したがって、リスク要因を減少させ、保護要因を強化することに向けた予防プログラムは、ある範囲の不利益をもたらす結果を改善する。これには、例えば、薬物の使用と精神衛生上の問題がある。

第3章　証拠に基づく少年司法実務のための包括戦略　69

　早い時期に、家族のリスク要因に対処するプログラムが必要とされる場合がある。思春期には、同輩の影響が支配的であり、最も適切なプログラムは、非行を犯す同輩の影響に晒されることから生ずる効果を和らげ、思春期における非行と暴力の広がりを阻止するプログラムである。個人のリスク要因（例えば、薬物乱用の問題）に対処する介入およびコミュニティのリスク要因（例えば、若年者のギャング）に対処する介入は、切れ目なく連続するプログラムとサービスの全ての段階において必要とされ、発達の観点からすれば、年齢の諸グループについて適切なものである。かかるプログラムとサービスは全て、リスク要因と保護要因に関する評価と戦略的な予防プランの樹立に際して、コミュニティのステークホルダー(利害関係者)と少年司法制度の管理者を訓練し、これらの者に技術援助をすることで、発展させ、成功に導くことができる。

　第一次的な予防は、カウンティのレベルで運用されることで最もその効果を発揮する。現在行われている最良のモデルは、ノースキャロライナ州のものである。というのは、ノースキャロライナ州は、データを収集し分析しそれを活用することを指針にした予防プログラムの策定（data-driven prevention programming）を、地方の状況に合わせた犯罪統御（ガバナンス）と組み合わせて行うことを促進しているからである。ノースキャロライナ州の1968年少年司法改正法（The North Carolina Juvenile Justice Reform Act of 1998（S. L. 1998-202））は、少年犯罪予防会議（Juvenile Crime Prevention Councils（JCPCs））を州の全てのカウンティに創設し、包括戦略の構成部分をなす予防を実施している。各少年犯罪予防会議（JCPC）は25人以下のメンバーからなり、このメンバーには、若年者の代表、少年司法制度の代表、信仰コミュニティの代表およびビジネス・セクタの代表はもちろんのこと、カウンティ政府の関係部署全部の代表者、ソーシャル・サービス、教育機関、カウンティ政府、ソーシャル・サービス、教育諸機関の全ての代表がいる。少年犯罪予防会議（JCPC）は、包括的非行予防プラン開発・実施する職責を担い、また、諸プログラムの資金を提供し、その実施状況をモニターし、広範なサービスと処分上の選択肢を利用できるようにする役割も担う。要するに、ノースキャロライナ

70

における少年犯罪予防会議（JCPC）は、州の少年司法制度の機能全体の中で
大きな役割を果たしているということができる。少年犯罪予防会議（JCPC）
は、少年非行を犯す危険が一段高いと評価されたか、または軽微な非行を犯し
た者にサービスを提供することによって、多くの若年者が少年司法制度により
取り扱われることがないようにしているのである（M.Q. Howell, Lassiter, and
Anderson, 2012）。

　The Communities that Care(CTC)（ケア・コミュニティ）による運用システ
ムは、リスクの程度が低い若年者の軽微な問題行動（主として、アルコール、
タバコ、および薬物の使用）を予防することに的を絞った、証拠に基づくプロ
グラムを実施して、非行をもたらすリスク要因に焦点を当てた戦略を用いて成
功してきた（Hawkins, Oesterle, Brown et al., 2012）。CTC は、ランダムな、
コントロール・グループを使ってテストされた。第五学年が、証拠に基づくプ
ログラムの対象とされた。第八学年までには、CTC のコミュニティに所属す
る、健康上の問題および行動上の問題を抱えた生徒の数は、コントロール・コ
ミュニティ（CTC による対処がされなかったコミュニティ）と比べてかなり
少なかった[1]。

　San Diego Breaking Cycles program（サン・ディエゴ再犯サイクル打破プ
ログラム）は第二の予防プログラムの素晴らしいモデルである（Burke and
Pennell, 2001）。この予防の構成部分は、現在、少年司法制度での処理に入っ
てきてはいないが、例えば、両親に従わないことが慢性化している、夜間外出
禁止違反がある、学校のずる休みを繰り返している、家出の試みを数多く行っ
ている、薬物およびアルコールを使用している、などの問題行動を抱えている
ことを示す証拠が明らかである者を対象としている。これらの高いリスクを抱
えた若年者は、コミュニティ評価センターに送致される。この Breaking
Cycles program（再犯サイクル打破プログラム）に関する評価によれば、こ
のプログラムで用いられた予防戦略により、少年司法制度による処理に入って
くる、リスクを抱えた若年者の数は激減したことが示されている（Burke and
Pennell, 2001）。このモデルは第二次的予防に関して推奨されている。という

のは、このアプローチを使えば、裁判所に送付されたデータに基づいて、サービスを提供すべき地域を簡単に特定することができ、非行を犯した児童に発達上の観点から適切なサービスを用いて、ディヴァージョン・プログラムを、初期の段階で用いて介入することが簡単にできるからである。

介入と段階的サンクションの層（段階）

　包括戦略の介入と段階的サンクションの構成部分は、上に列挙した包括戦略の枠組み全体の最後の五つのレベルからなり、ここでは、処遇プログラムは、少年の犯行の内容と重大さおよび再犯の危険に見合った、監督またはコントロールのレベルと結びついている。

　州の少年司法制度にとり、SVC 犯行者（重大犯罪と粗暴犯を犯し、かつ犯罪を慢性的に犯す犯行者）をターゲットにすることは何を意味するのか。全体としてみると、彼らの犯行者としてのキャリアを減ずる見込みは非常に有望にみえる。一つには、少年司法制度に送致される、SVC 犯行者（重大犯罪を犯し、粗暴犯を犯し、かつ慢性的に犯罪を犯す犯行者）の数は比較的少数である。これらの犯行者に効果的に介入・介入するには、彼らがどのようにして今に至ったのかを理解し、その情報を用いて、証拠に基づいたサービスを利用して、体系的な介入を配置することが必要となる。要するに、限られた資源を最も効果的に割り当てるためには、SVC 犯行者キャリア（重大犯罪を犯し、粗暴犯を犯し、かつ犯罪を慢性的に犯す犯行キャリア）を有する者となる潜在性を有する、比較的数少ない犯行者に焦点を絞ってその資源を用いることになる。高度のリスクを抱える女子は男子と同様に、集中的監督とサービスのターゲットとされるべきである。さらに、再犯の減少に焦点を絞った分析がなされるべきであり、再犯の減少は、各州における、（犯行者と）サービスのマッチングとプログラムの改善から生ずる。

　SVC 犯行者（重大犯罪を犯し、粗暴犯を犯し、かつ犯罪を慢性的に犯す犯行者）となる蓋然性の低い、リスクの低い若年者は、少年司法制度から直ちに

ダイヴァートされるべきである（少年司法制度による正式審判によらない対処に委られるべきである）。中程度のリスクと高度のリスクのある犯行者は、受けるサンクションの程度が次第に厳しくなり、集中的なサービスを受けることになるべきである。構造化された意思決定のためのツールが十分に実施されれば、証拠に基づくサービスと犯行者の個別化された処遇上のニーズの合致が促進される。決定的重要性を有する管理ツールには、有効性が検証されたリスクと処遇上のニーズの評価ツール、公衆を保護する態様で非行少年にどの処分を適用するかを決める判断に指針を与える処分決定のための行列表（matrix）、効果的サービスと犯行者の処遇上のニーズのマッチングを改善する、包括的処遇プランを実施・発展させるための諸手順が含まれる。

　初犯者またはリスクの低い犯行者に、コミュニティにおいて、早期に介入する対処は、第一次的優先度を有する。慢性的犯行者（26歳までに警察と6回以上接触があった者）となる若年の犯行者に関してみると、早期の年齢（10歳まで）（の介入）にかかるコストは相対的に低い——10歳時には約3,000ドルである（Cohen et al., 2010）。生涯にわたると、この犯行者にかかるコストの総計は570万ドルに近い。このことに照らすと、コストとベネフィット（費用と便益）の比較考量をする観点からすれば、高度のリスクを抱える若年非行者と児童非行者をターゲットにしたディヴァージョンのオプション（少年裁判所の審判手続きによる処理に拠らずに、それ以外の代替的措置に委ねられるオプション）と初期の介入を選択すべきであることが証明されているといえる。効果的なディヴァージョンのオプションの利用が決定的重要性を持つ。少年のディヴァージョン・プログラムに関する2つのメタ分析から得られた認定によれば、ダイヴァートされた（少年裁判所によらない手続での処理に付された）若年者の再犯率は、ダイヴァートされなかった比較対象となった若年者と比較すると、その差は大きなものではないが、低い、ことが示されている（Schwalbe, Gearing, MacKenzie et al., 2012； Wilson and Hoge, 2013）。ディヴァージョン戦略の効果的な実施が成功の鍵である。ノースキャロライナ州の少年司法制度は、包括戦略の枠組みを実施して以来、裁判所に送付された若年者の3

分の1をディヴァージョンに付しており、ディヴァージョンに付された者の大部分（76％）は、2年以内に、別の裁判所への送致がなされていない（M.Q. Howell and J. Bullock, 2013）。

　したがって、発達段階に見合ったサービスの提供を伴うディヴァージョンは、効果的な戦略である。証拠に基づく早期のディヴァージョン・プログラムである、Coordination of Services（COS）（諸サービスの調整・連携）では、10人のリスクの低い少年犯罪者とその両親からなるグループを対象に、13時間の教育教室を実施した（Barnoski, 2009）。ウォーシントン州は、このプログラムを、コミュニティで様々の少年司法を実施し、サービスを提供する、コミュニティの現場対処機関（community outreach）と一緒にこのプログラムを利用した。SVC犯行者（重大犯罪を犯し、粗暴犯を犯し、かつ犯罪を慢性的に犯す犯行者）となる潜在性のある攻撃的児童に関して用いられている、証拠に基づく指導的なプログラムは、Stop Now and Plan（SNAP®）（「すぐにやめて計画を開始する」）というプログラムであり（Augimeri, Walsh and Slater, 2011）、本書で後述する。

　最大の信頼をLipseyのメタ分析（Lipsey（2009））に置くことができる。Lipseyのメタ分析は、この処遇プログラムは、それが、予防、ディヴァージョン、コミュニティでの監督または拘禁施設への収容のいずれにおいて実施された場合であれ、どのリスク・レベルにある少年に関しても、等しく効果的である、と結論づけている。他の研究では、ディヴァージョン・プログラムとティーン・コート（十代の少年・少女からなる裁判所であり、同輩の軽微な犯行を審理し、処分を言い渡す――訳註）が、同様にコストの点で効果が高いことを証明している（Drake, Aos, and Miller, 2009）。そのうえ、プロベイションと拘禁収容は、リスクの低い若年者にマイナスの影響を及ぼすと強く示唆するリサーチもある。これはおそらく、若年者を彼らの日常の相互作用から、一次的にであれ、分離することは、彼らの社会化を育むコミュニティのネットワークとの関係を絶つことになり（Lowenkamp and Latessa, 2004）、健全な社会的発展を中断させる（Sweeten, 2006）ことになり得るからであろう。

第一のオプションとして、非常にリスクの低いケースでのディヴァージョンは、次の二つの方法で実現できる。一つは学校からの少年裁判所への送致を減らすことであり、もう一つは、逮捕に代わる別の方策を提供することである。第一のアプローチは、学校のオフィシャルが、（大部分、規律の問題として対処すべきであった規律違反行為を理由に）裁判所に若年者を過度に送致しているという事態に対処するためのものである。各年度で裁判所に送致のあった事件の10件のうち4件までがかかる送致によって占められている。これらの大量送致はしばしば学校のリソース・オフィサーによりなされており、これは、「ゼロ・トレランス」政策（軽微な違反行為を放置するとより重大な犯罪に至るので、軽微な違反行為でも許すべきではないという政策——訳者註）と関連している。この問題はジョージア州のクレイトン・カウンティでの作戦（イニシャティヴ）で直接扱われている（Teske and Huff, 2011）学校長と警察署長の協同作戦の中で、「学校からの送致を減少させる手順」（"School Referral Reduction Protocol （SRRP）"）と題する相互了解覚え書き（Memorandum of Understanding）が執行され、(1) 停学、退学および逮捕を減少させること、そして (2) 停学と逮捕に代わる別の代替策を開発・展開すること——これには、慢性的に規律違反行為をする生徒に関する評価と治療措置の実施を含めること、とされた。この SRRP では、次の (1) から (3) のうちの二つに該当する手続をすべて終えていなければ、今後は生徒を軽微な違反行為で少年裁判所に送致することができないものとした。つまり、(1) 初回の違反行為の生徒には、生徒と親に警告を与え、(2) 2回目の違反行為がなされた場合には、紛争解決スキルに関するワークショップに送致し、(3) 第三回目の違反行為があれば裁判所に送致する、というものである。第二の相互了解覚え書きでは、多くの異なる専門領域の者からなるパネルが創設され、児童、若年者、およびリスクを抱えた家族を裁判所に送致する場合には、このパネルを経なければならないものとし、児童へのサービスを行う機関全部がこのパネルを経由することとした。このパネルは、the Clayton County Collaborative Child StudyTeam（クレイトン・カウンティ児童研究協同ティーム）と呼ばれ、このティームは、

第 3 章　証拠に基づく少年司法実務のための包括戦略　75

定期的に会合を持ち、裁判所に送致すべきか否かに関して、リスクを抱えた生徒のニーズを評価し、その生徒の規律違反行為に対処するために、統合したサービスを提供するアクション・プランを勧告する。この SRRP の開始後、裁判所への送致は 67％減少した。2011～2012 年の学期の終わりまでには、学校での規律違反行為を理由に少年裁判所に送致される生徒数は 83％減少した。学校での規律違反行為を理由に裁判所に送致される有色人種の若年者の数は43％減少した。裁判官 Teske によれば、「学校警察は、逮捕することを禁止されると、生徒と関わり始め、規律違反を理由とする処罰は、事件ごとに事情を検討して適用されるべきであることを理解し始めた。この結果、裁判所への送致件数がさらに減ずることになった」[2]。

　逮捕に代わる非刑事の反則処理切符（citation）の利用も、サービスを伴う場合であれ、伴わない場合であれ、犯罪予防・再犯予防に効果が見込める、コミュニティ・レベルでのディヴァージョンに付すためのオプションであり、これを使用することも適切な選択肢である。フロリダ州反則処理法（Florida Statutes 985.12）は 2011 年より施行されており、この規定は、法執行機関に、正式の（裁判所への）申立て（complaint）ではなく、反則処理切符（citation）を発行する裁量権を与えている。軽罪を犯した初犯者のみが非刑事の反則処理またはそれに類似するディヴァージョン・プログラムの対象となる資格がある。非刑事の反則処理切符を発行した法執行官は、次の二つの手続のうちのいずれかを選択することができる（1）非刑事の反則処理を受ける資格のある少年を、被逮捕者として登録するために、少年評価センターに移送する、または（2）反則が認められた現場で反則処理切符を発行し、その若年者を釈放して、その者の親、親戚、保護者またはその他の、その者に責任を有する大人に委ねる、という選択がそれである。Civil Citation（反則処理）の目的は四つあり、逮捕時にその者をダイヴァートすること（少年裁判所の審判手続きによる処理に拠らずに、それ以外の代替的措置に委ねること）、その若年者に自己の非行行為について責任を負うようにさせること、その少年にサンクションを加え少年を矯正するのにその者の両親を関与させること、そして、その

者がさらに少年司法制度に関わることを防ぐことである。非刑事の反則処理を行った者は、その少年を監督する。その少年は、反則通知を受けニーズに関する評価を受けるように求められ、コミュニティへの奉仕作業に割り当てられた時間を費やし、様々のサンクション——これには被害者への償いと処遇上のサービスを含む場合がある——を完了しなければならない。非刑事の反則処理は、また、若年者を少年裁判所の手続に付し少年司法制度で扱う公式手続よりも、遙かに対費用効果が高く、この若年者にサンクションと処遇の機会を与え、被害者への償いの機会を与え、この若年者には非行記録が残ることがない。非行記録があると、長年にわたり、教育、仕事、および軍隊で軍務に服する機会に支障が生ずることになる場合がある。

　Juvenile Assessment Centers（JACs）（少年評価センター）は、早期介入にとり要をなす決定的重要性を有するメカニズムであると考えられている。少年評価センターは、全てのその後の処理がここを通過する、または、ここでインテイク（受け入れ）と評価を行う唯一の通過点となり、典型的には、警察による身柄の拘束または逮捕の時点でここを経る（Oldenettel and Wordes, 2000）。フロリダ州における先駆的な少年評価センター（Dembo, Schmeidler, and Walters, 2004; Cocozza, Veysey, Chapin et al., 2005）は、多くの地域での少年評価センターの展開のきっかけとなり、リスクの程度の低い若年者を、少年司法制度の取り扱い対象からダイヴァートするのに有用であることを証明した。だが、次の2点について注意すべきである。第一に、少年評価センターでの評価の機会において、若年者の精神衛生に関するサービスを受けるニーズについて識別するのを見逃してはならず、そのコミュニティにある精神衛生に関するサービス提供者によるサービスを受けられるように送致する手順を確立することを試みるべきであることである（McReynolds, Wasserman, DeComo et al., 2008）。第二に、人種・民族の点で少数者に属する若年者の不利益が広がることに対処する保護策を講ずる配慮がなされなければならない（Bechard, Ireland, Beg, and Vogel, 2011）。

　SVC犯行者（重大犯罪を犯し、粗暴犯を犯し、かつ慢性的に犯罪を犯す犯

第 3 章　証拠に基づく少年司法実務のための包括戦略　77

行者）に関して、ライフ・コースに沿って、異なるいくつかのポイントで働きかけることを意図した、切れ目のない連続するプログラムを用いる方が、単一の介入よりも成功の見込みが遙かに高い。このことは、少年非行の予防と処遇プログラムに関する、RAND の費用便益研究で、具体的に示されている（Greenwood, Model, Rydell, and Chiesa, 1996）。RAND のリサーチを行った研究者は、4 つの少年非行予防プログラムと処遇プログラム（過程修了のインセンティヴ、親の訓練、段階的サンクション [3] と結びついた集中監督、およびディ・ケアを行う家庭訪問）を組み合わせたプログラムを州全体にわたって実施すると、三度目のストライク（犯行）に関しては収監刑を命令的なものとするキャリフォーニアの「三振」法よりも、重大犯罪をもっと減少させることができると計算した。この RAND のリサーチを行った研究者は、この四つの少年非行予防および処遇プログラムは、キャリフォーニア州全体で 1 年あたりこれを実施するのにかかる費用は、10 億ドル以下であり、これに対し、「三振」法による処理の場合に、1 年あたり要する費用は、55 億ドルであると見積もっている。したがって、この四つのプログラムは、5 分の 1 以下のコストで、潜在的には、収監刑のみで達することができる犯罪の減少よりも、倍の犯罪減少を達成することができることになる。

　リサーチの示すところでは、薬物問題、学校に関する問題および精神衛生上の問題がしつこく続く状態が複合的に存在すると、重大な少年非行をしつこく繰り返す蓋然性が非常に高くなるのであり、このことは、介入にとり、非常に重要な黙示的意味を有する。まず、重大犯罪をしつこく繰り返す犯行者全員が薬物治療を必要とするとしばしば想定されているが、そうではない。第二に、個人に焦点を当てた評価は、ケースに関するプランを開発し、提供するサービスをその個人と合致させる上で、極めて重要である。第三に、リスクを抱えた少年が経路に沿って少年非行に向かって進むのを先手を打って阻止することができれば、少年の犯行レベルを減少させる見込みは、手の届く範囲にあることは明らかである。少年の犯行者の約 40〜60 パーセントは、成人の初期に入ると犯行をやめるが、それに相応して、この 40〜60 パーセントは、大人の初期

の時期に入るまでは、しつこく犯行を続ける。だが、このパーセンテージは、その後は相当に減少する（Loeber et al., 2012）。このことは重要である。なぜならば大人の犯行者のかなりの割合がその犯行者のキャリアを少年の犯行者として始めているからである。例えば、ウォーシントン州で刑務所に収容されている成人の犯行者の73％は、ウォーシントンの少年司法制度にそれ以前に関わった（Aos, Miller, and Drake, 2006）。しかしながら、この犯行の継続率は変えられないものではない。

　しかし、初期の介入を行う機会の窓の大部分は、少年裁判所の典型的な介入がなされる以前に過ぎてしまう。Stouthamer-Loeber と Loeber（2002）は、その頃には、若年者は、ピッツバーグで重大犯罪（index offense）で裁判所に送致されるまで、彼または彼女の両親は数年にわたって自分の子供の問題行動に対処してきている蓋然性が高い、と認定した。自己報告で、重大犯罪をしつこく繰り返す非行少年についにはなったという少年のほぼ半数は、重大な非行を12歳以前に開始している。したがって、精神衛生、児童福祉、教育、および少年司法制度によるサービスを、効果的に統合すべき差し迫った必要がある（Howell, Kelly, Palmer and Mangum, 2004）。このことは是非ともやり遂げなければならないことである。なぜならば、居住型施設で児童のケア・システムを運営するやり方は、極端に費用がかかり、大部分効果がないが、このシステムは、全てが負担過重に陥っている。それは、公共機関および私的機関の両者が、居住型施設でのケアに過度に依存しているためである（Henggeler and Schoenwald, 2011）。したがって、主たる目的は、可能な限り拘禁施設への収容を避け、収容よりもコストがかからずより効果の高い、家族および児童の利益を中心とする処遇のための介入を用いるべきことになる。これは言うは易く行うは難しである。これらの制度の深い最終地点まで行き着くように運命づけられてしまった児童と若年者の多くは、複数の蓄積する問題を経験してきているか、少年サービス制度またはソーシャル・サービス制度により、何年にもわたって、誤った扱いがなされきている（Burns, Landsverk, Kelleher et al., 2001; Stouthamer-Loeber and Loeber, 2002）。効果的なサービスがなければ、

若年者の問題は時間とともに他の問題に積み上がっていく傾向があり、それを一つずつ解きほぐしていくには、集中的なサービスを必要とすることがしばしばある。

段階的サンクションを利用することで少年 司法制度の効果が生ずること

　段階的サンクションの利用は重要な争点を提起する。これらの段階的サンクションは効果的であり得るのか？抑止的な方法（deterrence measures）が再犯を減少させていないことは十分に証明されており、事実、再犯を増やすという逆の効果をもたらす原因となり得る（Lipsey, 2009）。ラベリング理論の支持者は、悪化する行動は、「非行者」だとのレッテルを貼る、烙印押しの効果から生ずると主張する。だが、裁判所に引致されたという経験それ自体は、送致を受けた多くの若年者に利益をもたらす効果を生む場合もある。同様に、家族の年長者、近隣の者、親、学校当局およびその他の者が行う矯正のための活動も効果があるのと同様に、裁判官による矯正行動は非常に影響力が大きいこともある。事実、法律に関連する教育は、アカデミック・プログラムのメタ分析では、利益をもたらす効果があると認定された（Maguin and Loeber, 1996）。これは、「おそらく、セレモニーの形式で非難を伝えることで、裁判所は、受け入れられる行為の限界を明らかにする」からであろう（McCord, 1985, p. 81）。個人のレベルでは、デンバーの若年者調査（Denver Youth Survey）では、重大犯罪と粗暴犯を活発に犯している少年犯行者についてみると、逮捕されることが確実であると認知されることによる抑止効果が、あまり大きくはないが、みられたと報告されている（Matsueda, Kreager, and Huizinga, 2006）。もっとも、Shannon（1991）は、サンクションの厳しさにより抑止効果が生ずるという証拠は全く発見できなかったと論じ、彼のウィスコンシン州ラシーン（Rachine）での研究によれば、将来の重大な犯行は、しばしば介入が行われることで、減少する場合があると示唆している。これらの質の高い二つの研究

80

では、合理的な選択プロセスが、活発な犯行者の犯罪の減少または犯行の重大さの減少のいずれかに作用していることは十分にあり得ることが示唆されている（Loughran and colleagues, 2012 も見よ）。他の研究では、自己報告で（最も低い犯罪性ではなく）最も高い犯罪性を示している犯行者は、サンクションが加えられるリスクに最も反応する傾向がある、と示唆している（Schneider, 1990; Schneider and Ervin, 1990; Wright, Caspi, Moffitt et al., 2004）。Schneiderは次のように述べる。「このことは、若年者の中には、将来とられる行動の厳しさを認識して、自己の犯罪行動を意図的に減ずる、という地点が、少年のキャリアには存在するといえることを示唆するものである。」（p. 109）。

　大きな州の制度では、個別化されたサンクションを行うことは難しい課題である（Mears, Cochran, Greenman et al., 2011）。少年のプロベイションとパロールでの自己監督が再犯を減ずる効果はわずかでしかない（Andrews et al., 1990; Aos, Lee, Drake, Pennucci et al., 2012; Lipsey, 2009; Lipsey and Wilson, 1998）。この方法による減少率は、わずか約6パーセントにとどまる（図4.1をみよ）。Lipsey（1999b）は、これはプロベイションまたはパロールと結びついて行われる集中的監督プログラムの中には有効なものもあると認定している。集中的監督が段階的サンクションと一緒に行われた場合には、もっと印象的な結果が生み出されてきている。この実務はアメリカ合衆国においては新しいものではない。少年司法制度のための構造化された決定をするための初めてのツールは、1980年代の半ばに、少年矯正のための「Model Case Management System（モデル・ケース・マネジメント・システム（ケース管理の模範システム））」で創られたものである。（Baird, Storrs, and Connelly, 1984）。このサービスはすぐに、プロベイションを基礎とする集中管理とともに用いられて成功を収め（Sametz and Hamparian, 1990; Wiebush and Hamparian, 1991）、この実務は、オハイオ州の数多くのサイトとそれ以外の地域に急速に広まった[4]。

　包括戦略は州の少年司法制度の裁判所において最も広く実施されてきている（Howell, 2003b, 2009; Lipsey et al., 2010）。包括戦略の構成部分である段階的サ

ンクションを最初に実施したカウンティは、キャリフォーニア州のオレンジ・カウンティであり、そこでは、プロベイションの担当官は、同カウンティでプロベイションに付された年齢が若いコホート（群）に関する再犯指標の分析から生み出されたリスク評価ツールを用いて、初めて裁判所に送致された者の中から、慢性的に犯罪を行い、重大な犯罪を犯す潜在性のある者を標的にした対処をした。若年者とその保護者に合致する非常に集中的なサービスを内容とする、the 8% Early Intervention Program（also called "The 8% Solution"（8%に対する初期介入プログラム（いわゆる「8%を対象とする解決」とも呼ばれる））（Schumacher and Kurz, 2000））が、リスクの最も高い犯行者（8%のグループ）を対象に開発された。これに対し、中程度のリスクのあるグループ（22%）は、サービスと結びついた集中的なプロベイションに付され、残りの者（70%）はヴォランティアのプロベイション・オフィサーが監督する、自己の行動に責任を直ちにとるプログラムに付された。この三つの部分からなる枠組みは、十分に構造化されたサンクションと対象者のニーズにマッチするプログラムにより提供されるサービスからなり、費用便益効果が高いことが証明された（Greenwood et al., 1996）。

　The San Diego County Breaking Cycles Program（サン・ディエゴ・カウンティ再犯のサイクル打破プログラム）は、上記の The 8% Solution（8%についての解決）をなぞって、犯行者を段階的サンクションに付した。この段階的サンクションを、少年フィールド・サービスが、the San Diego Risk and Resiliency Checkup（SDRRC）（リスクおよび抵抗力（resilience）に関するサン・ディエゴ調査ツール）を使って運用した（Pearl, Ashcraft, and Geis, 2009）。このツールは同カウンティでその妥当性が検証されている（Pearl, Ashcraft, and Geis, 2009）。リスク要因および保護要因に関する評価に基づいて、再犯のサイクル打破プログラムでのケースに関するプランが各若年者について創られ、各若年者は、リスクの重大さと処遇のニーズに応じて、90日、150日、240日または365日という様々の期間からなるプログラムに割り当てられた。次の、どこに配置するかの連続した選択肢が用いられた。

82

・ホーム（例えば、コミュニティ・ユニット）に預けて生活させる。

・コミュニティに基礎を置く生活をさせる（例えば、内省プログラムで日中
　の処遇をする）。

・施設に収容する（例えば、セキュリティが最も低い拘禁施設への収容）。

　これらの介入のレベルのそれぞれがコミュニティ・プログラムとリンクして
おり、包括的処遇プランを遂行するのに必要なリソース（資源）とリンクして
いる。このプログラムの評価は、包括戦略の構成要素である段階的サンクショ
ンは、犯行者がより重大な非行を犯す方向に進むのを抑止するのに効果がある
ことを証明している（Burke and Pennell, 2001）。プログラムに付される期間
の長さの如何にかかわらず、the Breaking Cycles program（再犯サイクル打
破プログラム）に付された若年者は、（裁判所に送致された）コントール・グ
ループの若年者と比べると、18ヵ月の追跡調査期間中に、重罪たる犯行で裁判
所に送致されまたは重罪たる犯行を犯したと審判で判断される場合はより少な
い。また、再犯打破プログラムに付された若年者は、追跡調査期間中、長期に
わたる州の矯正施設に身柄を拘束される頻度がより少なく、アルコールまたは
薬物を使用する割合もより少なく、学校に入学する割合がより高い。

　最近の研究では、十分に管理された少年司法制度では、とりわけ重大犯罪と
粗暴犯を犯す犯行者に関して、犯行をやめることを促進することができること
が証明されている。ペンシルヴァニア州のフィラデルフィア（フィラデルフィ
ア・カウンティ）およびアリゾナ州のフェニックス（マリコパ・カウンティ）
で、重大犯罪で審判を受けた1,000人以上の青年を対象に行われた研究では、
少年司法制度による諸サービスと監督により、反社会的行為に関与するレベル
が減少したことがリサーチを行った研究者により認定されている（Mulvey et
al, 2010）。この二つの都市での調査のサンプルは、審判を受けた1,338人の少
年（このうちの87％は、14歳から17歳の男子少年である）中で、ほぼ10人
の犯行者につき6人が、その後の3年間にわたる追跡調査の「全」期間中、反
社会的行為に関与したレベルは非常に低く、このサンプルの9パーセント以下

第 3 章　証拠に基づく少年司法実務のための包括戦略　83

が犯行を続け、犯行に及ぶリスクが高いと報告された。

　この重要な研究は、また、すなわち、裁判所を基礎（基地）とする（court-based）少年プログラムの方が、少年矯正施設への拘禁よりももっと効果的であり、3ヵ月から6ヵ月を超える拘束期間は、再犯を減少させなかった、と認定している（Loughran et al., 2009; Mulvey, 2011）。釈放後、コミュニティ・サービスと集中的な監督を併せて用いた場合には、再犯の顕著な減少がみられ、再度の逮捕と、社会への再入後の6ヵ月を超える期間の自己報告された犯行の双方が減少した（Chung, Schubert, and Mulvey, 2007）。ペンシルヴァニア州は地方の裁判所によるコントロール・モデルを用いた。そこでは、社会に再入した犯行者について、少年裁判所を基礎（基地）とするプロベイション・オフィサーが、裁判所の係官として働き、釈放後の綿密な監督を行った。加えて、フィラデルフィア・カウンティは、この追跡研究時に、州が始めた、多数年にわたる、アフターケア・サービスの改善のための努力にも関係した（Griffin, 2004）。このマリコパ・カウンティの少年司法制度では、少年に関する集中的プロベイション監督プログラム（Juvenile Intensive Supervision program）を多年にわたって用いてきており、このプログラムは十分に定義された段階的サンクションのレベルをその内容としており、その定義は合理的なものである。この研究は、地方の裁判所が、社会に再入した犯行者を、裁判所以外のプロベイション・オフィサーではなく、裁判所に基礎（基地）を置くプロベイション・オフィサーが監督するやり方は、最良の結果をもたらしていると示唆している。

　若年の犯行者を、居住型の施設で処遇する場合と、居住型ではない施設に収容する場合とを比較した、若年の犯行者に関する段階的サンクションについての最も厳格な研究では、リサーチを行った研究者らは、刑事裁判所に送致されたかまたは少年司法制度内にとどまる、フロリダ州の同様の非行少年のグループに関して、それぞれのグループの再犯率を比較した（Johnson, Lanza-Kaduce, and Woolard, 2011）。（プロベイションから、最大のリスク要因を抱えた少年を扱う居住型施設での処遇までの）四つの段階的レベルの監督とともも

に、より集中的な処遇がなされた。段階的な介入を受けた少年の36％が再犯を犯したのにとどまったが、刑事裁判所に送付され段階的介入を受けなかった非行少年の再犯率は58％であった。「他の変数に関してコントロールすると、段階的介入の場合には、再犯率は、より少ない」。「段階的介入を使わない場合、特に、段階的サンクションを回避した場合には、サンプルとなった少年の犯行者の再犯率を増加させた」（p. 771）。この形態の「回避」を経験した少年の18歳以後の再犯率は、回避を経験しなかった少年の再犯率よりも1.5倍高かった。「この結果は、段階的介入は健全な犯罪コントロール政策となり得ることを示唆している。というのは、この段階的介入は、より再犯率が低い場合とリンクしているからである」。これに加えて、このリサーチは、SVC犯行者（重大犯罪を行い、粗暴犯を行い、かつ犯罪を慢性的に犯す犯行者）犯行者を成人を扱う刑事裁判所に移送するのは、それが段階的介入における次のステップである場合に限定されるべきである。

　要するに、ここでレヴューしたリサーチの結果は、フェニックスとフィラデルフィア（Chung et al., 2007）およびフロリダ州全体（Johnson et al., 2011）でみたように、重大犯罪を行い、粗暴犯を犯した犯行者に、段階的サンクションを用いることが効果的であることを強く示唆する。しかし、十分に構造化された段階的サンクションの制度を有している少年司法制度はほとんどない。だが、段階的サクションがなければ再犯への影響はより少なくなると考えられる。段階的で、異なる介入に依拠するシステムは、次の構成要素を含まなければならない。

・様々のプログラムと介入のレベルに関して明確な具体的基準が定められていること
・個々の若年者がこれらの基準に合致している程度を評価する適切な方法があること
・この制度の各レベルで介入の対象とされている若年者が、そのレベルで実際にサービスを受ける者であること（介入のレベルがふさわしい基準に合

致していること）を確実にする選択プロセスが用いられること

包括戦略の実施プロセス

　包括戦略の枠組みの実施は、州全体で行う場合であれ、選択された都市またはカウンティで行う場合であれ、次の四つのプロセスが関係する。（資源の）動員、問題の評価、プランの策定、およびそのプランの実施とその評価の、四つのプロセスである。他の社会的問題の場合と同様に、コミュニティのステークホルダー（利害関係者）を協調行動をとるように動員することが決定的に重要な最初のステップである。

　この試みを成功させるために、包括戦略の実施は、協同して行われるプロセスでなければならない。理想的には、システム全体にわたる戦略的プランを率いて管理する、機関間でのリーダーシップをとるティームを創設すべきである。サービスが目指すべき方向を持ち、十分に尊敬された監督者がおり、データを収集し分析しそれを活用する政策立案（data-driven policy making）が行われ、現場作業ティームが創設されている州では、組織上の冷笑主義を克服する見込みはずっとよく、証拠に基づくサービスを適正に利用し、その州のシステムを、包括戦略を行うのにちょうどよい規模にすることになる見込みが遙かに高い（Farrell, Young, and Taxman, 2011）。第一に、コミュニティは、それぞれの特定の法域において、非行に関するリスク要因と保護要因の包括的評価を行わなければならず、予防プログラムを恣意的に選択してはならない。かかる恣意的な選択は目標を達成できないであろう。第二に、少年司法制度の諸機関は、非行少年のリスクと処遇上のニーズと強さを評価しなければならない。これは、段階的サンクションからなる構造化されたシステムの中で、公衆を最もよく保護することを考慮に入れて、犯行者を分類し位置づけるためであり、犯行者の処遇上のニーズと強さに見合った適切なプログラムによる介入に、犯行者を正しく付すためである。これらの二つの課題を成し遂げることに成功すれば、コミュニティが、リサーチに基礎を置く実務に関わり、コミュニティの

86

満足度を上げるのみならず、証拠に基づくプログラムによる介入を利用する潜在的価値を、そのコミュニティが理解するのを助けることにもなる。第三に、コミュニティが関わり、長期にわたる戦略的プランを立てるには、次の四つの、順に踏むべきステップが要る。「動員」、「評価」、「プランの策定」およびそのプランの「実施」である。

この戦略的プランの策定過程は、切れ目なく連続する、予防プログラムと、介入プログラムと、犯行者のキャリアの軌跡に見合った段階的サンクションを統合した、犯罪の予防・減少策の開発に至るべきである。かかる切れ目なく連続するサービスの総体を構成する必須の構成部分を以下で述べる。

Box 3.1

動員：コミュニティのリーダーの賛同を得て、このリーダーが、包括戦略のプランの策定過程に参加するようにする。正式のコミュニティのプラン策定ティームを創設し、このティームが訓練と技術的援助を受け、長期にわたる戦略的プランを策定しなければならない。そのコミュニティのあらゆるセクターの代表者がこのプラン策定過程に関わる。この関与者には、若年者健全育成機関、市民のヴォランティア、私的組織、学校、法執行機関、検察官、裁判所、矯正機関、ソーシャル・サービス機関、市民組織、宗教グループ、親、および十代の者が含まれる。

問題の評価：コミュニティのリスクおよびニーズに関する要因の基準となるプロファイルと少年司法に関する包括的プロファイルを開発に利用するために、多量のデータが集められ、これが分析される。このデータは、長期にわたるプランの策定についての意思決定に指針を与え、関係諸機関の協力に指針を与え、資源の最適配分に指針を与えることができるものである。

プランの策定：最良の実務に基づいて、コミュニティが対処すべき優先
順位の高いリスク要因とニーズ要因に対処するための、切れ目なく連続す
るサービスを作り出すために、戦略的5ヵ年プランが創られる。このプラ
ンでは、そのコミュニティの展望、使命、目標および目的を明確に示す。

実施と評価：戦略的5ヵ年プランに従ってシステムとプログラムが開発
される。これには、連続する、切れ目のない、予防、介入および段階的サ
ンクションとプログラムを含む。評価のメカニズムと手続が創設される。
出典：Howell, 2009, pp. 218-219

包括戦略を用いた、切れ目のない、連続する、予防、介入、およびサンクションの構築

　包括戦略は、少年司法制度全体にわたって利用できる枠組みと管理ツールを
提供するものであり、証拠に基づくプログラムと犯行者の処遇上の費用のニー
ズを現時点で綿密にマッチさせることを促進するために、少年司法制度全体で
利用することができるものである。前述のように、包括戦略は将来を向いた運
用枠組みであり、州全体にわたって用いられる、切れ目のない、連続する、予
防プログラムと、介入プログラムと、犯行者のキャリアの軌跡に沿った段階的
サンクションの選択肢を廻って組織化されている。包括戦略は、最良の実務を
実現するためのツールをその中に組み入れている。これらのツールには、例え
ば、妥当性が検証されたリスクとニーズに関する評価ツール、公衆を保護する
態様で、どこに少年を配置・収容するかの決定に指針を与える行列表
（matrix）、包括的処遇プランの開発のための諸手順、および、品質のコント
ロールのためにモニタされた、証拠に基づく処遇がある。
　少年犯罪の発生率を下げるのに成功するためには、証拠により効果があるこ

とが支持された、一貫性があり、広範で、適切なプログラムを使用することが求められる。だが、この目的を達成する役割を担う最前線では、簡単には解決できない難題がある。つまり、サービスから最も利益を得ることになる犯行者とサービスをマッチさせる（合致させる）ことである。全てのプログラムが、非行少年の問題行動を生ぜしめている少年の生活における諸条件に対応した対処をしているわけではない。効果的なプログラムは、上記のメタ分析を含むリサーチを通して発見されたものであり、このプログラムは、必然的に、犯行者のニーズと状況に、ある程度は合致している。もっとも、このマッチングの基礎は、必ずしも常に十分な文献で支えられているとは限らないが。少年の非行行動に最も寄与する犯罪誘発要因に対処していないプログラムは、平均的にみれば如何に効果があるものであっても、この非行行動を重要といえるほどに減少させることは期待できない。

第一次的および第二次的予防

　若年者の人口全体に行き渡るようにし、非行およびその他の問題行動に関わるようになる若年者の数を減らすために、「普遍的」予防アプローチが必要である。第一次的予防と第二次的予防に関して、理想的なあり方は、（既述のように、ノースキャロライナ州で行われているような）州の全カウンティで少年犯罪予防会議（Juvenile Crime Prevention Councils （JCPCs）を創設して、データを収集し分析しそれを活用する、リサーチを基礎とした予防プログラムの策定（data-driven and research based programming）を実施することである。少年非行予防会議が資金を提供した機関、学校、少年評価センター他は、リスクを抱えた少年と、効果的なサービスおよびモデル・プログラムとを結びつける入り口として役割を果たすことができる。リスク評価ツールは全ての送致を受けた少年について予防サービスのために実施して、提供するサービスが依頼者のリスクのレベルとマッチしており、また、発達段階の観点からも適切であることを確かなものにしなければならない。リスクが低いかリスクが中程

第3章 証拠に基づく少年司法実務のための包括戦略 89

度の若年者は、カウンティまたは都市のサポートする、様々の児童発達プログラムにより、サービスを受けられる。

学校のレベルでみると、合衆国全体で実施されている制度があり、the federal Office of Special Education Program's Positive Behavioral Interventions and Supports （PBIS） framework （www.pbis.org）（連邦の特別教育プログラム局による、良い行動のための介入とサポート（PBIS））の枠組みがこれである（www.pbis.org）。三層からなる、指示と介入のためのモデルであるPBIS は、次の三つの原理に基づいている。すなわち、学業上のサポートと行動に関するサポートが、学校全体のレベルで広く提供しなければならず、このサポートは、学校の全生徒のニーズに効果的に対処するものでなければならない（これは第一層と呼ばれ、核心をなし、全体にわたる指示とサポートをその内容とする）。すべての生徒が同じカリキュラムと教育戦略に応えるとは限らないので、第二層において、特定のニーズがあることが判明した生徒は補充的または特にその生徒をターゲットにした指示と介入を受ける（的を絞った、補充的介入とサポート）。最後に、第三層においては、相対的にみてわずかだが、最もニーズが高く、集中的で個別化された、行動に関係する治療と、学業上のサポートを必要とする生徒に、集中的で個別化された介入とサポートがなされる。例を挙げると、G.R.E.A.T.カリキュラムはいくつかのリスク要因を改善した。例えば、小学校および中等学校の生徒の、怒りの程度が少なくなり、拒否するスキルの利用が高まり、リスクを求める行動が減った（Esbensen, Osgood, Peterson, Taylor, and Carson, 2013）。このプログラムは、ギャングの構成員である（となる）ことを減少させるのに効果があることも証明されており、普遍的な予防プログラムとして、PBIS の枠組みの第一層で採用することができるというメリットを有する（Howell, 2013a）。ギャングの構成員である（となる）ことを減少させるのに効果があるプログラムとして、法執行に対する学生の態度を改善するプログラム、非行とギャングへの参加に関するリスク要因を減少させるプログラム、PBIS の第一層に非常によくフィットする G.R.E.A.T.カリキュラムがある。対象者の個々人に的を絞ったプログラム（第二層

に位置する）と集中的プログラム（第三層に位置する）は、対象となる学生の具体的な介入に関するニーズに対処するためのものである。

初期の介入

　この戦略が推奨されるのは、多くの問題行動が生じてから対処するには多額の費用がかかるが、かかる問題行動が起きる前に対処すれば、多額の費用の節約になるからである（Cohen et al., 2010）。ディヴァージョンは少年司法制度における初期の介入のための主要な戦略であり、特に、非行の経路を歩み始めた、裁判所に送致された非常に若い者に対してはそうである（Howell and Bullock, 2013）。我々はノースキャロライナ州とフロリダ州の注目に値するディヴァージョン戦略に注目した。現時点で、ノースキャロライナ州のディヴァージョンに関して利用できる結果に関するデータは以前よりも多い。それによれば、二つの選択肢（裁判所への申立て（送致）を止めるか、または、処遇プランあるいは処遇に関する契約をする）は、少年がさらに非行を犯すかまたは「躾を欠いた」行動をするのを避けるのに助力を提供し、成功してきていることが証明されている。両方のグループについてみると、処遇と監督行動については親による監督、保護者・身元引受人による監督、または学校制度による監督など多くの可能性がある。裁判所のカウンセラーは、また、少年を州全体に展開している地方の発達プログラムと精神衛生プログラムに委ねることもある。これらの選択肢は著しい効果があることが証明されてきており、ダイヴァートされたケースの 76 パーセントで効果があった（Howell and Bullock, 2013）。

少年司法制度を構成する、切れ目のない 連続するサービスとサンクション

　将来を展望する少年司法制度、すなわち、非行・犯行を予防するリスク管理を行う少年司法モデル（Slobogin, 2013; Slobogin and Fondacaro, 2011）は、犯行のリスクを効果的に減少させるサンクションとサービスをともに使うサービスを用いる。効果的なサービスが最も重要であり、これについては次章で論ずる。現行プログラムを評価するための実際的ツールの描写は、それを改善するためのガイドラインとともに、以下の第5章で論ずる。客観的で構造化された意思決定のツール（第7章）——特に、妥当性が検証された評価ツール、処遇上のニーズの評価、および処分決定の際に用いる行列表（matrix）——は、犯行者をどのタイプの施設に収容するかに指針を与えるものとして使用することができ、犯行者の処遇上のニーズと包括的ケース・プランでの効果的なサービスとのマッチングを促進するのに使用できるとともに、リスクの低い犯行者をディヴァージョンに付すのに使用することができる。これらのツールを利用すれば、少年司法制度の管理者は、制度改革に助力が得られることになり、彼らの制度をより効果的で正当なものとすることができることになる。この改革（の結果）は、証拠を収集し分析し活用した（data-driven）、年齢により段階づけをした、発達段階に応じた適切な、犯罪の減少に効果があることが証明された、切れ目のない連続するサービスとサンクションにより達成されるべきである。

註

1)　CTC への参加サイトへの参加手続とサポートを紹介しているオンラインの CTC の web のプラットフォームについては http://www.communitiesthatcare.net/ を参照せよ。

2)　The Honorable Steven C. Teske, Chief Judge, Clayton County Juvenile Court, Georgia. Testimony before the Senate Subcommittee on The Constitution, Civil

Rights, and Human Rights Subcommittee Hearing on "Ending the School to Prison Pipeline," December 12, 2012.

3) The 8% Solution (Schumacher and Kurz, 2000).

4) 段階的サンクションの数多くの他の適用例については Howell (2003b)を見よ.

第4章

少年犯行者に対する証拠に基づく
効果的な予防と介入プログラム

は じ め に

　少年犯行者の再犯を減少させ、少年犯行者となる高度のリスクを抱えた少年が犯行者となることを予防するための多くの予防プログラムと介入プログラムは、効果的なものであることが信頼できるリサーチにより、証明されていることは今や疑いがない。あまり明らかでないのは、少年司法制度においてそのプログラムを運用し確実に効果のあるものとするには、リサーチをどのように利用すべきかである。この問いに答えるために、三つの選択肢があり、その選択肢は順次より広い広がりを持つ。それらの一つ一つを以下で述べる。それぞれの選択肢は利点と欠点とがあり、少年司法制度にその両方が混在している場合がよくある[1]。

証拠に基づくプログラムを識別するための3つのアプローチ

　重大な、粗暴犯を慢性的に犯す犯行者を減少させる包括戦略の極めて重要なコンポーネントは、少年司法制度に入った（関わった）少年非行者のその後の非行を真に効果的に減少させる予防および介入プログラムを切れ目なく連続させることである。成人矯正および少年の矯正で何をやっても効果がないという神話が1970年代に表明されたが、これは誤りである。この神話は、その証拠

94

の誤った評価に基づいている。この神話は、過去30年間にわたり、その証拠をより注意深く体系的に検討した一団の学者により次第に覆されるまで続いた（Cullen, 2005, dubs them the "twelve disciples of rehabilitation"）。

　これらの学者の中では、とりわけ、「更生（rehabilitation）の弟子」が、初期の数名の指導者としての役割を果たした。これらの者は、犯行者の再犯を減少させるのに実際に効果のある介入は何かを識別するのに体系的なアプローチを採った。プログラムのレヴューがLipseyによりなされた。Lipseyは、メタ分析の技術を使って、少年犯行者に関するプログラムに具体的に焦点を当て、利用可能なリサーチによれば、多くのプログラムが犯行率を減少させるのに効果があることを十分に提供していることを証明した（e.g., Lipsey, 1992, 1998, 1999a, 1999b）。ほぼ同時期に、Andrewsとその同僚の率いる、カナダ生まれ、カナダ育ちのアメリカ人犯罪学者のティームが同じくメタ分析を使って少年犯行者と成人犯行者の双方に効果のあるプログラムを識別した。これらのカナダ人にとっては、この作業は、「矯正に関する心理学的知見に裏打ちされたアプローチ」と彼らが呼ぶものに至った。これは、彼らのリサーチから得られた三つの原理に基礎を置くものであり、the risk-need-responsivity（RNR）model（リスク・ニード・リスポンシヴィティ（RNR）モデル）と呼ばれる（Andrews and Bonta, 2010a; Andrews et al., 1990; Andrews, Zinger, Hodge et al., 1990）。

　これらの学者による、効果的な更生プログラムに関する証拠の再解釈と、これらの学者に追随した他のレヴューによれば、一定の具体的なプログラムは、効果があることを示す十分な証拠があり、非行行動を予防または減少させるのに利用するのにふさわしいといえるものがある。粗暴犯予防プロジェクト青写真（The Blueprints for Violence Prevention Project）はかかるプログラムを識別するための初期の権威的なソースである（Mihalic et al., 2001）。そして、このプロジェクトは、リサーチにより支えられた、少年司法制度とソーシャル・サービス制度により採用可能な、推奨に値するプログラムのリストをすぐ

第 4 章　少年犯行者に対する証拠に基づく効果的な予防と介入プログラム　95

に生み出した。他の組織もまた、これらの「モデル」または「模範となる」プ
ログラムを識別することを目的とする、リサーチのレヴューに資金を提供し始
めた。少年犯行者に関するプログラムを含む、かかる他の努力の例として、例
えば、The National Registry of Evidence-based Programs and Practices
(NREPP)（証拠に基づくプログラムと実務の全国登録）、the Office of
Juvenile Justice and Delinquency Prevention (OJJDP)（アメリカ合衆国司法
省少年司法および非行予防局）、Model Programs Guide（モデル・プログラ
ム・ガイド）、CrimeSolution.gov.（犯罪解決.gov）がある。

　効果的なプログラムに関するリサーチにより得られた証拠を、実務家が毎日
実務で利用し、政策立案者が利用できるものとするために利用できる三つの主
要なアプローチがある。第一のアプローチは、実務で用いられている各個別の
プログラムを直接評価してその効果を確認するものであり、効果がないことが
判明した場合には、その証拠を、改善するために用いるかまたは終了させる。
第二は、権威あるソースにより効果があることが証拠により示されており受け
入れることができると証明されたモデル・プログラムのリストから一つのプロ
グラムを選んでそれを忠実に実行するやり方である。第三のアプローチは、あ
るタイプのプログラムに関する多くの研究のメタ分析により、平均して効果が
あることが証明されてきているプログラムを実行するものである。だが、その
実行は、その研究で平均的な効果かそれよりもよい効果を生み出すことが明示
されている方法で行うことになる、というものである。

利用されているプログラムの評価により生ずる直接的影響

　予防プログラムまたは介入プログラムが非行の予防に効果があることを確実
にするためにリサーチを利用する非常に直接的な方法は、その地方の場所・環
境で、そのプログラムが実際に実施されている状況で、そのプログラムの影響
を評価することである。これは、結局、プログラムの効果に関して、リサーチ
で用いられた全ての利用可能な証拠を集めるのに用いた、元々の方法である。

対象プログラムが犯罪率に及ぼす影響について信頼性のある結果を提供するためには、その評価のために、このプログラムの実施対象ではない、類似の少年からなるコントロール・グループを利用しなければならず、このプログラムとコントロール状況（コントロール・グループ）とに、ランダムに割り当てることが望ましい。特定のプログラムについて、この質を備えたプログラムを評価することで、効果に関する信頼性のある証拠を提供することができ、そのプログラムが証拠に基づくと正当に主張することができる、積極的な結果をもたらすことになる。

　直接評価の利点は、その（プログラムの）結果が、問題となっているプログラムに具体的に適用されること、つまり、プログラムの提供元の少年司法制度で実際に運用されているのと同じように、そのプログラムが、執行される少年に実際に適用される点にある。このアプローチの不利な点は主に、この種の評価では、方法論的に有効な評価を行うことが難しい点にある。この評価をするには、適切なコントロール・グループを設け、統計的に信頼できる結果を生み出すのに足りる十分に大きな数の少年が参加し、実験を行う者が比較的高度のリサーチ経験を有することが要件となる。

　少年司法制度は、この種の影響評価を、利用する全てのプログラムについて行う見込みは少ないが、証拠に基づく実務を堅持する立場の一環として、有望で、革新的な、「地元で育った（home-grown）」プログラムのためにそうする場合があるかもしれない。モデルに依拠したプログラムを、ある特定の地域で最初に実施する場合には、独立した評価を行うことが賢明な場合がしばしばある。それは、元のリサーチで評価がなされた場合と同様に、その地方の状況下で効果的であることを確実なものにするためである（例えば、Barnoski, 2002および2004a をみよ）。実際、あるプログラムの影響評価を行う最良の時点は、そのプログラムが最初に実施される時である場合がしばしばある。この時点で、新しいプログラムに少年の一部をランダムに割り当て、他方、他の少年をいつも通り以前の実務に割り当てて、かかる少年をコントロール・コンディション（比較対照群・対象状況）として利用することは比較的容易である。

第 4 章　少年犯行者に対する証拠に基づく効果的な予防と介入プログラム　97

証拠に基づくプログラムであるとのブランド名の あるプログラム・モデルの採用

　少年司法制度で利用するプログラムが効果的であることを確かなものとするのを助けるリサーチを利用するためのもう一つの選択肢は、効果があることについて、許容できる証拠があることが権威的ソースにより証明されているモデル・プログラムのリストにあるプログラムの一つを採用することである。少年犯行者に関して効果のあるプログラムをリスト・アップしている主な宝庫（貯蔵庫）は、the Blueprints for Prevention, the OJJDP Model Programs Guide（非行予防の青写真、アメリカ合衆国司法省少年司法および非行予防局）、および Crime Solution.gov である。

　これらのモデル・プログラムの一つが地方で使われる際に、効果的である高度の蓋然性があることを確実なものにするためには、そのプログラムは、そのプログラムの開発者が定めたそのプログラムの実施方法に関する仕様に忠実に従って実施しなければならず、そのプログラムに関して、そのリサーチで得られた証拠が、証明された対象となる少年と相当程度類似の少年を対象に適用しなければならない。少年司法制度で利用するための、これらの証拠に基づくモデル・プログラムのよく知られた例には、例えば、Functional Family Therapy（FFT）（家族機能セラピー）、Multisystemic Therapy（MST）（多面全科セラピー）、Multidimensional Treatment Foster Care（MTFC）（多次元的治療のための里親ケア）、Aggression Replacement Training（ART）（攻撃に代わる対処の訓練）、等がある。

　このタイプの証拠に基づくプログラムの主たる利点は、そのプログラムがそのプログラムの仕様に忠実に、適切な対象少年に関して実施されれば、効果的であるとの、信頼性のある期待を持つことができる点にある。さらに、この場合の重要な利点は、かかるプログラムは、そのプログラムの実施方法と実施対象者に関する詳細な手引が付属していることが典型的である点である。プログ

ラムの提供組織が十分に発展している場合には、その組織がプログラムのサポートを提供する際には、訓練および技術的援助のリソースが利用できることも一般的である。

　少年司法制度における効果的プログラムの利用を確実なものとするためのリサーチの利用として、証拠に基づくモデル・プログラムの採用が最もよくみられるアプローチである。実際、「証拠に基づくプログラム」という通常のアプローチと言い回しは、尊重されているかかるプログラムのリストにある一つのプログラムであるとして識別されるモデル・プログラムを意味するのに過ぎないものと広く受け取られている。だが、効果的な少年司法制度のプログラムを確実に策定できるようにするアプローチを採ろうとしても、このアプローチには、関連する限界がある。その一つを挙げれば、これらのリストにある少年犯罪に関してその効果を具体的にテストし、その効果が証明されたプログラムは、相対的に見て数が少なく、ある少年司法制度での処遇対象となる少年のニーズの全てにマッチしていない場合があることである。さらに、たいていの法域における地方のプログラムの実施の基盤はというと、一般に、特定のブランド名のないプログラムの方が支配的であり、しばしば「自生の（自分のところでは育まれてきた）プログラム」と呼ばれるプログラムが確立し、このプログラムは、政治的に活発で、信頼性のあるサービスを提供し、効果的であると十分に認知されるといえるものである。かかるプログラムの提供者は、一般に、証拠に基づくモデル・プログラムの一つを変更するかまたはこれに置き換えることに熱心ではない。

　実施されるモデル・プログラムに関しては、そのプログラムを、元のリサーチの重要な環境と同じものを綿密に再現するという方法で、日常の実務に移植することと関連する難しさがある（Lipsey and Howell, 2012; Welsh, Sullivan, and Olds, 2010）。例えば、証拠に基づく薬物濫用と粗暴犯防止プログラムをコミュニティの環境で非常に忠実に実行しようとしても、それには主要な欠点があることは文献で示されてきている（Fagan, Hanson, Hawkins et al., 2008）。二つの全国評価では、公立学校で採用しようとした、多くの、非行と粗暴犯の

第4章　少年犯行者に対する証拠に基づく効果的な予防と介入プログラム　99

予防プログラムは、その実施がおよそ不十分であったと認定された（Gottfredson and Gottfredson, 2002）。

　一旦、モデル・プログラムが、日常的に使用されるようになると、注意深く用いられる場合でも、幾分かのずれが生ずることは避けられない（Rhoades, Bumbarger, and Moore, 2012）。かかるずれが起こる理由はいくつかある。そのプログラムを実施する基盤の点で、そのプログラムの開発者が、評価リサーチを行ったときに、その開発者が組織した基盤よりも、日常の実務における方が、より脆弱である蓋然性がある。訓練を受けたサービスの提供者、人員を展開するための資金および資本支出等の十分なリソースを日々の実務において利用することができず、モデル・プログラムを、縮小した規模で展開する場合に、その要件に十分に従うことができない場合がある。また、そのリサーチで用いられた対象母集団と同じ母集団の規模に、規模を大きくしたプログラムを制限することができない場合がある。例えば、現実の世界においては、そのプログラムはそのリサーチで用いられた母集団よりもよりも多人種からなる母集団を対象とする場合もある。その結果、リサーチで認定された非行およびその後の再犯に及ぼす望ましい効果は、そのプログラムが拡大された規模でまたは縮小された規模で用いられるか、または適用のために、一般的に展開される場合に、薄められてしまうのである（Rhoades et al., 2012; Welsh et al., 2010）

　こうした限界があり、おそらくはそのために、証拠に基づくプログラムにかなりの興味が持たれているにもかかわらず、このプログラムを用いた挑戦が、少年犯行者の関して用いられている全プログラムのうちのわずかな部分しか占めておらず、犯行者の比較的わずかの部分しかこれらのプログラムからサービスを受けていない理由である。例えば、Henggeller と Schoenwald（2011）は、高度のリスクを抱えたモデル・プログラムの対象となりうる犯行者のうち、毎年わずか5パーセントしか、証拠に基づく青写真またはモデル・プログラムによる処遇を受けていないと推定している。

特定のブランド名のない、証拠に
基づくプログラムの適切な実施

　証拠に基礎を置くプログラミングの第三のアプローチで、特定のタイプのプログラムに関する数多くの研究結果のメタ分析により、特定のブランド名のないタイプの効果的なプログラムが識別されている（Box4.1：メタ分析とは何か、をみよ）。ここで、特定のブランド名のないタイプのプログラムに該当するプログラムとは、提供されるサービスの内容と焦点に関して相当程度類似する、広く定義されたプログラム群を指す。よく知られた例には、例えば、認知・行動セラピー（療法）、家族カウンセリング、メンタリング、被害者・加害者仲裁等がある。これらのサービスを提供するプログラムが、証拠に基づくものである、といえるのは、そのプログラムの提供するサービスが、（a）数多くの研究により良好な平均的効果が証明されているタイプのものであり、かつ（b）その実施方法が、これらの研究により、このプログラム・タイプの最も効果的なヴァージョンであると証明されているプログラムに合致する場合である。このアプローチの主たる利点は、既にリサーチにより支持されているタイプに該当する多くの確立された地方のプログラム、または、リサーチの認定に合致するように容易に修正することができる多くの確立された地方のプログラム、を、証拠に基づくプログラムであると識別することができる範囲に含めることができる点にある。証拠に基づくプログラムの策定・実施に関して、このアプローチは、ブランド名のあるプログラムによる場合よりも（適用）範囲が広く、したがって、現行のプログラムを州全体にわたり改善する潜在力を有するので、ここで、例を示して、より十分に述べることとする。

第4章　少年犯行者に対する証拠に基づく効果的な予防と介入プログラム　101

少年犯行者に関する介入プログラム
の効果に関する研究のメタ分析 [2]

　少年犯行者の再犯に関するプログラムの効果の評価に関して数多くのメタ分析が行われてきている（Lipsey and Cullen, 2007）。だが、これらのほとんど全ては、その有効範囲が幾分限定されている。これらのメタ分析は、一つのタイプのプログラムまたはプログラムの領域（例えば、ブート・キャンプ、認知行動セラピー、行動プログラム）に焦点を当てるか、または、一つのタイプの犯行者に焦点を当てる（例えば、性犯罪者）か、または、単一の名称のプログラム（例えば、Multisysemic Therapy（多面全科セラピー））に焦点を当ててきた。この作業の結果はそれぞれのトピックに関係する領域に関して非常に多くの知見を提供するものであり、犯行者の更生処遇の効果があることを一般に確認してきた。それにもかかわらず、かかるメタ分析から、最も効果的なプログラムの内容に関する現在の知識の全体像を得ることは難しい。例えば、認知・行動プログラムに関するメタ分析は、再犯に関して良い影響をもたらしていることを証明しているが、他方、別のメタ分析は、家族カウンセリングも、良い効果をもたらしていることを証明している。だが、どちらのプログラムが最も効果的なのだろうか、そして、誰に対して、どのような条件下で、効果的なのだろうか。これらの問いの答えは、自分の担当する状況で最も効果的なプログラムを用いることに関心を寄せる実務家にとっては特に重要である。

　あらかじめ定義された種類のプログラムまたは犯行者に焦点を当てるよりもむしろ、これに代わるアプローチは、少年犯行者に関する介入の効果に関する利用可能な研究を全て集めてこれをメタ分析し、認定された介入のタイプがどのようなものであれ、それに従って分類することである。非行プログラムに関するリサーチを全部集めてこれを単一のメタ分析で検査すれば、異なるタイプのプログラムとアプローチの相対的な効果に関して、統合された分析をすることができる。本書の著者の一人である Mark Lipsey は、1980 年代半ばに、少

102

年犯行者への介入の効果に関する利用できる研究全部の認定のメタ分析を行い始め、現在もそれを継続し、今日まで、定期的にアップデートしてきている。少年司法と非行予防プログラムに関する、この大規模なメタ分析は何年にもわたり数多くの出版物で報告されてきている（e.g., Lipsey, 1992; 1995; 1999a, 1999b, 2002, 2009; Lipsey et al., 2000; Lipsey and Cullen, 2007; Lipsey and Landenberger, 2006; Lipsey and Wilson, 1993, 1998）。だが、最近のメタ分析（Lipsey, 2009）は、データベースに含められた研究の数の点でも、この分析から引き出された証拠に基づく効果的プログラムに関する詳細なガイドラインの点でも、最も包括的なものである。

Box 4.1

メタ分析とはなにか。

　メタ分析とは、分析の対象とするに足りる資格を備えた一団のリサーチ研究から、介入の効果と、これらの効果を生み出す介入の特徴に関する情報を引き出し、分析する技術である（Lipsey and Wilson, 2001）。この分析方法を使うことで、リサーチ研究者は数多くのプログラムの特徴を分析することができ、これらのプログラムの効果に関するリサーチによる認定を、体系的で、再現可能な形で統合することができる。メタ分析に入れて分析することができる資格を有する研究は、明確な基準に基づいて選別され、広範な文献調査により収集される。プログラムの評価の場合に、極めて重要なデータ要素は、処遇効果に関する統計的な推測であり、効果規模として知られている。効果規模は、介入を受けた諸個人とその介入を受けなかった比較対照群たるグループに関する、結果変数（例えば、再犯）の差の大きさを示すものである。つまり、そのプログラムがそのプログラムにより処遇されたグループに及ぼした効果を、そのプログラムにより処遇を受けなかったコントロール・グループと比較するのである。効果規模は、リサーチを行う者が多くの研究の結果を要約するのを助け、少年非行

プログラムのような広範囲の文献を検討して結論を一般化する助けとなる。メタ分析の手法は、十分に確立したものであり、少年司法および刑事司法ではもちろんのこと、教育、社会福祉、公衆衛生および医学の領域で、介入の効果に関するリサーチを体系的に統合するために広く使われている。

効果的予防および介入プログラム

Lipsey のメタ分析（2009）では、次の点が判明した。まず第一に、特定のブランド名のないプログラムのタイプが異なれば、再犯率に関して、異なる平均的効果を生み出す。あるタイプのプログラムの中には、他のものよりも、より効果的であることが容易にわかるものがあるのに対し、他の全ては等しい、という場合がある。最も広いレベルでは、プログラム全体にわたるそれを統括する基本的考え方（フィロソフィー）に関する差異がある。ここでいう「フィロソフィー」とは、このプログラムで使用されている、少年の行動変容に関して採られる、全体にわたるアプローチを指す。このパースペクティヴ（見方）からすると、プログラムに関する二つの広いフィロソフィーを区別することができる。第一は、非行を抑えるのに外部的なコントロールの技術を強調するものである。このフィロソフィーを一般に体現するリサーチ文献には、次の三つの最もよくみられるタイプのプログラムが存在する。

- （例えば、ブート・キャンプでの準軍隊的な厳しい訓練にみられるような）、規律を教え込むことに傾注したプログラム
- （例えば、Scared Straight（恐れさせてまともにする）で用いられている、刑務所訪問プログラムのような）、悪い行為から生ずる結果を見せて怖れさせ、それを通して抑止を狙うプログラム

104

・（集中的プロベイションまたはパロールでの監督のような）、悪い行為を発見するために監視し、発見した場合にそれにサンクションを加えることを強調するプログラム

　これと対照的なプログラムのフィロソフィーは、スキル、関係、洞察などの改善を通して個人の発展を促進し、行動変容をもたらそうとする試みに関係するものである。この「セラピー（治療）」を重視するフィロソフィーは、様々なタイプのプログラムに体現されており、次のような広いカテゴリーに分類することができる。

・修復的プログラム、これは非行行為により加えられた加害を修復し、弁償することを目的とするものであり、（例えば、コミュニティ・サービス・レスティチュション（社会奉仕による被害の修復、被害者・加害者間の仲裁などがある）。
・賞賛される能力の発展を促進するスキル形成プログラム（例えば、認知・思考スキルの形成、社会的スキルの形成、アカデミックなスキルまたは職業的スキルの形成）
・訓練を受けたカウンセラーとの関係を基礎に行うカウンセリング・プログラム（例えば、個人、グループ、および家族カウンセリング、（カウンセラーによる）助言・指導（メンタリング））
・複数のサービスの連携（例えば、ケース・マネジメントとサービス連携手配）

　再犯率に関する平均的効果をこれらの二つの広いフィロソフィーに関連するプログラムに関して比較すると、治療志向（セラピー志向）のプログラムがより効果があることがはっきりとわかる。図4.1は、これらの各フィロソフィーの中で、プログラムのカテゴリーに関して再犯に関する平均的効果を示したものである。

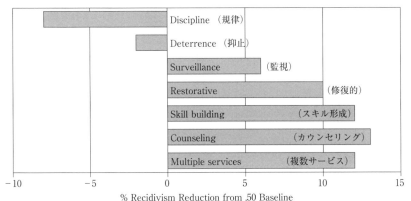

Figure 4.1 Mean Recidivism Effects for the Program Categories Representing Control And Therapeutic Philosophies

図 4.1 コントロール（統制）のフィロソフィーおよびセラピー（治療）のフィロソフィーによるカテゴリーのプログラムが、再犯（減少）に及ぼす平均的効果

Reprinted with permission from the Justice Research and Statistics Association from: Howell, J. C., and Lipsey, M. W.(2012). Research-based guidelines for juvenile justice program. *Justice Research and Policy*, 14, 17-34.

　この図の中でゼロの地点はプログラムの効果が全くないことを示しており、プラス方向への数値は、再犯の減少を意味し、マイナス方向の数値は再犯の増加を意味する。見て取れるように、第一、第二の、二つのコントロール・カテゴリーに含まれるプログラムでは、平均して、マイナスの効果が見られる[3]。第三のカテゴリーは、主として監視に依拠するプログラムだが、プラスの効果があることを示しているものの、セラピー型のプログラム・カテゴリーのいずれと比較してもプラスの効果数値は低い。監視のカテゴリーは、主として、集中的なプロベイション・プログラムを含み、このプログラムには、プロベイション・オフィサーによるカウンセリングがその重要な構成要素であることがしばしばある。このコンビネーションは、したがって、コントロール（統制）戦略とセラピー（治療）戦略の混合体であるといえそうである。

　少年犯罪を減少させるのに効果があるプログラムに向かって少年司法制度を

誘うという目的からすると、メタ分析のこの部分から引き出される助言は次の簡単なものである。再犯とそれに関連する結果に及ぼす効果を最適なものとするには、セラピー型のカテゴリー（セラピー（治療）を行うカテゴリー）からプログラムが選択されるべきであり、コントロール（制御）型のカテゴリー（統制に重点を置くカテゴリー）をできるだけ避けるべきであり、ただし、そのコントロール（統制）が、段階的サンクションの形式に統合され、各犯行者のニーズと特徴にあったサービスと固く結びついている場合は、この限りではない、というものである。

図4.1で識別されている各プログラムのカテゴリーは広い意味でのセラピー型のグループについては、そのカテゴリーを示すプログラムをさらに、それぞれのプログラムが提供するサービスの主たるタイプによって、サブ・カテゴリ

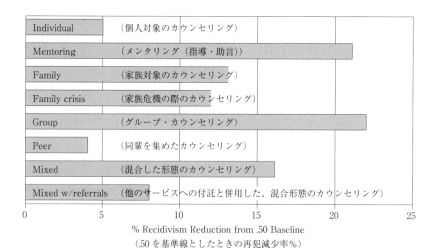

Figure 4.2　Mean Recidivism Effects for the Generic Program Types within the Counseling Category
　　　　　図4.2　カウンセリングのカテゴリーに属する、ブランド名のないタイプのプログラムが、再犯（減少）に及ぼす平均的効果

Reprinted with permission from the Justice Research and Statistics Association from: Howell, J. C., and Lipsey, M. W. (2012). Research-based guidelines for juvenile *justice program*. *Justice Research and Policy*, 14, 17-34.

第 4 章　少年犯行者に対する証拠に基づく効果的な予防と介入プログラム　107

ーに分類することができる。例えば、カウンセリング・プログラムのサブ・カテゴリーでは、再犯率に関して効果が異なる、異なる種類のカウンセリングを区別することができる。図 4.2 は、特定のブランド名のない主要なタイプのカウンセリングに関して平均的効果を示したものである。全てプラスの効果を示しているが、最も効果が高いのは、グループ・カウンセリングとメンタリング・プログラムである。グループ・カウンセリングはこの点で注目に値する。なぜならば、グループで犯行者を処遇すると同輩の不健全な影響を互いに受ける結果、とりわけ、リスクの低い若者と高い若者とを一緒のグループに入れた場合には、再犯を増加させることになりかねないと主張されてきたからである（このトピックについては、さらに Box 4.2 をみよ）。

Box 4.2

　リスクの低い少年犯行者とリスクの高い少年犯行者を一緒にすることによる、処遇それ自体から生ずる（再犯を増加させる）効果はあるか。

処遇それ自体から生ずる弊害効果（iatrogenic effect）とは、解決しようとする問題が、意図せずして処遇手続により引き起こされ、または悪化するという状況を指す。プログラムが、反社会的な若者の間での激しいグループの相互作用を生み出し、阻止しようとする行為の形態を実際にもたらしてしまう場合があり得るのであり、これは、「同輩からの悪影響（peer contation）」のためである、と示唆する、しばしば引用される三つの研究がある（Dishion, McCord, and Poulin, 1999; Dodge, Dishion, and Landsford, 2006; Gatti, Tremblay, and Vitaro, 2009 を見よ）。しかし、この研究は、思春期の犯行者に関するグループ処遇に関する研究のメタ分析では支えられていない（Lipsey, 2006）。Lipsey のメタ分析では、認知・行動療法およびグループ・カウンセリングのような、グループで犯行者を共同で作業させる治療プログラムに関連する、「狙った効果とは逆の」効果は示されていない。Lipsey の研究では、実際に、効果がわずかに減少し

たことを認定しているが、それでも、リスクの低い若者とリスクの高い若者を一緒にしたグループに関して、とりわけ予防プログラムに関して役立つことを示す明確な効果があることを認定している。ただし、特に、少年審判を経た犯行者に関しては特に効果が明確ではない。熟練したセラピストは、リスクの低い者と高い者が混合するグループで、同輩による否定的影響を管理できるのは明らかである。確かに、Lipseyは、リスクの低い犯行者とリスクの高い犯行者を予防プログラムで一緒にするには、それが好ましい結果を弱めてしまう場合があるので、注意が必要であると助言し、また、閉鎖型の居住型施設（secure residential facilities）に収容すると、非常に若い犯行者がより年長の男子による被害者になるおそれがあることを警告している。だが、一般に、同輩による悪影響が懸念されるのは、専門家が運営する治療サービスにおいてよりも、監督がなされていない状況での反社会的若者の相互作用がある場合である。

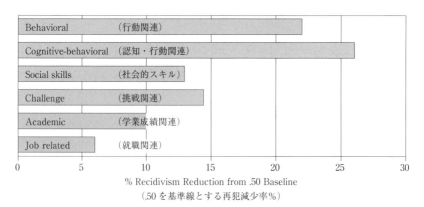

Figure 4.3 Mean Recidivism Effects for the Generic Program Types Within the Skill-Building Category
　図4.3　スキル形成のカテゴリーに属する、ブランド名のないプログラムの再犯に関する効果の平均

Reprinted with permission from the Justice Research and Statistics Association from: Howell, J. C., and Lipsey, M. W. (2012). Research-based guidelines for juvenile justice program. *Justice Research and Policy*, 14, 17-34.

第 4 章　少年犯行者に対する証拠に基づく効果的な予防と介入プログラム　109

　特定のブランド名のない主要なタイプのプログラムにみられるのと同様の変
異が他の治療目的のプログラムにもみられる。カウンセリングの背後にある、
リサーチによる証拠を伴う、プログラムに関する、次の最大のカテゴリーは、
スキル形成プログラムである。図 4.3 では、スキル形成プログラムはその全て
のタイプが、明確な（再犯防止）効果を示しており、（生徒と教師の間の行動
改善に関する約束・契約のような）行動プログラムおよび認知行動プログラム
は最大の平均的効果を示している。

　これらの特定のブランド名のないプログラムのタイプの多くは、特定のブラ
ンド名のあるプログラムとともに、メタ分析に含まれた評価リサーチに含めら
れてきている。これらは、予想したように、再犯防止にはっきりした効果があ
ることが一般に示されてきている。だが、同一のタイプの、名前のないプログ
ラムよりも顕著に良好な効果をもたらしていることが証明されているとは必ず
しもいえない。例えば、Functional Family Therapy（FFT）（家族機能セラピ
ー）および Multisystemic Therapy（MST）（多面全科セラピー）は、図 4.2
では、ともに、「家族カウンセリング」というラベルを付した、特定のブラン
ド名のないプログラムのタイプに含まれる。図 4.2 にみられるように、家族カ
ウンセリングのプログラム・タイプは、平均して、再犯予防に関して明確な効
果を持つ。FFT と MST 研究から得られる効果予測は、家族カウンセリング
として集められた他の家族プログラムの（も含む）範囲に十分に該当するが、
その効果は、特定のブランド名のない他の家族カウンセリング・プログラムよ
りもその効果が大きいことが顕著ではなく、実際、このモデル・プログラムよ
りも、名前のないプログラムの方が、もっと効果が高いことが示されている場
合もある。

　この例にみるように、このモデル・プログラムが実際に効果的であり、証拠
に基づくプログラムと呼ぶのにふさわしいことがわかる。同時に、特定のブラ
ンド名のないタイプとしての家族カウンセリング・プログラムに関しても、効
果があることを示す証拠があり、したがって、家族カウンセリング・プログラ
ムも証拠に基づくプログラムであるといって不合理ではない。だが、家族カウ

ンセリング・プログラムの研究の中には、家族カウンセリング・プログラムの効果がゼロに近いかまたは逆の効果をもたらしていることを証明しているものがあるので、効果が高いことが証拠に基づき証明されている家族プログラムだとするには、その仕様を、より注意深く定め、これらのプログラムの特徴を示すものを含めなければならず、こうした仕様を備えた家族プログラムが、効果をもたらす可能性が高い場合として位置づけられなければならない。

　少年司法の実務に関するメタ分析のこの部分に関しては、いくつかの黙示的意味がある。第一に、そのプログラムのタイプが犯行者のニーズとマッチする限り、適用できるリサーチ研究で最大の平均的効果が証明されているプログラムから、再犯防止に関する最大の効果が得られると期待することができる。どのようなタイプであれ、一定のタイプに属する特定のプログラムに関して、利用可能なモデル・プログラムを選択し、それを忠実に実行すれば、一般的に、それは良い選択である。同じタイプの地方のプログラムは同様に効果的であることを期待できようが、そのためには、また、証拠に基づくガイドラインと合致する方法で実施されなければならない。これらの場合、実施して効果をもたらすことは可能であるが、そのためには、そのリサーチで平均的効果を超える効果を持つと認定された類似のプログラムの、顕著な特徴を備えていることを確実なものとすることと、無視できるほどの効果しかないかまたは逆の効果を生んでいると認定されたプログラムの特徴を避けることである。

　Lipsey（2009）は再犯率への効果と最も強い関連のある、特定のブランド名のないプログラムの特徴を識別することを目的とする分析で、548の独立した研究から再犯率に関する証拠を調査した。彼は、比較的小さな、どちらかというと単純なプログラムのセットの諸特徴を用いれば、効果がより小さい、効果がない、そして逆効果であるプログラムから、効果がより大きいプログラムを識別することができると認定している。この効果を識別する諸特徴には、まず第一に、そのプログラムのタイプがある。図4.2および4.3で示した例に示されるように、再犯に関する平均的効果が、他のものよりも大きいプログラムもある。提供されるサービスの質、つまり、その特定のサービスがどれほど十分

第 4 章　少年犯行者に対する証拠に基づく効果的な予防と介入プログラム　111

に実施されるかが非常に重要である。本来的に最も効果的なプログラムであっても、そのプログラムが提供されるべきサービスの質を十分に伴って実施されるのでなければ、再犯を重要といえるほどに減少させることはできない。その他に、提供されるサービスの量（接触時間と期間の長さ）が重要である。予想されるように、提供されるサービスの量が非常に少なかったり、不十分にしか実施されなければ、生ずる効果はより少ない。最後に、プログラムのサービスの対象となる少年のリスクのレベルが重要な要素である。リスクがより高い少年の場合には改善の余地がより大きく、実際、再犯にプログラムが及ぼす効果は、他の全てが同じでも、リスクがより高い犯行者の方がより大きい。

忠実にプログラムを実施することが重要であること

　セラピーを行うプログラムに関しては、プログラムを忠実に実施することが、治療のタイプと同様に、重要である。この点は、509 の少年司法プログラムに関する Lipsey の分析（2007）から得られた証拠により支えられている。この Lipsey の分析は、実施の質について詳細で十分な情報を提供している。このことを具体的に示すのは、プログラムが忠実に実施される度合いが高ければ、そのグループの中では効果が最も少ないとされるプログラムでも非行を減少させるのであり、その減少度は、一般に最も効果が高いがプログラムの実施の忠実度が低い場合の非行減少度とほぼ同じ程度であることである。つまり、本来は効果がより少ないプログラムでも、それが（プログラムの仕様に従って）十分に実施されれば、よりよいプログラムだがその実施が不十分であるプログラムの効果に匹敵する効果を示すことができるということである。したがって、Lipsey が強調したように、プログラムの効果を、用いられるプログラムのタイプの点からのみ考え、あたかも、銀の弾に相当するプログラムがあり、それが見つかれば、効果があることが保障されるプログラムがあると考えるのは誤りである。プログラムが十分に実施されるか否かが同様に重要なのである。最良のプログラムのタイプが十分に実施されれば最大の効果が得られる

ことになるが、第二の重要な教訓がこの分析から生ずる。つまり、多くの、地元で発展してきたプログラムが、高度の忠実さで実施されれば、多くの場合に、モデルとなるブランド名のあるプログラムに相当する、非常に価値のある結果を生み出すことができるということである。

註
1)　本章のこの部分は第一および第二の著者の公刊された論文からとったものである。Howell, J. C., and Lipsey, M. W. (2012). Research-based guidelines for juvenile justice programs. *Justice Research and Policy*, 14, 17-34; and Lipsey, M. W., and Howell, J. C. (2012). 証拠に基づくプログラム関するより広い見解は、州の少年司法制度に関してより多くのオプションを示している。*Criminology and Public Policy*, 11, 515-523.
2)　本章のこの部分は、Lipsey, M.W. (2009) からとったものである。The primary factors that characterize effective interventions with juvenile offenders: A meta-analytic overview. *Victims and Offenders*, 4, 124-147; また次のものからもとっている。Howell, J. C., and Lipsey, M. W. (2012). Research-based guidelines for juvenile justice programs. *Justice Research and Policy*, 14, 17-34.
3)　再犯効果の平均的規模に関する全ての推測値は、諸研究の方法論的差異に関して、調整がなされている。

第5章

標準化されたプログラム評価手順

は じ め に

　上に要約した、500 以上のコントロール・グループを使った研究から引き出されたメタ分析による発見は、少年犯行者に関して効果的なプログラムを選択したいと望む少年司法制度の実務家と政策立案者に、情報を提供する有益なものである。だが、それらは、そのリサーチで、最も再犯阻止の効果が高い結果が得られたことと関連する特定の諸特徴を、そのプログラムが確実に有するようにするために、如何にすべきか、ということについて、具体的ガイダンスを提供していない。その意味で、より具体的なガイドラインが必要とされるのであり、地方で実施されるプログラムの特徴が、リサーチで認定されたプログラムの特徴を備えている程度を評価するために、この地方のプログラムを測定することができる基準を提供する必要がある。さらに、これらのガイドラインは、訓練を受けていない、リサーチを行う者ではない人員が、日常の実務で、一貫性を持った、有効な方法で、簡単に利用することができる形式である必要がある。このような構造化された基準が利用できて初めて、少年司法の運用者は、自分達の用いるプログラムが、（再犯の阻止に）効果があるとの証拠により支えられているのか、不十分である場合には、どのように改善すればよいのかを判断することができる。Lipsey はこのことを考慮して、Standardized Program Evaluation Protocol（SPEP）（プログラム評価の標準手順（実施要

綱))を開発したのであり、これは、メタ分析に含まれる数多くのリサーチと、少年司法の枠組みでなされる実務上の適用の橋渡しをするものである。

SPEP（プログラム評価標準手順（実施要綱））は、リサーチに基礎を置くガイドラインをプログラムの評価体系（scheme）の中で利用することができるようにしたものであり、サービスの提供元（プロヴァイダ）と少年司法の運用者が、少年犯行者について彼らが用いるプログラムを定期的に評価するために利用することができるようにしたものである。(Howell and Lipsey, 2012; Lipsey and Howell, 2012；Lipsey et al, 2010)。メタ分析で認定された、再犯率への効果が最大であるプログラムの特徴が、効果的なプログラムのガイドラインの基礎を提供しており、次のように一般的な用語で述べることができる（Lipsey, 2009）

・セラピー志向のアプローチを利用し、統制することを志向したアプローチを採らない。
・セラピーを行うアプローチを選択した場合には、そのカテゴリーの中でより効果の高い介入を選んで利用する。
・介入のタイプを選択する場合には
　◦リスクの高い少年を対象にする。リスクの低い少年は再犯の可能性がほとんどない。
　◦その介入のタイプを支えるリサーチで少なくとも平均に合致する程度の量のサービスを提供する。
　◦その介入を、元となっているプログラムに高度の忠実さをもって実施すること。実施手順を確立し、その手順に従ってサービスが提供されているか否かをモニターすること。

Protocol（SPEP）の評価体系（rating scheme）の一般的形式は図5.1に示す通りである。この体系は、少年犯行者に関する、セラピーを行うプログラム

のすべてのタイプに適用される。この評価体系は、Lipsey の、メタ分析における大規模なデータベースを用いたリサーチにより十分に支えられている。この評価体系によって、このタイプの地方のプログラムに評価点数が与えられることになる。その評価点は、メタ分析で識別された、最良の再犯防止の結果をもたらすことができる類似のプログラムに関連する特徴と合致する特徴を、その地方のプログラムがどのくらい有するかにより決まる。このプログラムの各評価側面に関して利用できる最大数の点数は、メタ分析で再犯効果の予測に関する要因の強度に比肩するものである。この評価を受けるプログラムの側面については以下にそのリストを掲げ、以下でより詳細に述べる。

主要なサービス・タイプと補助的なサービス・タイプ

すべての少年司法制度は、ブランド名のあるサービスと特定のブランド名のないサービスの混在したものを使っている。SPEP を使ってプログラムを評価するには、そのサービスの提供元（プロヴァイダ）から提供されているサービス内容を叙述した情報と、そのリサーチに関連する研究から得られたサービス一覧を使って、そこで使われる主要なサービス・タイプに従い、その評価の対象となるサービス全体の中で、異なるサービスを分類しなければならない。そのプログラムがセラピーを行う補助的サービスを含み、そのサービスが主要なサービスに加えて、好評価のリサーチにより支持されている場合には、追加ポイントが与えられる。

提供されるサービスの質

提供されるサービスの質は、経験的に定義することが最も難しい項目である。というのは、リサーチを行った研究では、この側面について詳細な情報を提供していないのが典型的な場合だからである。メタ分析で識別された質の指標は、そのプログラムが意図された通りに実施されていることを確実なものと

Standardized Program Evaluation Protocol (SPEP) for Services to Juvenile Offenders[©] Recalibrated version, 2012 非行少年に提供されるサービスに関するプログラム評価標準手順書		
	Points Possible 獲得可能なポイント	Points Received 実際に獲得したポイント
Primary and Supplemental Service Types 主要なサービス・タイプと補助的サービス・タイプ [Identifled according to definitions derived from the research] (リサーチから得られた定義に従って識別されたタイプ)		
Primary Service Type for Program Being Rated 評価対象となる主要なサービス・タイプ 　Group 1 services（5 points）　　　Group 4 services（25 points） 　Group 2 services（10 points）　　Group 5 services（30 points） 　Group 3 services（15 points）	30	
Supplemental Service Type 補助的サービスのタイプ 　Qualifying Supplemental service used　Yes（5 points）　No（0 points） 　資格のある補助的サービスが用いられている場合　はい　いいえ	5	
Quality of Service Delivery 実施されたサービスの質 [Determined from a systematic assessment of the relevant features of the provider and provider organization] (サービスの提供者及び提供組織の重要な特徴の体系的評価により決定される)		
Rated quality of services delivered 実施されるサービスの質の評価 　Low（5 points）　低 　Medium（10 points）　中 　High（20 points）　高	20	
Amount of Service サービスの量 [Determined from date for the qualifying group of service recipients] (サービスを受ける資格のある者からなるグループに関するデータにより決定される)		
Duration［Target number of week specified for each service type］ サービス実施期間の長さ（各サービス・タイプについて具体的に定められた予定週数） % of youth who received at least the target weeks of service %は少なくとも実施を予定した週数のサービスを受けた若年者の%を示す 　0%（0 points）　　60%（6 points）	10	

20%（2 points）　　80%（8 points） 40%（4 points）　　99%（10 points）		10	
Contact Hours［Target number of hours specified for each service type］ 接触時間（各サービス・タイプについて具体的に定められた予定時間数） % of youth who received at least the target hours of service %は、少なくとも、予定時間数のサービスを受けた若年者の%を示す 　0%（0 points）　　60%（6 points） 20%（2 points）　　80%（8 points） 40%（4 points）　　99%（10 points）		10	
Risk Level of Youth Served サービスの提供を受ける若年者のリスク・レベル ［Determined from risk ratings on a valid instrument for the qualifying group of service recipients］ サービスを受ける者からなるグループに関して有効なツールを用いてリスク段階の評価をすることにより決定される			
% of youth with medium or high risk scores（greater than low）: リスク・スコアが中または高の若年者の%（低リスクよりもリスクが高い者） 　0%（0 points）　75%（7 points） 30%（2 points）　85%（10 points） 50%（5 points）　95%（12 points）	% of youth with high risk scores（greater than medium）: 高リスクの若年者（中程度のリスクよりもリスクが高いもの） 　0%（0 points）　25%（8 points） 15%（3 points）　30%（10 points） 20%（5 points）　35%（13 points）	25	
Provider's Total SPEP Score サービス提供者のSPEPスコアのトータル（総得点数）		100	(Incert Score) 点数を入れる

Figure 5.1　The General Form of the Standardized Program Evaluation Protocol
図5.1　プログラム評価手順書の一般書式

するために、そのプログラムの実施のモニタリング（検証）に焦点を当てている。このデータ要因は次のプログラムの諸特徴に関する情報を結びつけて、各プログラムについて単一の評価を行えるものとし、それにSPEPの点数を付与する。

・（例えば、そのサービスを提供するスタッフがよく知っている治療マニュアルのような）そのサービスの提供元機関が、そのサービスの提供のための明確な書面の手順書を有しているか否か。

118

・そのサービスを提供するスタッフが、その特定のタイプのサービスに関して訓練を受けているか否か、またかかる訓練の量とその訓練が最近受けたものか否か。

・サービスを提供する者が、そのサービスの提供元の用意した手順書に従っているか否かおよび質に関するその他の側面に従っているか否かを、そのサービスの実施場所でモニターする手続を定めているか否か。

サービスの量

　治療期間およびコンタクト時間（接触時間）に関する目標値は、評価対象となるその介入の諸タイプに関するリサーチから得られた各中央値に設定され、介入のタイプが異なればその目標値は異なる。これらのプログラムに関して具体的に定められた、リサーチにより支えられた、マニュアル付きのプログラムに関しては、その開発元が具体的に特定したサービス目標量が、その代わりに使われる。提供されるサービスの量を評価するためのデータは、管理情報システムから、または類似の、依頼者を追跡する手続から得られなければならない。管理システムまたは追跡システムは、そのプログラムにより、最近サービスを受けた十分な数の少年に関する情報を提供する。

リスク・レベル

　そのプログラムにより処遇を受ける少年のリスク・レベルは、各少年について、処遇に先立って日常的に運用される、有効なリスク評価ツールにより判断されなければならない。サービスの量に関しては、この要因に関する SPEP（Standardized Program Evaluation Protocol）（プログラム評価標準手順（実施要綱））の評価をするのに必要なデータは、このプログラムにより最近サービスを受けた少年に関する記録から得られる。この評価をするためには、それに先立ち、最低限度の数のケースが必要とされる。

SPEP に関する経験によれば、次のことが示されている。すなわち、SPEP は多くのサービス提供元により利用できるものであり、少年司法機関は、そのデータ収集システムと運用に関する情報システムにわずかな変更を加えるだけで、広範なプログラムの評価ができるものとなり、それに関連して、自分達の行っているプログラムの特徴のプロファイルが、効果があることが証拠により証明されているものと合致しているのかを評価することができる。これらの評価は、再犯を減少させるのに最適ではないプログラムを識別することになるが、それ以上に重要なのは、この評価が、これらのプログラムを改善するガイダンスを提供することである。プログラムは、リサーチにより支持されるタイプのサービスを提供する場合もあるが、そのリサーチがそのタイプのプログラムグラムの中で最も効果の高い実務であると明示するものと合致する方法で実施されていない場合がある。SPEP はプログラムの実務とリサーチに基づく効果的な実務との間の最大の乖離を識別し、プログラムを改善する青写真を提供する。評価体系は、図 5.1 で示した一般的枠組みの中で、それぞれの具体的なプログラムのタイプに関して作られる。

パイロット試験と SPEP の有効性

（オリジナル・パイロット州である）ノースキャロライナとアリゾナ州の少年司法機関で SPEP（Standardized Program Evaluation Protocol）（プログラム評価標準手順（実施要綱））に関してその有効性を証明するプログラムが行われてきており、また、テネシー、フロリダ、ペンシルヴァニア、コネチカット、デラウェア、アイオア、およびミルウォーキーの各州では、SPEP に関する他の証明プロジェクトが進行中である。ノースキャロライナのデータによれば次のことが証明されている。すなわち、評価プログラムの対象となる SPEP のスコアは、そのプログラムの再犯率と関連していることである（Lipsey, Howell, and Tidd, 2007）。アリゾナ州での有効性に関する研究（Lipsey, 2008）は、SPEP の評価の低いプログラムによるサービスの提供を受

けた少年の、リスクに応じて割り出した再犯率と、SPEP の評価が高いプログラムによるサービスを受けた少年の、リスクに応じて割り出した再犯率とを比較した。SPEP の評価がより低いプログラムによるサービスの提供を受けた少年の 6 ヵ月内の再犯は、彼らの処遇前のリスク要因により予測された SPEP の評価とほぼ同じであった。だが、より評価の高いプログラムによりサービスの提供を受けた少年の再犯率は、対象少年のリスク・レベルを基礎に予期されたところよりも 12 パーセント、ポイントが低かった。12 ヵ月の少年の再犯に関するデータについて、ほぼ同じ結果であった。SPEP が州全体に展開された後に、分析対象となる少年とこの SPEP により評価されたプログラムの数を増やして、この分析が、アリゾナ州のリサーチ・スタッフにより再度行われ、同様の結果が示されている（Redpath and Brandner, 2010）。これらの再犯研究は、効果的なプログラムを識別し効果のなかったプログラムに関する改善の指針を得るのに、SPEP が有効であり、SPEP が有望な評価方法であることを示している。

　おそらく、最も重要なのは、このツールが、目標に十分到達していないプログラムを改善するのに指針を与える点である。プログラムは、リサーチにより支えられたタイプのサービスを提供しているが、そのリサーチでそのタイプの最も効果的なプログラムで用いられる実務として明示するものと合致する方法で実施されていない場合がある。これは、改善の余地がある典型的な場合である。用いられているプログラムとリサーチに基づく最良の実務に関する指針との間に最大の食い違いがある領域を識別することで、プログラムを改善するための青写真が得られることになる。

SPEP で再犯を減少させるための最良の実務

　SPEP（Standardized Program Evaluation Protocol）（プログラム評価標準手順（実施要綱））は、各サービスを証拠に基づく効果的な実務のプロファイルに照らして評価するだけでなく、その評価で目標に到達していないプログラ

ムを改善する指針を提供する。SPEP の全体のスコアは、評価されるプログラムの提供するサービスが、少年犯罪に関する再犯を減少させるために利用できるリサーチで認定できる類似のプログラムの極めて重要な特徴と、どれだけ合致する程度が高い（近い）かを示すものである。SPEP のスコアは、そのプログラムが再犯に関して期待される効果を発揮するのにどの程度改善の余地があるのかを示すものである。SPEP のスコアの論理からすれば、プログラムのSPEP のスコアを増やす建設的な方法をそのプログラムが発見できれば、そのサービスの対象となる少年の非行を減少させる効果も増大するということになる。プログラムの改善の目的からすれば、個々の SPEP の要素に関するスコアは診断的価値を有する。可能な最大限のスコアとの関係で相対的に最低のスコアを示す要素は、もしそれに対する対処がなされれば、そのプログラム・サービスの全体的な効果を改善する最大のポテンシャルを有するものである。例えば、（期間および・または接触時間の点で）サービスの量の増加が、改善のポテンシャルを有する特定の領域であると示される場合もあろう。別の例を挙げれば、そのプログラムは主としてリスクの低い若年者について行われており、これらの者に実施してもほとんど改善の余地がない場合に、プログラムの対象とすべき者を、よりリスクの高い者にシフトすることが考えられてもよい。サービスの提供元と一緒に作業して、SPEP のスコアを正しく解釈し反応することが SPEP のプロセスの不可欠な部分であり、一般に、「プログラム改善のための計画立案」と呼ばれている。

サービス・マッチングでの SPEP の主たるサービス・タイプの利用

　一段高いニーズのある犯行者のニーズを、SPEP に体現された主たる（特定のブランド名のない）サービスと合致させるのは、簡単なプロセスである。主たるサービス——これには、メンタリング（指導者による指導・助言）、個人へのカウンセリング、グループ・カウンセリング、家族カウンセリングなどがあ

る——は、その少年だけまたはその他の者（例えば、同輩または家族）との、具体的な、組織化された、計画的、直接的な相互作用をその内容とし、心理的変化または行動変容をもたらすことを意図したものである。サービスと少年のニーズのマッチングの過程は、少年のニーズが最大の領域に対処できるように、少年とサービスを結びつける方法で、これらの主たるサービスを割り当てることから始めることができる。少年司法制度のクライアントに関する標準的な処遇上のニーズの評価は、家族、学校、同輩、個人およびコミュニティにおける問題を識別する。例えば、（個人レベルの問題として）薬物の使用に関係しており、家族による監督が不十分であることも経験している若年者は、薬物依存に関する個人カウンセリングを受けるとともに、彼または彼女の両親が家族カウンセリングを受けることから利益を得ることができる。もちろん、多くの問題があれば、一連のサービスを組み合わせたサービスを提供することが必要となるが、実務上可能な最大限度で、処遇の実施内容を区別することで、そのサービスの提供を受ける犯行者が、様々な処遇の構成内容を区別し、学習機会を最大のものとすることができる。

　制度全体を見渡すことで、サービスとニーズのマッチングは、プログラムの配列で改善すべき点を必然的に示すことになる。このプロセスの第一段階は、プログラムの提供の状態を改善することである。一例は、サービスの頻度および・または期間を増加させることであり、これは、プログラムの提供元の改善に関する辞書でいうところの、「下の方になる果実」に該当する典型的な場合である。第二段階は、上記の例に示されるような、犯行者とサービスのマッチングに関係する。第三段階は、全体にわたる改善を行い、特定のサービスを必要とするすべてのプロベイションに付された者が、証拠に基づくサービスを受けられるようにすること、つまり、SPEP のガイドラインに適合させるかまたはそうでなければそのようなものと認識できるサービスにすることが必要とされるであろう。現存のプログラムのレパートリーに存在するギャップを埋めるプログラムが必要とされる場合、証拠に基づくモデル・プログラムを選択することが、もし適切なかかるプログラムが利用できるのであれば、最も賢明な選

択であろう（Lipsey and Howell, 2012）。サービスの提供元と少年司法の管理者が、一体となって、改善するのに協同することができれば、数多くのプログラムのタイプにわたり、そして、すべての切れ目なく連続するサービスにそって、再犯の減少を達成することができることになる（Howell and Lipsey, 2012）。

犯行者とサービスのマッチングを実現するための 最良の実務のためのその他の実務ガイドライン

　犯行者とサービスのマッチングに関するガイドラインを、現在、サービス・プランの開発のための手順書の形で利用することができる。包括的なケース・プランを開発するためには、異なる専門領域を跨いだサービス専門家から成るティームが必要である。そのプランに従えば、いくつかの最良の実務の原理に照らして、証拠に基づくプログラムを使って、再犯をより減少させるのに大いに助けとなる。これらは後述する。包括戦略の要は、SVC 犯行者（重大犯罪を犯し、粗暴犯を犯し、かつ慢性的に犯罪を犯す犯行者）を標的とすることである。だが、このグループに関する包括的なプランの発展を体系化する点で、進歩がほとんど見られない。その目的を達成するには、包括的なケース・プランを樹てるにあたり、複数のシステム間を横断する調整を行うことが理想的である。図 5.1 を見よ。

　特に、居住型施設への収容のリスクのある犯行者に関しては、複数の専門領域が関係するコミュニティ・プラニング・ティーム（「サービス・ティーム」と呼ばれる場合もある）を組んで、このティームが、構造化されたインタヴューを含む、より深い臨床的な深層評価を行うべきであり、次に、その結果を用いて、取り扱っているその家族に関して、成功経験はもちろん、失敗経験も含めて、各機関の経験を考慮に入れた包括的ケース・プランを開発すべきである。裁判所のスタッフは、たいていの場合には、スクリーニング（選別）の段階で、家族の強さとニーズに関する客観的評価の双方の保険統計的（acutuarial）リスク評価を完了することができる。このスクリーニングの作業

124

を完了するには、臨床上のデータが必要とされる場合もある（Shlonsky and Wagner, 2005）。The Center for the Promotion of Mental Health in Juvenile Justice（2003）at Columbia University（コロンビア大学少年司法精神衛生促進センター）は、スクリーニング、評価、送致、および処遇からなる、精神衛生上の問題解決のためのサービスを開発した。

　評価手順書は精神衛生の評価それ自体として重要である。標準的な手順書は、そのサービス・ティームのミーティングで、必要とされる情報のチェックリストを含めて開発すべきであり、このチェックによって、包括的な精神衛生の評価の結果が示されることになる。精神衛生評価の指導的専門家であるPratt（2004）も、以下のように勧告している。スタッフ・ミーティングの前に、学士レベルの臨床家が、すべてのその情報が確実に利用できるように準備すべきであり、また、その臨床家がそのサービス・ティームへの一般的な呈示に実際に責任を持つべきである、と。この手順書は、包括的なケース・プランの開発において、精神衛生についての臨床評価が十分に利用されることを確かなものとする助けとなる。Prattは、精神衛生に関する標準的な認定を支えるために、臨床的インタヴューが重要であることを強調している。少年の精神衛生上の問題の診断と治療の指導者であるWassermanと彼女の同僚は、少年司法制度において、具体的な形態の精神衛生上の問題を識別し、犯行者と適切な治療とをマッチングさせることに焦点を当てた努力を数年にわたり行ってきている（Wasserman, Ko, and McReynolds, 2004; Wasserman, McReynolds, Musabegovic et al., 2009）。

Box 5.1　包括的ケース・プランにおけるシステム間の調整

　包括的ケース・プランを執行するために、機関とコミュニティのリソースを調整するために、コミュニティ・プラニング・ティームが組まれるべきである。コーディネーター（調整者）に率いられて、このティームはまず、若年者と家族のニーズを評価し、次に、包括的ケース・プランの開発

第 5 章　標準化されたプログラム評価手順　125

に進むことになる。このプランは、全体を包括的に対処する伝統に基礎を
おく、蓄えられた基金、混合した基金、または「三つ以上のものを組み込
んだ」基金により支えられることになる。コミュニティ・プランニング・ティームの理想的な構成要素は次の通りである（Howell, Kelly, and Mangum, 2004, p. 5）。

「参加者」

　このティームはこの計画とサービスの実施過程に関わっているコミュニティのあらゆるセクターの代表者を含むべきであり、これには、例えば、少年司法機関、教育機関、精神衛生機関、薬物濫用対処機関、児童福祉機関、児童保護機関、その他のソーシャル・サービス機関、青少年健全育成機関、市民のヴォランティア、私的組織、法執行機関、検察官、裁判所、矯正機関、民間機関、信仰組織、親、及び十代の者がある。

「情報交換」

　情報交換は、関係機関・関係者の調整、統制、計画、及び評価目的上、重要である。依頼者の記録の秘匿性が関係機関間の協同を抑止することがしばしばあるが、情報共有のバリアは、法的及び政策的バリアを識別することを通して減少させることができる。そして、しばしば除去することができる。それは、若年者と親（または面倒を見る者）がサービス計画に積極的に関わる場合にはそうである。家族の教育権及びプライヴァシー法は、情報共有に関して貴重な指針を提供している。特に、教育に関する記録に関してそうである（Medaris, 1998: Mdearis, Campbell, and James, 1997）。

「機関間でのクライアント（対象者）の送致」

　機関間でのクライアントの送致が成功する鍵は、送致されたクライアントに関し、サービス提供のための送致を受けた機関が自らのリソース（資

源）を利用して行った投資について見返りがあることを、各機関が理解する必要があることである。機関間の送致の直近のターゲットは、二つ以上のシステムに現在いる若年者である。だが、この機関間送致の主たるクライアントは、居住型施設（residential placement）に現に収容されているかまたはその虞れがあるすべての若年者とすべきである。なぜならば、この居住型施設収容の選択肢はコストが高く且つ効果がより低いからである。

「ネットワーキングの手順」

　これは、関係機関間での交渉を指しており、情報交換、機関間のクライアントの送致条件、およびその手続に関する概要を内容とする。かかる合意は、コミュニケーションの成長を刺激し、クライアントに関する複数機関での共有を増加させる。

「統合されたサービス」

　処遇上のニーズの包括的かつ客観的な評価により、複数の機関が介入し、諸サービスを統合した、クライアントの発達及び家族の処遇・治療計画の基礎が提供されることになる。このネットワーキングに関する合意では、すべての若年者と家族が、同じ評価を受け、数ヵ所の分散した場所にある各機関により、同じケース・マネジメント（ケース管理）手順で処理されることを確実にすべきである。一つのサービス提供機関で収集された情報は、統合管理に関する情報システムを通して、他のサービス提供機関と共有できるものとし、重要な諸機関を結びつけるべきである。例えば、法執行機関、少年司法機関、教育機関、精神衛生機関、薬物濫用対処機関、及び児童福祉機関などが情報共有すべき機関である。

非常に若い犯行者に関する初期の介入

　少年に初期の段階で介入する基本戦略は三つある。(Welsh and Farringnton, 2006)。第一は、個人のレベルで見て、リスクを抱えた児童、とりわけ、破壊的児童（聞き分けがないなどのために周りの人々に破壊的影響を及ぼす児童）に介入することである。児童の非行がある場合に、それを効果的な臨床的リスク評価をするためのツールと手順書が現在利用できる（Augimeri, Enebrink, Walsh, and Jiang, 2010)。そして、精神衛生上の問題及び破壊的行動の問題を抱えた児童に関して利用できる効果的な数多くのプログラムがある。(Lee, Aos, Drake et al, 2012; Drake, 2012; Augimeri, Walsh, Liddon et al., 2011)。主要なリスク評価が、二つのフォーマットで有効だとされてきている。The Early Assessment Risk List（初期評価リスク・リスト）がそれであり、男児に関しては、EARL-20B V2 が、女児に関しては EARL-21G V1 がある（Levene, Augimeri, Pepler et al., 2001; Augimeri et al., 2011)。EARL-PC は、教育現場及びコミュニティ組織の現場のような状況で、完全なリスク・ニーズの評価を完了するのに十分な情報が欠けている場合に用いられる。EARL-PC は、その使用者が、これらのリスクを抱えた児童に、コミュニティに基礎を置く適切なサービスが何かを判断するために、懸念がもたれる領域を評価する際の最良の判断をするのに、指針を提供する。この EARL-PC は、カナダの多くの法域でテストされてきた（Augimeri, Walsh, Jiang et al., 2010)。

　Augimeri とその同僚は、児童（6 歳から 11 歳）が、攻撃行動、いじめ、非行行動を行う場合に、それに特に対処するために作られた証拠に基づくプログラムを発展させてきた。男児のための、the Stop Now and Plan（SNAP）（今やめてプランを立てよう）および、それに相当する Girls Connection（GC）（女児のつながり）がこれである。(Augimeri et al., 2011). Augimeri と Koegel（2012）は、また、送致のためのコミュニティ・センターと、おそらくは評価の環境も同様に推奨している。諸サービスは、コミュニティに基礎をおいて、

128

そして（例えば、家族、同輩、学校、および近隣などの）その児童が生きる場とのつながりを強化するべく行われるべきである。Augimeri とその同僚は、サービス実施に関する重要ないくつかの特徴を強調している。

・提供されるサービスは個別化された、かつ包括的なものであるべきである。
・提供されるサービスは、現に行われている少年司法、ソーシャル・サービス、公衆衛生、及び精神衛生のシステムに統合されるべきである。
・提供されるサービスは、対象児童の発達段階、性、文化・信仰の背景、その児童の身体の健全さ及び精神の健全さに十分な注意を払って行われるべきである。

　初期介入戦略で第二に推奨されるのは、家族に関する予防である。この戦略では、児童の非行を生み出す蓋然性が最も高い、高度のリスクを抱えた家族に、プログラムを実施して介入する。これらの家族に関しては、家庭訪問と親の訓練の組み合わせが最も効果的なアプローチである。単一も最もよく知られた、非常に効果的なプログラムは、Nurse Family Partnership（看護師・家族パートナーシップ）である。これは、最初の出産をする低所得の母親に家庭訪問サービスを提供するものである（Olds, Hill, Mihalic et al., 1998）。このプログラムを実施したところ、児童虐待と児童のネグレクト（養育放棄）が減少し、その児童の非行が減少し、その他の好ましい結果を生み出したことが証明されてきている。学校及びコミュニティのレベルでの予防が初期介入戦略として推奨される第三のものである。一定の学校に基礎を置くプログラム（Wilson, Lipsey, and Derzon, 2003）及び放課後プログラム（Gottfredson, Cross, and Soule, 2007）は、証拠に基づくものである。さらに、メンタリング（助言・指導者による助言・指導）は、証拠に基づくコミュニティ・レベルでの予防プログラムであり、トラブルを抱えた児童及び青少年に 1 対 1 で助言・指導する、成人の指導者をつけ、この指導者は、サポートを提供し、良し悪しの判断を下

すのではなく、ロール・モデルとして行動する。

特別の犯行者のタイプを考慮すべき場合

「特別のニーズ」がある児童には、最も注意を払わなければならない。障害を持つ児童は、通常の身柄拘束施設（detention facilities）及び矯正施設（correctional facilities）には決して入れるべきではない。同じ原理が、重大な精神衛生上の問題を抱える児童と思春期にある者にも当てはまる。その他の特別な犯行者のタイプもよく注意を払わなくてはならない。Wiebush（2002）は、特別のケアが適切な場合には、ケアのための閉鎖型施設への収容（secure care placement）に関するツリーを構築した。このツリーは、特別の必要があるケースを、リスクが低度、中度、高度の犯行者を分けて収容する指針として役立つ。最も難しいケース（例えば、性犯罪者、重度の医療問題を抱えた犯行者、慢性的暴行歴を有する犯行者、重度の精神衛生上の問題を抱える犯行者）に関して、特別の必要に対処するプログラムまたはサービスを提供することができる施設またはユニットを利用できるようにすべきである。

　活動的なギャングのメンバーには、注意深いスクリーニング（選別）が必要であり、しばしば、綿密な監督が必要である。ギャングのレベルを直ちに評価することが重要である。次の二つの考慮がここでは重要である。(1) その若年者がギャングのメンバーの仲間に過ぎず、真のメンバーではないかどうか、および (2) ギャングへの参加（の度合い）が中心的か否か（例えば、コアなメンバーかそれとも末梢的なメンバーか）。Johnson（1987）は、個人の、ギャング・メンバーのレベルを評価するための役に立つツールを開発した。これは、安全上の理由で重要である。この Johnson の構想では、五つのレベルが区別されている。（ギャングに幻想を抱いている者、ギャングに参加する危険がある者、ギャングと仲間である者、ギャングとしての資格十分な者、ギャングの核心的メンバー、の五つである）。

　少年の性犯罪者にマッチする（合致する）サービスは、以前に考えられてい

たほど、難題ではない。公衆が性犯罪者について持つイメージは、特別の治療とコントロールを必要とする特別な者というものである。だが、それとは反対に、これらの犯行者の大部分は、多様な犯行パタンを示している。例えば、リスク要因を抱えるその他の大部分の暴力的な性犯罪者と異ならないということである（Rosenfeld, White, and Esbensen, 2012）。このように、少年の性犯罪者は、「多くの多様な犯罪を行うという背景があり、時間が経つにつれて、性犯罪に特化する一定の傾向によって特徴づけられる」（p. 138）。平均15歳台の少年の大規模なサンプルを用いた性犯罪者のタイプに関する最近の研究（Van Der Put, Van Vugt, Stams et al., 2013）では、次のグループの比較が行われた。つまり、性犯罪ではない犯罪（NSOs（non-sexual offense））を行った若年者と、少年による性犯罪（JSO（juvenile sex offense））を行った次の三つのタイプのカテゴリーの若年者とを比較した。性犯罪を行った三つのカテゴリーの少年とは、性器の露出や窃視などの、軽微な性犯罪（misdemeanor sexual offense（MSOs））を行った若年者、同意なく他者に性的な方法で触る行為や強姦などの、重罪たる性犯罪（FSO（felony sexual offense））を行った若年者、ずっと若い児童（much younger children）に対する性犯罪行為を行った若年者（CSOs）の三つである。一般的再犯に関するリスク要因の影響に関して、このリサーチを行った研究者らは、最も容易に統制できるリスク要因の影響は、性犯罪ではない犯罪を行った者（NSOs）よりも、性犯罪を行った少年（JSOs）の方がかなり高かった。「言い替えれば、一般的な非行に関するリスク要因が発見される度合は、性犯罪ではない犯罪を行った者（NSOs）よりも、性犯罪を行った少年（JSOs）の方が低かったが、性犯罪が現実に行われた場合には、リスク要因が再犯に及ぼす影響は、性犯罪以外の犯罪を行った者の場合よりも、ずっと強いものになる。」（p. 60）。この研究に、臨床実務に関して二つの重要な含意がある。第一に、「性犯罪を行った少年（JSOs）の一般的な再犯に関するリスクの評価は、おそらく、性犯罪ではない犯罪を行った者（NSOs）と同じ方法で行うことができる。なぜならば、両方のグループで同じリスク要因を用いて再犯を予測することができるからであり、「かつ」、第

二に、一般的非行に関する動的影響を及ぼすリスク要因は、性犯罪ではない犯罪を行った者（NSOs）と性犯罪を行った少年（JSOs）を比べると、相対的に性犯罪を行った少年（JSOs）の方により大きな影響を与えていることが明らかである。したがって、これらの要因に対処するための介入が再犯に及ぼす潜在的影響も、性犯罪を行った少年（JSOs）の方が相対的に大きい（p. 63）。言い替えれば、非行一般に対処するために設計された処遇が、少年の性犯罪者にも同じく、一般的再犯を減少させるのに効果があり」、これらのカテゴリーの犯行者に関して、「これらの処遇の潜在的影響が相対的に大きい。」（p. 63）。

多数の発達上のドメイン（各段階領域）にある多数のリスク要因に標的を絞った対処

　このハンドブックで既に示したように、効果的介入を行うために、第一に考慮すべき極めて重要な考慮事項は、多数の発達上のドメイン（各段階領域）に存在する多数のリスク要因に標的を絞ることが重要であることである。リサーチは、すべてのドメイン（各段階領域）の動的なリスク要因に強い関係があることを認定し、異なるドメイン（各段階領域）にある問題がお互いに結合してしばしば発生していることを示唆している。」（Van der Put, Dekovic, Starns et al., 2012, p. 313）。これは新しい知見ではないが、このリサーチは、児童及び思春期にある者を効果的に処遇するための非常に重要な原理を強調している。つまり、「異なるドメイン（各段階領域）間に高度の相関があるということは、より高いリスクを抱えるグループに関して、いくつかのドメイン（各段階領域）で、しばしば問題があることを意味する。」（p. 314）。最も注目すべきは、重大犯罪を犯し、粗暴犯を犯し、かつ慢性的に犯罪を犯す者は、同時に、例えば、薬物使用及び薬物取引、精神衛生上の問題、学校での問題、被害者歴、ギャングの活動への介入、及び銃器の携帯等の問題を抱えていることである（Huizinga et al., 2000; see also Loeber, Farrington et al., 2008）。この原理は同時に、暴力の減少にも一般に適用され（Bushway, Krohn, Lizotte et al., 2013）、

132

SVC 犯行者（重大犯罪を犯し、粗暴犯を犯し、かつ慢性的に犯罪を犯す犯行者）のキャリア（経歴）の軌道を断ち切るのにも適用される（Krohn et al., 2014）。

予測に関わる常に変化するドメイン（各段階領域）に サービスを適合させること

　サービスを対象者にマッチングさせる第三の原理は、これも多くの研究に由来するものであるが、少年が成長するにつれて、予測を示すドメイン（各段階領域）が変化し、この変化が相対的に重要であるということである。ウォーシントンの研究では、家族のドメイン（段階領域）は 12 歳の年齢で、再犯に最も強い関連を有することが証明されているが、13 歳では、その少年の関係のドメイン（同輩ドメイン（段階領域））が最も強い関連を有するドメイン（段階領域）となり、14 歳からは、態度（attitude）が再犯と最も強い関連を有するものとなる（Van der Put et al., 2012, p. 313）。他の研究でも、児童から成人に欠けて、リスク要因となる顕著なドメイン（段階領域）は変化することが証明されている（Lipsey and Derzon, 1998; Loeber, Slott, and Stouthamer-Loeber, 2008; Tanner-Smith et al., 2013a; Van der Put et al., 2011）。

リスク要因と保護要因の両者への対応

　完全に犯行をやめまたは犯行のレベルが低くなる蓋然性を判断する際はもちろんであるが、将来の重大な犯行のリスクを判断する際に、最も決定的であることが明らかなのは、リスク要因が及ぼす効果と、社会化を促進する（保護）要因の及ぼす効果の、混合した効果である（Loeber, Slott, and Stouthamer-Loeber, 2008, p. 159）。これらの調査研究者は、また、次世代のリスク評価デバイスは、長期研究から得られた知識に基づく、少年が将来晒されるであろうリスク要因「と」社会化促進要因の評価から、利益を得ることができる可能性

第5章　標準化されたプログラム評価手順　133

がある、と論じている（p. 159）。実際、これはリスク評価の究極的目標である。つまり、重大犯罪と粗暴犯を犯す犯行者になる多くの経路、そして、SVC犯行者（重大犯罪を犯し、粗暴犯を犯し、慢性的に犯罪を犯す犯行者）になる経路に、若年者が進んでいるのかを予測することである。

自ら犯行をやめることを促進する

　リサーチによれば、重大犯罪を犯し、かつ粗暴犯を犯す犯行者が、犯行をやめるのに妨げとなる、極めて重要な要因が識別されてきている（思春期中期の場合を測定）。薬物使用、薬物取引、銃器の携帯、およびギャングのメンバーであることがこれである。（Loeber, Farrington et al., 2008; Loeber, Farrington et al., 2008）。リサーチにより識別されてきたこの、犯行を自らやめるのに障碍なる諸要因には次のものがある。以下で、ドメイン（各段階領域）にしたがって配列する（Loeber, Farrington et al., 2008; Loeber, Hoeve, Slott, and Van der Laan, 2012; Stouthamer-Loeber et al., 2008）。

・個人のドメイン（段階領域）：たばこの使用率が高いこと
・個人のドメイン（段階領域）：アルコールの使用率が高いこと
・個人のドメイン（段階領域）：マリワナの使用率が高いこと
・個人のドメイン（段階領域）：精神病理学的特徴が多くみられること
・個人のドメイン（段階領域）：鬱
・個人のドメイン（段階領域）：不安が強いこと
・個人のドメイン（段階領域）：薬物取引
・個人のドメイン（段階領域）：粗暴犯の被害に遭っている度合いが高いこと
・個人のドメイン（段階領域）：銃器の携行
・同輩のドメイン（段階領域）：反社会的な同輩との関係を継続していること

・同輩のドメイン（段階領域）：ギャングのメンバーであるかギャングに関
　係していること
・制度（システム）のドメイン（段階領域））：プロベーションによる監督と
　サービスを受ける代わりに拘禁施設に収容されていること
・制度（システム）のドメイン（段階領域））：施設への収容期間がより長い
　こと

　このリストに挙げられたもののうちのいくつかは、犯行をやめる要因に関す
る研究で比較的新しく識別されたものである。薬物利用障害がある少年犯行者
は、時間が経つにつれて犯行の重大さをエスカレートさせる危険がより大きい
（Hoeve, McReynolds, and Wasserman, 2013）。ギャングに関するリサーチは増
えてきているが、これらのリサーチでは、ギャングに関わっている（浸かって
いる）期間が長引くと、フェニックスで行われた研究で証明されているよう
に、犯行をやめるのが遅くなることが証明されている（Pyrooz, Sweeten, and
Piquero, 2013; Sweeten, Pyrooz, and Piquero, 2013）。拘禁施設への収容は、
（危険な犯行者を拘禁して公衆の安全を確保する点では有害ではないが）、再犯
（の予防・減少）には有害であることは長きにわたって認められてきているが、
最近のリサーチでは、閉鎖型施設への収容（secure confinement）は3ヵ月か
ら6ヵ月以下の最小限の期間とすることが重要であることが強調されてきてい
る（Chung et al., 2007; Loughran et al., 2009）。

家族の関与（family engagement）の重要性

　少年犯行者のための包括的ケース・プランが成功するには、家族が関わるこ
とが必須である。Newark Family Crisis Intervention Unit（ニューワーク家族
危機介入部局）及びコミュニティ精神衛生センターに送致した若年者の研究
で、Lerman と Pottick（1995）は、たいていの親は自分の子供と一緒に取り
組もうと、自らの努力に依拠し、子供の行動を変えようとする技術を用い、褒

め、処罰し、その他の規律をもたらす方法を使うというシステムによっていたが、役に立たなかったことを認定した。3分の1以上はカウンセリングを試すか、助けを求めて病院、医者、または精神科医とコンタクトを取ったが、やはり役に立たなかった。学校の教師と両親の話し合いは、助けを提供してくれそうな機関に関して何らかの具体的示唆に至る見込みは極めて低かった。警察及び裁判所の職員との接触は最も役立ち、続いて州の若年者を対象とするワーカーと家族を対象とするワーカーに接触を持つことになった。注目すべきは、LermanとPottickの研究のサンプルとされた親たちは、彼らが接触し、助けを提供すると期待されたソースのどれもが、彼らの問題行動を引き起こしている子供が経験している精神衛生上の問題を全く理解しておらず、専門家はしばしば助けに関して不適切な示唆を与えたと述べていることである。司法制度に関わりを持つ児童と家族に接触する各機関とそれを扱うプログラムでは、家族の関与の努力とその活動を調整するために、スタッフとなる者を雇うか任命すべきであり、このスタッフは、家族のメンバーまたは以前に司法制度に関与したことがある若年者であることが望ましい。州の司法機関と裁判所制度は、家族のための司法制度への基本的ガイドを発展させるのに援助を与えるべきであり、この指針があれば、地方の法域においてそれを頼りに自己の地方の実情に合うものとしまたは拡張することができる。A Family Guide to Pennsylvania's Juvenile Justice System（ペンシルヴァニア州の少年司法制度に関する家族のためのガイド）（Pennsylvania Commission on Crime and Delinquency, 2012a）（犯罪と非行に関するペンシルヴァニア州委員会、2012a）は優れた例である。このガイドは、the Family Involvement Committee of the Pennsylvania Council of Chief Juvenile Probation Officers（少年プロベイション主任担当官ペンシルヴァニア州カウンシル家族関与委員会）——この委員会は、家族の擁護者と少年司法実務家で構成されている——により発展させられてきたものであり、このガイドは、家族がペンシルヴァニア州の少年司法制度を理解するのを助け、少年司法制度に関与した若年者によい結果をもたらすことを促進するために、少年司法のスタッフと緊密に作業するのに、より良い準備ができるよ

うにするものである。

虐待され、無視されてきた多くの児童は、Court Appointed Special Advocates（CASA）for Children（裁判所任命の児童特別擁護者）から大きな利益を得ている。CASA は、コミュニティに基礎を置くプログラムの全国ネットワークであり、CASA は、虐待され、無視された児童が安全な永住先の住居を見つけるのを助ける役割を果たす CASA の擁護者とヴォランティアの後見人（guardian ad litem（GAL））をリクルートし、訓練し、支えている。CASA のヴォランティアは、スクリーニング（選別）を経て、彼らの地方の CASA/GAL プログラムで訓練された通常の市民である[1]。

コスト（費用）が低く、もたらされる便益の高いプログラム

証拠に基づくプログラムが使われる場合、クライアントに提供するサービスがマッチしているか否かを判断するときに、そのプログラムの費用と便益に関する利用可能な情報を考慮に入れることが重要である。この費用便益分析に関する優れたガイドは、Washington State Institute for Public Policy（WSIPP[2]）（ウォーシントン州公共政策インスティテュート）より行われた費用便益分析である。この革新的な一連の費用便益研究で、少年司法に関する証拠に基づく公共政策の選択肢が、費用便益効果が高いものと識別され、これらの選択肢に投資することが、いかに収容率を下げ、納税者の納税額から使われる費用を削減し、再犯率を低くするかを証明した。

最近の WSIPP のレヴューで、Drake（2012）は、ウォーシントン州で実施された際に、政策決定者が望む犯罪減少を達成するのを助け、同時に、納税者に投資に十分に見合う見返りを提供し、失敗率が非常に低いという、証拠に基づく数多くの選択肢を識別した。

Drake と彼の同僚により、史上初の、プログラムの失敗の「危険測定」が現在行われている。プロベイションとリンクしたプログラムは、その便益がその費用を遙かに上回るが、Functional Family Therapy（家族機能セラピー）

（1 人の参加者あたり 30,700 ドル）、Aggression Replacement Training（攻撃に代わる対処の訓練）（29,700 ドル）、Multisystemic Therapy（多面全科セラピー）（24,800 ドル）およびそれよりも費用のかからない Drug Court（ドラッグ・コート）（10,600 ドル）と被害者と犯行者の調停（3,600 ドル）を含む。収容の代替策として、コミュニティに基礎を置く Multidimensional Treatment Foster Care（多次元処遇里子ケア）（一人の参加者あたり、31,300 ドルを省くことになる）は、特に費用が低く便益が高いものである（Drake et al., 2009）。

　リスクが低い犯行者に関しては、ウォーシントン州では、具体的には、ディヴァージョン・プログラムが費用便益効果の高いものであり（51,000 ドル）、ティーン・コート（十代の者からなる裁判所により同年代の非行を裁判する裁判所）も費用便益効果が高い（16,800 ドル）（ことが示されている）（Drake et al., 2009）。以下のプログラムのカテゴリに関して、投資の見返りも、何が効果があり、何が効果がなかったのかについて、便益費用統計と投資リスクの測定基準によりランク付けされて、「消費者レポート」のようなリストに要約されてもいる（Lee et al., 2012）。少年司法、成人の刑事司法、児童福祉、プレ K-12 教育（幼稚園から大学入学前の学校教育に向けた準備教育）、児童の精神衛生、児童および思春期にある者に関する一般予防プログラム、薬物乱用、成人の精神衛生、および公衆の衛生に関する諸問題がそのプログラムの諸カテゴリーである。The National Research Council（2013）（全国リサーチ協議会）は、この WSIPP の費用便益に関する認定は、他の州にも一般化できると示唆している。

　WSIPP の研究では、施設に収容されている犯罪少年について対費用効果の高いことが証明されている三つのプログラムを強調している（Lee et al., 2012）。Functional Family Therapy（家族機能セラピー）（67,100 ドル）、Aggression Replacement Training（攻撃に代わる対処の訓練）（61,400 ドル）、および Family Integrated Transitions（施設からコミュニティへの移行時期にあり、精神衛生や薬物・アルコール等の化学物質依存にある犯罪少年に、

個人と家族へのサービスを統合したサービスを提供するプログラム）（17,000ドル）がそれである。要するに、リスクの高い犯行者に関して少年司法制度が利用できる、公衆の安全を脅かすことなく再犯率を減少させることができる効果的な数多くのプログラムがある。そのうえ、これらのプログラムでは、少年を施設に収容するケアによるよりもより低いコストで、コミュニティにおいて効果的な処遇を行うことができる。リスクの高い犯行者に十分に実施されその者をターゲットにしてプログラムが実施されれば、プログラムの中には、費用を遙かに上回る便益を達成することができるものもある。

年齢犯罪曲線を低くする可能性のある効果的な少年司法実務

　今より以前は、公刊された評価研究では、効果的な介入が一定の都市または州全体に互る年齢犯罪曲線をより低くすることができることを証明してこなかった。かかる試みを阻んできた理由は次の二つである。第一は、思春期から成人期初期に入る、処遇を受けた及び処遇を受けていない個人の追跡調査がほとんどなされていないからである。第二は、プログラムの評価で、都市全体にわたるまたは州全体にわたるサンプルを含んでいることが稀だったからである。かかる試みが可能であることを証明するべく、Loeber とその同僚（2012）は、Pittsburgh Youth Study（ピッツバーグの若年者研究）から長期にわたるデータを利用して、リスクを抱える若年者の長期間をとってみた場合の犯行に関して効果的介入が及ぼす影響をシミュレーションした。

　これらのリサーチを行った者たちは、三つの出生群における高度のリスクを抱えた犯行者の上位 3 分の 1 を選んで、効果的なサービスの効果をシミュレートした。Lipsey と Wilson（1998）は、重大犯罪と粗暴犯を犯す犯行者にサービスを提供するプログラムをレヴューして、最良のプログラムは、平均して 30 パーセントの再犯の減少を達成していることを認定した。図 5.2 は重大な非行を犯し「介入」を受けなかった者（上部の線）と「介入」を受けた者を示す下の年齢犯罪曲線を比較したものである（ピッツバーグの若年者研究の対象と

なった犯行者に関して、シミュレートした減少を反映させたものであり、高度のリスクを抱えた犯行者が実際に効果的プログラムのサービスを受けたかのようにシミュレートしている[3])。

　図5.2は、年齢が11歳から21歳の者の約4分の1に相当する重大な非行を犯した少年のパーセンテージが減少していることを示している。(図5.2には示されていない) 他の結果は、シミュレートした介入がある場合には、警察による逮捕の度合いが20パーセント減少し、ホミサイド (人の死を惹起する犯罪) と被害とが35パーセント低くなり、施設に収容される週が29パーセント減少することを示している。したがって、モデルとする介入がなされると、年齢犯罪曲線が低くなり、重大犯罪を犯したと自己報告する者が減少し、公式に記録されるホミサイド (人の死を惹起する犯罪) とその犯罪の被害者が減り、逮捕と有罪が大幅に減少することになり、司法制度にも利益が及ぶことになる。これは、高度のリスクを抱える犯行者を対象に提供される効果的なサービスがマッチしているとその効果が潜在的に大きいことを説得的具体的に示すものである。

　したがって、包括戦略の枠組みと証拠に基づくプログラムを用いて少年司法制度全体にわたってその実績を改善する体系的なアプローチを用いれば、州全体にわたる再犯の減少が達成できる範囲内にあることは明らかである。標準化されたプログラム評価手順書 (SPEP) は、少年司法制度に、かかるプログラムを識別するツールを提供し、既に用いられているプログラムを改善し、特に、再犯を犯す虞が最も高い高リスクの少年に関して、再犯 (の予防・減少) に関する効果を最適化することができる。切れ目なく連続する効果的サービスは、効果に関する、研究者が直接得た証拠かまたはメタ分析から得た証拠に基づいて、選択されたか発展させられた、ブランド名のあるプログラムと、特定のブランド名のないその地域で育ったプログラムの、混合したものを、その内容とする場合もある。これらのツールを適切に利用し、切れ目なく連続する効果的なプログラムを運用すれば、少年司法制度と接触する少年に関する結果を改善することとなり、それにより、少年司法制度それ自体の対費用効果も改善

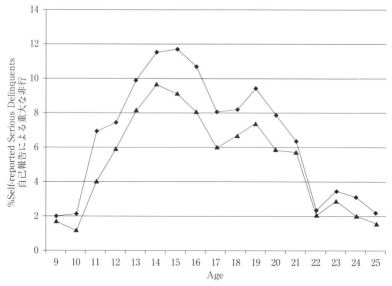

Figure 5.2 A Simulated Reduction of the Age-Crime Curve
図 5.2 シミュレーションした場合の年齢犯罪曲線カーヴの縮小
Reprinted with permission from Springer (Springer の許諾を得て掲載)

することになる。

　この努力が成功するか否かは、慢性的に犯罪を犯し、重大犯罪を犯し、かつ粗暴犯を犯す犯行者の大部分をターゲットとすることに成功することにかかっている。これらの少年犯行者の再犯率は、年齢犯罪曲線の頂点に位置する。再犯は、思春期初期で最も低く、思春期の中期でそのピークを迎え、思春期後期で減少する（Van der Put et al., 2011）。だが、SVC 犯行者（重大犯罪を犯し、粗暴犯を犯し、かつ慢性的に犯罪を犯す犯行者）からなるサブグループに関しては、基礎リサーチと州全体のデータの両者がともに、再犯率がこれらの発達期を通して高いままであることを証明している。これが意味するところは、犯行の重大さがエスカレートするのを減らし、再犯率を下げ、とりわけ、犯罪の重大さがエスカレートするのを減じ、再犯率を低くし、SVC 犯行者（重大犯罪を犯し、粗暴犯を犯し、かつ慢性的に犯罪を犯す犯行者）のキャリア（経

第5章　標準化されたプログラム評価手順　141

歴・経路）を切断するためには、これらの犯行者キャリア（経歴）の三つの区分全体をカバーする切れ目なく連続するプログラムが必要であるということである。少年司法制度が、重大な犯罪を犯すか、粗暴犯を犯すかまたは慢性的に犯行を犯す高度のリスクがある犯行者を、拘禁施設に収容する前に、ターゲットにすることに成功すれば、犯罪全体の減少と費用の減少の観点からすれば、得られる利益がかなり大きいことになる。もちろん、証拠に基づくサービスを提供することが決定的に重要な要となる点である。この企て全体を、次のデザインを用いて、州全体で評価することができる。

制度全体にわたる評価の枠組み

　図5.3は、少年が逮捕された時点で少年司法で用いられる、証拠に基づく実務の枠組みを素描したものである。この時点以前は、逮捕数を最小化するには証拠に基づく効果的な予防プログラムが重要である。少年は、まず、選別されて適切なレベルの監督に付され、ここでは、公衆の安全が重要な考慮事項となる。この時点は、有効なリスク評価が重要な役割を果たすのであり、ここでは、構造化された意思決定をするための、処分を決める行列表（matrix）が利用され、この行列表を用いて、少年の実際のリスクのレベルに見合った監督のレベルが決められる。

　実際のリスク・レベルに見合う監督よりも、より高いレベルの監督をしても、その監督それ自体は、再犯の減少に関して、ほとんどまたは何ら長期的な利益をもたらさず、また、かかる監督は再犯を増加させる蓋然性が最も高いことを強く示唆する証拠があるので、ここでの目標は、最小レベルの監督に付して、少年の行動を、短期間、コントロールをすることにある。

　少年司法制度が再犯率に関して持続的効果を潜在的に持つためには、少年司法制度の側で、証拠に基づく効果的な治療プログラムのレパートリーをもち、ターゲットとする者にサービスを提供することがなされなければならない。この点で、ニーズに関する体系的な評価がなされ、犯行者のニーズ及び環境と、

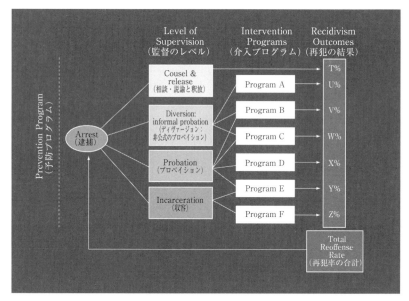

Figure 5.3　A System-wide Evaluation Framework
図5.3　制度全体にわたる評価の枠組み

提供されるサービスとの適切なマッチングが確保されることが極めて重要である。リサーチが増え、証拠に基づくニーズの評価ツールがますます利用できるようになってきており、この重要な機能にサポートを提供する。だが、少年にマッチするプログラムが実際にその目的のために効果的でなければ、適切なマッチングがあっても、それは、再犯に関する、望む減少を生み出さない。広範囲のサービスを提供する、証拠に基づく処遇プログラムが中心的な役割を果たすのはまさにここである。

このプロセスの焦点を当てられるべき結果は、様々の異なるレベルの監督に付され、異なるプログラムによるサービスを受けて管理される、その少年の再犯率である。適切な情報管理システムでは、再犯率を追跡し、再犯率を、対象少年の特徴とその少年に適用された手続とプログラムとの関連で分析すべきである。例えば、結果を検討するために、犯行者をリスク・レベルおよび処遇上

のニーズに関するプロファイルに従って、グループ化することができる。第一次的重要性を有するのは、重大犯罪を犯し、粗暴犯を犯し、かつ犯罪を慢性的に犯す犯行者（serious, violent, and chronic offenders）であり、これらの者を検討対象として、監督、サンクション、およびサービスの異なる組み合わせの影響を調べることができる。かかる分析は、フィードバックにより改善を要するシステムの機能を識別する助けとなり、これらの改善を行うのに、データに基づく意思決定を支えるものとなる。もちろん、全体の目的は、再犯を減少させる少年司法制度の能力を最適化することであり、それにより公衆の安全を高め、またプログラムによるサービスを受ける若年者の社会適合的な発展をサポートするという良い結果を若年者にもたらすようにし、さらに、できるかぎり対費用効果の高い方法でその結果を実現する、という点にある。これらの結果が実現できるか否かを決めるうえで、若年者が少年司法制度を通して通る道は、非常に重要である（Mears et al., 2011）。身柄拘束施設への身柄拘束（detention）と拘禁施設への収容（confinement）のようなサンクションを過度に使用することは、証拠に基づいて提供されるサービスの効果を失わせるものである。

註
1) http://www.casaforchildren.org
2) The Washington State Institute for Public Policy（公共政策に関するウォーシントン州インスティテュート）はウォーシントン州議会の応用リサーチグループである。
3) 未加工の年齢犯罪曲線は本書の図 2.1 に示されている。ここで報告したシミュレーションは同じ非行少年のサンプルに適用した。

第 6 章

証拠に基づく実務の開始と
証拠に基づく実務の維持

は じ め に

　証拠に基づくプログラムを日常的に行われる実務に変え、その証拠を生み出したリサーチの重要な状況を再現するようにするためには、それに関連して、難しい多くの問題がある。共通の障碍は次のものである。（Howell and Lipsey, 2012; Lipsey et al., 2010; Welsh et al., 2010）：

・プログラムに関するリサーチがなされたサイトと効果が、地方の状況で、そのプログラムを実施して得られるのかどうか、という不確実さがあること。
・リサーチの環境下で確立された明白なプログラム要件を、実務家が実生活で直面する組織上の制約に合致させるのが難しいこと。例えば、この制約には、事件の負担量が多いこと、そのタイプのプログラムを実施するにはリソースの点で限界があること、サービスの頻度と期間が異なることなどである。
・これらのプログラムの購入に関連するコストと、要件とされるサポートのコストがかかること。
・プログラムを実施するのにスタッフを雇い入れなければならず、より上位の管理上のサポートが必要なこと、リソースが不十分なこと、そして支払

いシステムに柔軟性が欠けること。

・そのプログラムが設計された対象母集団よりももっと多人種からなる集団を対象とし、また、サービスを提供するインフラが不十分であること。

・既にその地位を確立したサービスの提供者（プロヴァイダ）が、新しいプログラムに変更することに抵抗があること。

・時間が経過するにつれて、知事が選挙により交代し新しい政治的任命がなされてプログラムの管理者が変わるという状況下で、そのプログラムを維持しなければならないこと。

・効果があることが証明された限定された数のプログラムは、少年司法制度のすべてのニーズに合致しない場合があること。

　イニシャティヴ（作戦）の結果に失望したとの数多くの報告が過去十年間にわたり公刊されてきているが、これは、証拠に基づくプログラムを実務に移す場合に関係する。例えば、薬物乱用および暴力の阻止のためのプログラムを、コミュニティの状況で、相当忠実に実現するには主要な欠点がある（Fagan et al., 2008）。「介入を、理論、内容、実施方法をプログラム開発者が特定した方法に合致する方法で実施することが重要だが、そのプログラムを実施するコミュニティはしばしばその実施の忠実さに欠け、有効性試験の外にある（p. 257）。学校制度において、証拠に基づくプログラムを採用する主要な全国的イニシャティヴがあるにもかかわらず、いくつかの広く利用されている薬物乱用防止プログラム・カリキュラムは証拠に基づくプログラムとしての資格を有しない（これには、McGruff the Crime Dog（——犯罪について気づかせるための子供向けのアニメーション）——を含む）。また、二つの全国評価によれば、学校が採用しようとしている多くの証拠に基づく非行および暴力の予防プログラムは、その実施がおよそ不十分であると認定された（Gottfredson and Gottfredson, 2002; Hallfors and Godette, 2002）。1990年代に、精神衛生の領域では、ソーシャル・サービスと児童福祉の領域とともに、効果があることが強力な経験的証拠により証明されている具体的プログラムと証拠に基づく処遇

(evidence-based treatments（EBTs）を識別し、要約を配布し始めた。しかし、約15年後、「EBTs の大部分は、広範に利用されてはいない」ことが明らかとなった（Suter and Bruns, 2009, p. 336）。

リサーチに基づく研究で認定された非行とその後の犯行への、プログラムの望ましい効果は、これらのプログラムの適用の規模が大きくなるか、一般的適用のために「広げて」適用されると、薄められてしまう（Welsh et al., 2010）。この過程では、このプログラムの提供者（プロヴァイダ）が、その状況にプログラムを適用させることが普通に行われる（Fixen, Naoom, Blase et al., 2005）。リサーチを行う研究者（Berkel, Mauricio, Schoenfelder et al., 2011）は、プログラムの実施について、次の四つの次元を、実施の際に変化が生ずる蓋然性の理由として識別している。つまり、(1) プログラムを元となるプログラムに忠実に実施している度合い、(2) 実施の質（つまり、そのプログラムでとられるべき行動と資料が、プログラムのクライアント（そのプログラムの実施対象者）にどれほど十分に伝達されているか）、(3) 参加者の応答の程度（プログラムのクライアントが、そのプログラムの求める行動を行い、資料に示されたところに従事する程度）および (4) プログラムの実施環境への適応、がそれである。一般的に言って、証拠に基づくプログラムの明確な効果は、実験サイトとして選択されたサイトでそのプログラムの開発者により管理される場合にその効果が最も高く、選択されたサイトではないところで実施されるがプログラムの開発者により管理されている場合にはその効果はより低く、選ばれたサイトでもなければ、プログラムの開発者により管理されてもいない場合には、その効果は最も低い。元のプログラムがかなり忠実に実行されない場合には、成果は薄められる。

証拠に基づく、消極的および積極的実務

実際的な問題を解決するのに科学的知識を用いるビジネスは新しいものではない。そして、この過程を叙述するのに多くの名前が用いられている。例え

ば、技術移転(technology transfer)、情報またはリサーチの活用、伝搬(information or research utilization, dissemination)、および組織変更（organizational change）などがそれである（Backer, 1993）。三つの著名な米国の例がある。農業技術革新（1920〜1960）、防衛および宇宙関連リサーチの適用（1960〜1980）及び最近の個人の健康の改善がそれである（Backer, 1993）。リサーチを用いた、犯罪予防と更生にとって効果的な実務の開発へのサポートは増大しており、医学の領域での先導的なセットに追随している（Welsh and Farrington, 2006）が、その進展は遅い。「長年にわたり、科学をサービスに適用する過程は消極的なプロセスであるとみられてきた。つまり、情報を普及させ広める過程は、その情報を啓蒙的で熱心な擁護者の手に委ね、次に指導者の手に委ね、そしてその革新を実務に移す実務家により広められるという過程を経る（Fixsen et al., 2009, p. 532)」。この消極的なアプローチでは、二段階からなる。第一段階の役割は、リサーチを行う研究者が果たし、リサーチの認定結果を公刊し、「次に、管理者と実務家が、その文献を読んでその作業に示された革新を、消費者として、利用する」、という二段階の過程である（p.532）。Fixen とその同僚が述べたように、この「消極的」過程は、証拠に基づくプログラムの利用およびその他のヒューマン・サービスに関係する革新の利用に関係した、アメリカの連邦および州の大部分の政策の基礎となってきた。過去10年では、科学をサービスに適用するより「積極的な」過程が試みられるようになった。例えば、連邦および州の基金の交付の条件として、モデル・プログラムを再現することが義務的とされ、または、トラブルを抱えた州における重要な利害関係者が決意を固め、サービスの改善のための、連邦の訴訟または同意審決を求める訴えを起こしている。全体としてみると、多くの観察者の同意するところでは、EBP（証拠に基づく実務）への「消極的」アプローチは注目に値する結果を生み出しては来なかった。これに対し、証拠に基づく実務を州全体にわたり実施する、「積極的な」、二つの対照的な、以下で述べるアプローチはその成果の点で際立っている。

　ウォーシントン州は、証拠に基づく新たな少年司法立法に促されて、三つの

第6章　証拠に基づく実務の開始と証拠に基づく実務の維持　149

モデル・プログラムとそれ以外の証拠に基づく二つのプログラムを統合し、33の少年裁判所に導入した（Barnoski, 2009）。導入されたプログラムの主要なものは、Functional Family Therapy（FFT）（家族機能セラピー）（14の裁判所で導入）と Aggression Replacement Training（ART）（攻撃に代わる対処の訓練）（26の裁判所で導入）である。評価デザインの実施に関する問題があるため、第三のモデル・プログラムである Multi-Systemic Therapy （MST）（多面全科セラピー――少年を取り巻く家族やコミュニティなどの環境全体に関わるセラピー）に関して何ら認定がされていない。これらの少年裁判所は、新しい Washington State Juvenile Court Assessment（WSJCA）（ウォーシントン州少年裁判所評価）システムも採用し、これを日々の裁判所の運営に組み入れて有効なリスク評価を行い、施設への収容とサービスに関して若年者とのマッチングを促進している。プログラムと構造化された意思決定を補充するためのこの印象的なツールは、州全体にわたる、対費用効果の高い効果を生み出している（Barnoski, 2004b、2009）。これは証拠に基づく健全な実務のアプローチであり、まず試験的にそのプログラムを導入し、次にその効果について、その地方の状況で効果を評価して、しかる後に拡大して用いるという健全なアプローチである。

　ペンシルヴァニア州の指導者は、自発的に、1998年に、数百万ドルを証拠に基づく実務のモデル・プログラムに投資し、この投資は、元のプログラム・モデルへの高度の忠実さを確保するため、高度に構造化されたサポート・システムを伴っていた（Bumbarger, 2012; Moore, Bumbarger, and Cooper, 2013）。ペンシルヴァニア州全体の再犯率は州全体を通して比較的低いが（Pennsylvania Commission on Crime and Delinquency, 2013）、州全体にわたる研究では、証拠に基づくプログラムが元のプログラムに高度に忠実に実施され維持されることを確実にするために多大の努力が払われているにもかかわらず、プログラムが忠実に実施されない場合はかなり多く生じていると報告されている（Rhoades et al., 2012）。モデル・プログラムの州における完全実施に関する実施度研究で（Moore et al., 2013）、Berkel とその同僚が一緒になった

150

リサーチ（2011）では、プログラムの「適応」の名の下に、四つの実施次元を認定している。ペンシルヴァニア州のプログラムのほぼ半数（44 パーセント）は、そのプログラムを実施する際に、プログラムを適応させたと報告している。適応を行ったプログラムの提供者中、その 43 パーセントは手続を変更し（そのプログラムの実施場所とタイミング）、42 パーセントは適用量を変更し、38 パーセントは内容を変更し、22 パーセントは文化的適応を行い、12 パーセントは対象母集団（そのプログラムがデザインされた対象者）への適応を図った。これらの変更がなされた理由についての質問に対する主要な理由は、次のとおりである。時間がない（80 パーセント）、リソースが限られている（72 パーセント）、参加者を引き続き参加させることが難しい（71 パーセント）、実施に対する抵抗がある（64 パーセント）、参加者を集めることが難しい（62 パーセント）、参加者が不満である（61 パーセント）、適切なスタッフを見つけることが難しい（59 パーセント）、文化的な適切さを欠いている（43 パーセント）、というものである。大部分の適応は、実施の場所に関する障碍によるものであり、実施者は、証拠に基づくプログラムを現実の世界に移植する際にこの障碍に直面する。そのプログラムの技法が現実に実施するところに、つまり、タイミング、セッティング、ターゲットとする聞き手に、どの程度適合しているか、という問題がある。さらに、現在の認定によれば、もし、提供されるプログラムが実施される状況にフィットしていない場合には、実施はその実施状況・環境への受動的適応となる蓋然性が高く、その結果、実施の質が低くなり、結局、「最適な結果を達成できないことになる」（Moore et al., 2013, p. 158）。このリサーチ・ティームは、また、プログラム提供者の正当な自己利益は尊重されるべきである、と述べている。つまり、プログラムの提供者は自分達の作業をする者を維持しておく必要があり、（極めて）重要な利害関係者（stakeholders）と肯定的関係を維持しておく必要がある（Rhoades et al., 2012, p. 398）。

　州全体にわたり証拠に基づくプログラムを早期に採用した少年司法制は、以前には採用していなかった、証拠に基づくモデル・プログラムを数多く実施し

第6章　証拠に基づく実務の開始と証拠に基づく実務の維持　151

た。例えば、Greenwood とその同僚は（Greenwood and Welsh, 2012;
Greenwood, Welsh, and Rocque, 2012）は、ペンシルヴァニア州とウォーシン
トン州に加え、コネチカット州、キャリフォーニア州、フロリダ州、ハワイ
州、ルイジアナ州、メイン州、メアリーランド州、ニューメキシコ州およびニ
ューヨーク州の努力に特に光を当てている。これらの州は、予防を目的とし、
証拠に基づくモデル・プログラムを採用するのに進歩的であり、証拠に基づく
実務に向かって重要な歩を進める発展がみられるのであり、これらの州での若
年者に関して結果が改善されることは十分にあり得る。だが、これらのプログ
ラムが意図したように実施されたのか否か、またはプログラムの導入によりそ
のプログラムが導入されそれに置き換えられる前よりもより良い結果をもたら
したのか否かについてはまだ何ら証拠が示されていない。

　証拠に基づく実務を始めようとするこれらの率先する試みから得られた認定
は教訓に富み、証拠に基づくプログラムの要件に少年司法制度を合わせること
に成功した場合と、合わせることの難しさの双方を指摘している。ウォーシン
トン州（Barnoski, 2004b, 2009）とペンシルヴァニア州（Moore et al., 2013；
Rhoades et al., 2012）の実験は、「既製の」プログラム・モデルを効果的に利用
するには開始時のコストがかなりかかり、元となるプログラムの開発者との繋
がりを維持しなければならず、これらのプログラムが、州全体のイニシャティ
ヴ（作戦・率先的試み）においてその約束を確実に果たすことができるように
するには、質を保障するためのかなりの努力が必要となる。その場合でさえ
も、一定のサービス提供者（プロヴァイダ）による具体的事例への適用は避け
られない。これらの諸条件があるため、そのリサーチに基づく研究により支え
られたプログラムから得られるとされる影響と比較すると、相対的に、証拠に
基づくプログラムの影響が弱められてしまう場合が十分にあり得る。証拠に基
づくプログラムの利益を達成するには、効果的なプログラムの選択を必要とす
るのみならず、それを十分に実施する努力を維持しなければならないのである。

証拠に基づくプログラムを始めそれを維持することの難しさ

Fixsenとその同僚（2009）は、ヒューマン・サービスに関する領域での実施の領域でのリサーチを統合し、実施の際の重要なコンポーネント（構成要素）と条件について知られているところを判断するために、ヒューマン・サービス全体を通して約400近い研究をレヴューした後に、「科学をサービスに」翻訳する試みにおいては、科学をサービス「に」適用する行動は、「実施」と呼ばれる具体的な一組の行動を意味する、と述べた。さらに、これらの研究者は、実施には、六つの機能的段階があることを識別している。つまり、そのプログラムの実施可能性を調査する段階（exploration）、そのプログラムを実施可能な状態に置く導入段階（installation）、最初に実施する段階（initial implementation）、完全に実施する段階（full implementation）、革新を引き起こす段階（innovation）および実施されている状態を維持可能にする段階（sustainablility）がそれである。Fixsenとその同僚は、それらの段階が直線的なものではなく、各段階が複雑な経路で他に影響を及ぼすことをいち早く指摘している。「例えば、維持という要素は、まさに調査段階の一部をなすのであり、調査は、導入と最初の実施に直接的影響を及ぼす。または、組織は、スタッフが大幅に入れ替わるという異常な状態が生じそのただ中で、完全実施から最初の実施に変更が行われる場合もあり得るのである。実際のそれぞれの段階は、一つの段階から他の全ての段階に向かう可能性を持つ、輪で固く結ばれた双頭の矢のようなものと考えることができる。」(Fixsen et al., 2009, p. 533)。」

州の少年司法制度において証拠に基づくプログラムを用いて今日まで作業してきた我々の経験に基づき、我々は、Fixsenとその同僚が識別した、実施段階を分けて考えることの有用性を認識している。だが、彼らの文献レヴュー（Fixsen, Naoom, Blasé et al., 2005）は、上述したような、証拠に基づくモデル・プログラムのような個々のネーム・ブランドのあるプログラムの実施に焦点を当てている。我々の目的を実現する観点からすると、我々が望むのは、こ

第6章　証拠に基づく実務の開始と証拠に基づく実務の維持　153

れらの実施段階を、証拠に基づく実務を（少年司法）制度全体にわたり実施する過程に適用することである。さらに、少年犯行者に適用される証拠に基づくプログラムには、忠実に実施されている度合いが評価されるモデル・プログラムと、既に述べた SPEP の過程により評価される地方のブランド名のないプログラムの両方が含まれると我々は考えている。我々の見解では、少年司法制度全体を通して実施される、証拠に基づくプログラムを確立するには、これらの二つの現代のアプローチが必要である。

　少年司法、ソーシャル・サービス、児童福祉、保健、教育関係の管理者、および、親と若年者自身から重要な情報を同様に受け取るその他の機関の代表者からなる、州全体にわたる、多機関のリーダーシップ・チームが、この全体段階にわたる実施過程を率い、管理すべきである。第一段階である、調査（exploration）段階では、包括戦略を実施する用意が制度側にあるかどうかを評価すべきである。かかる評価の例は、デラウェアの少年司法制度に関して行われた評価である（Wilson, Kelly, and Howell, 2012）。この客観的評価を行うには、また、リスクおよびニーズに関する既に使われている評価ツールの質と効用を検討する必要がある。かかるツールに関する我々による本書のレヴューでは、多くのリスク評価ツールは、犯行者のリスクを諸レベルに信頼のおける分類をするのに適していないと記されている。このリスク評価ツールは、それが適用される犯行者母集団に関して（理想的には裁判所から送致される全ての者を対象にして）、有効と評価されなければならない。有効性があると評価されるツールは、犯行者をその個別のリスクに応じてなされる分類（リスクが低い場合、中程度の場合、高い場合）は、一貫性がなければならない。いったんこの手続が遵守されれば、犯行者とその者に提供されるサービスをマッチングさせる過程は高められることになる。処分の選択に用いられるよく設計された行列表（matrix）はこのマッチング・プロセスを促進する。例えば、フロリダでは、レベル 3 の犯行者はコミュニティでの監督に付され（例えば、プロベイション）、レベル 4 の犯行者は、閉鎖型ではない居住型施設での処遇（non-secure residential treatment）（リスクの低い者と中程度の者を対象とす

るプログラム）に付している。次に、ニーズに関する段階的評価をして、ブランドネームのない具体的サービスを決定し、このサービスをそれに見合う監督（例えば、標準的または集中的サービス）を予定して、それとともに用いる。

リスクの高い犯行者を主要なターゲットにしなければならない。リーダーシップ・ティームはまた、既存の情報管理システム（または依頼者の情報のトラッキング・システム）の利用可能性とその質を判断しなければならない。これは、プログラムが元のプログラムに忠実に実施されるのをサポートし、実施されるプログラムの質を保障し、SPEP（標準化されたプログラム評価手順）による評価を行うのに必要なデータとその他の情報を提供するためである。

次に、このリーダーシップ・ティームは、プログラムを試行する都市、カウンティまたは裁判所のサーキットを選択し、その選択した改革と構造化された意思決定の手段を最初に実施する。これらの革新は、政策と手続的指示またはマニュアルを通して制度化される必要があり、その試行地域で十分な準備が確実に行われるように、最初に現地での訓練が行われる必要がある。

包括戦略の新しい要素の「導入（installation）」は最初に試行地域で行われることになる。試行地域での「導入」が成功した後に、州全体にわたり包括戦略が展開され、「完全に実施」されることになる。完全実施を準備するにあたり、さらに「革新（innovation）」が必要となる場合がある。例えば、全体にわたる戦略の効用を完全に利用できるように、プログラムのその対象地域とのマッチングを最適化するべく、少年司法制度の規模をそれに見合う規模にすることが必要とされる場合もある。例えば、プロベイションがリスクの低い犯行者で負担が過重となっている場合には、証拠に基づくサービスから生ずる再犯減少の潜在力は弱められる。どこで処遇するかを決める行列表（matrix）は、公衆を保護し、犯行者の処遇上のニーズと効果的なサービスのマッチングを改善するために、プログラムの実施に指針を与えるのであり、この重要性は、いくら強調しても強調しすぎることはない。

最後の段階である、実施の持続可能性（sustainability）は、SPEP とそれに関連する手続を現に行われているプログラムの運用に統合することから生ず

る。いったん実施されたら、これらの手段の利用をサポートするのに必要なデータの収集は自動化されるべきであり、この活動の維持に並外れた努力が必要とならないように、可能な限りルーティン化すべきである。例えば、システムによっては、少年の以前の記録から電子的にリスク評価を行う評価手段を有する場合もある。同様に、リスクおよびその他の関連するデータ等から、処遇に関する行列表（matrix）から得られる指針が動的に生成され、プログラムとクライアントのデータ等から、SPEP の評価点数が定期的に生成される場合もある。さらに、犯行者に関するリスクと処遇上のニーズに関するプロファイルを作成するための現在のケース負担を前提に、プログラムに継続性を持たせそれを促進し、州が有するサービス・プログラムと用いる必要のあるプログラムとのギャップを識別するするためにツールを利用することができる。このように、プログラムの継続・持続可能性（sustainability）は、データを収集し分析し活用する（data-driven）システムへのシフトに由来するものであり、少年司法制度のインフラストラクチャー（支える基礎）を強化することに由来する。フロリダ州少年司法部局の、この一般的な種類のデータを集中管理するシステムの発展にみられる進歩は何を達成できるのかを示す例である[1]。少年司法制度の管理者とサービスプロヴァイダが、このプロセスに建設的な方法で着手し、少年犯行者にできる限り最も効果的なサービスを提供したいとの全参加者の共通の望みに基づいてこのプロセスが形成されるのが理想である。もう一つの例は、Pennsylvania's Juvenile Justice System Enhancement Strategy（Pennsylvania Commission on Crime and Delinquency, 2012b）「ペンシルヴァニア州の少年司法制度の効果を高める戦略」（犯罪と非行に関するペンシルヴァニア州委員会、2012b）である。

註

1) http://www.djj.state.fl.us/research/latest-initiatives/juvenile-justice-system-improvement-project-(jjsip)

第7章

証拠に基づくプログラムの作成を
サポートする八つの枢要な
運用上のツール

は じ め に

　少年司法制度における標準的運用手続の一部として構造化された意思決定ツールを利用することは、証拠に基づく実務を実現する立場を堅持しこれを維持するのに重要である。個人を対象とする判断が変化することが避けられず、またその判断は様々であり、職員は交代し、リーダーシップと政治的状況は定期的に変化する。かかる状況で、証拠に基づく実務を実現しこれを維持するには、このような意思決定ツールの利用が重要となるのである。広くみれば、これらの運用ツールは、包括戦略の枠組みを下支えするものであり、少年司法制度を正しい規模にして、少年を適切なリスク・レベルに位置づけて、公衆を保護し、既存のサービスとの良いマッチングを達成するのを助けることで、この下支えを行う。州政府は法律上、公衆を保護することを命じられており、少年司法制度はこれを二つの役割を果たすことで実現するように義務づけられている。すなわち、少年犯罪者を拘束すること「と」、更生させることである。法律上の命令を充足し少年犯罪者の更生に成功するためには、次の三つの原理に従うべきである（Slobogin, 2013; Slobogin and Fondacaro, 2011）。第一に、リスク評価は継続的になされるべきであり、インテイク段階または審判機能の段階に限定すべきではない。この継続的なリスク評価により、少年司法の各段階（これには、インテイク、審判等関連身柄拘束（detention）（観護措置）、審

判、プロベイション、拘禁施設への収容（confinement）、および社会への再入の各段階がある）全てで、リスクを管理することができることとなる。第二に、リスク評価機能と処遇機能とが関連することは避けられないことを前提とすると、評価は、リスクと更生の両方を視野に入れて行われなければならず、しかも「一緒に」行われなければならない。第三に、リスクおよびニーズの評価は、包括的だが柔軟性のあるリスク管理プランとかみ合っていなければならない。包括的リスク管理は、犯行者の静的（変化しない）犯行歴の外に存在する動的な要因を改善することを狙いとしており、これとリスクおよびニーズの評価がかみ合うものでなければならない。この一般的な更生機能はしばしば保護要因を増加させ、犯罪を生み出す要因——これは動的なリスク要因とも呼ばれる——を減少させることとして特徴づけられ、このリスク要因には、例えば、同輩との良くない関係、薬物の濫用、反社会的な態度、価値観、および犯罪行為を支持する信念がある。このスキーム（包括戦略構想）では、少年司法制度のフィロソフィー（基本的考え方）は、処罰に焦点を当てるよりも、非行の予防とリスク管理に焦点を当てており、段階的サンクションを、犯行者を安定させ、働く機会を得ることができるように処遇を行うことに焦点が当てられる。

　多くの州は、再犯のリスクを評価する貧弱なツールで奮闘しているが、これらの取り組みで、適用対象となる母集団との関連で妥当であると評価されたものはほとんどない。リスクと処遇上のニーズを同じ評価ツールで一緒に評価する実務は、複雑なことを行うものである。多くの州で処遇上のニーズを評価するために好んで用いられているツールは、この目的のためには適していない。それは、心理的問題と数多くの保護要因は、簡単に評価できないからである。このような複雑さの故に、多くの州の少年司法制度は、管理することができないリスクとニーズの評価ツールに圧倒されている。ここでは、これらのツールは、誤って用いられ、完了するには限度を超える量のスタッフの時間を必要とし、しばしば、プログラムの管理者と監督者の下には分析能力を持つスタッフがおらず、またはそれらのツールを日々の実務で適切に使用することができる

第7章　証拠に基づくプログラムの作成をサポートする八つの枢要な運用上のツール　159

スタッフがいない。

　七つの運用ツールは、少年司法制度がその法律上の二重の命令を果たすのに力を与える。第一は有効なリスク評価ツール（risk assessment instruments (RAIs)）を使って、犯行者を選別し、リスク・カテゴリー別に区分けし、公衆と対象者自身の保護のために監督の諸レベルに割り当てることができる。第二に、処遇上のニーズに関する包括的評価により、再犯を減少する蓋然性が最も高いサービスの選択に指針を与えることができる。これらの評価では、発達過程で重要な、家族、学校、同輩、個人、および・またはコミュニティのドメイン（各領域段階）で非行に寄与する状況に対処するために必要なサービスを識別し、それらのサービスに優先順位をつけるべきである。第三に犯行者によっては、特に、薬物を濫用し、精神衛生上の問題を抱える者の場合には、現時点で抱える問題について、より正確な評価を得るために、段階的評価（段階に応じてその評価の深さが増す評価）が必要とされる。第四に、処置を決定するのに用いる行列表（matrix）は、犯行者を適切な監督レベルに割り当てて公衆を保護し、同時に、犯行者と犯行者の発達の観点からみて適切なサービスをマッチ（合致）させることを促し、犯行者をそれぞれの（適切な）監督のレベルに付す、という二重の目標を実現するのに資する。第五に、包括的なケース・プランは、監督に関する戦略と、処遇サービスとを、統合しなければならない。第六に、質を保証するための手続が確立されなければならず、これにより、ケースの管理プランが忠実に実行されることが保証されることになる。第七に、クライアントとサービスの実施を追跡し、結果を評価するために管理に関する情報システムが必要となる。第八に、裁判所が正式に定めた基準により、この全過程は、最もよく支持されることになる。

構造化された意思決定ツールのもたらす利益

　リスクおよびニーズに関する評価ツールの利用を最適化するための広い戦略は、州全体の少年司法制度に焦点を当てて、制度全体にわたるサービスを改善

160

するという目的を有する（Lipsey et al., 2010）。運用ツールのいくつかは、裁判所と矯正のオフィシャルが少年司法制度の使命を一貫性を持って、かつ効果的に遂行することを可能ならしめている。過去10年間に、非常に広範な児童および思春期の問題行動に関するリスク評価ツールが、事実上、爆発的に用いられるようになってきた。この問題行動には、非行、暴力、薬物濫用、精神衛生、虐待と放置、および性犯罪がある。様々の「構造化された意思決定」（structured decision making（SDM））を行うためのツールの使用、とりわけ、リスクおよびニーズの評価ツール（初歩的なものを含む）は、1990年代には全州の少年司法制度の3分の1で使われていたのに過ぎない（Towberman, 1992）が、2011年には、ほぼ、10分の9の州で使われるに至っている[1]。重要なサイトがいくつかあり、そこでは、リサーチを行う研究者と実務家との間でSDM（構造化された意思決定）ツールに関する広範な合意がある（Lipsey et al., 2010; Wiebush, 2002; Young, Moline, Farrell, and Bierie, 2006）。標準化されたツールは次のような機能がある。

・処遇を効果的にし、どこに児童・少年を配置するかの決定をより効果的に行えるようになる。
・監督プランに指針を与える。
・意思決定におけるバラツキを減少させる。
・少年司法制度の枠内の若年者の管理を改善する。
・再犯を予測し、施設内での調整に指針を与える。
・処遇での更生の進展を測定する。
・スタッフの責任感を高め若年者の処遇における一貫性を改善する。
・諸機関に用いられているサービスに関する重要な情報を提供し、サービスと目標とのギャップについて知らせる。

要するに、SDM（構造化された意思決定）ツールは、クライアントのリスク評価、問題の診断、サービス間のリンクづけ（結びつけ）、およびケース管

第 7 章　証拠に基づくプログラムの作成をサポートする八つの枢要な運用上のツール　161

理を行ううえで、非常に大きな効用がある。不幸なことに、アメリカ合衆国における、リスクと処遇上のニーズの評価およびサービスのマッチングの技術の最新の洗練された水準は、分岐点にあり、誤った指針による努力が行われることで、複雑化してきている。国際的に抱かれている重要な懸念には、例えば、次のものがある（Baird et al., 2013; Miller and Maloney, 2013; Shook and Sarri, 2007; Van Domburg, Vermeiren, and Doreleijers, 2008）。

・調査項目の多いツールは、その実施にスタッフが多大の時間を要することになり、親と若年者に不必要な負担を課す場合があること。
・評価が、数多くのフェーズについてのスクリーニング（選別）または長期研究によるスクリーニング（選別）を経た技術であることは滅多にないこと。
・より年配の人のために創られたツールを採用しそれを児童に使うという不適切な試みがなされていること。
・スクリーニング（選別）と評価結果に差異が生ずる場合があり、これが混乱をもたらしていること。
・評価が重複して行われ、これが親と児童に混乱をもたらしていること。特に、その評価を行う諸機関がその評価から何を期待しうるのかについて知らない場合には、この混乱が生ずること。
・関係する機関の間に、協力関係が欠け、結果についての共有が欠けていること。
・調査項目の多いツールは、大量のケースを抱える少年司法制度の日々の実務に十分適しているとはいえないこと。

　複数の州にわたる二つの研究で、一定の期待を伴うリスクおよびニーズに関する評価ツールに関して、日々の実務を比較した。1999 年から 2000 年にかけて、4 州——イリノイ、インディアナ、ミシガン、およびオハイオの 4 州——でリスク評価手続を実施した 12 の裁判所に関する研究で、リサーチを行った

研究者は、リスクおよびニーズに関する評価は、難しい課題であると認定した（Shook and Sarri, 2007）。これらの州のいずれも、リスクおよびニーズの評価手続に関する最良の実務ガイドラインに従っていなかった。リサーチを行った研究者は、プロベイション・オフィサー、裁判官、弁護人、および検察官を調査し、彼らに、様々の質問を行った。この質問は、少年司法制度の運用に関する一般的および具体的争点に関する彼らの見通しはもちろんのこと、それぞれの州での現在の実務の状況、および構造的意思決定（SDM）を行うためのツール（tools）に関する彼らの見解に関するものであった。裁判所および州のレベルの両者の大部分のオフィシャルは、構造的意思決定（SDM）ツールは良いものであるとの見解であり、このツールを利用することでケースの処理がより公正にそしてより効果的になりうると感じたにもかかわらず、裁判所の専門職員（プロベイション・オフィサーを含む）の半数しか、彼らの意思決定においてこのツールを一貫して使用していなかった。SDM（構造化された意思決定）ツールが利用された場合でも、様々の制約があり、これが、彼らがこのツールを日常の使用することに影響を与えた。この結果は、また、多くの裁判所の専門職員は SDM（構造化された意思決定）ツールの構成要素に高いレベルの価値を見いだしていないことを示すものであり、このツールが様々の意思決定の段階で具体的に役立つと考えていないことを示している。具体的に懸念されるのは、このリサーチが、若年者が裁判所に送致される時点およびソーシャル・サービス機関に送致される時点での関係機関の責任について、十分な注意を払っていないことである。Shook と Sarri が記したように（2007）、「証拠に基づく実務をソーシャル・ワークと関連分野に広げる場合には、個々のクライアントに接触する時点で、利用できる最良の証拠により提供される情報を踏まえた実務を行うことができるようにすべきである」（p. 1350）。そうであっても、ときどき、実務家は、彼らの主観的な判断または彼らのクライアントに関する自らの目標に評価を適合させるために、評価結果を変更するか評価結果に影響を与えようとすることがある（Gebo, Stracuzzi, and Hurst, 2006; Miller and Maloney, 2013）。

第7章　証拠に基づくプログラムの作成をサポートする八つの枢要な運用上のツール　163

American Probation and Parole Association（プロベイションおよびパロール・アメリカ協会）のメンバーに関する全国調査（Miller and Maloney, 2013）では、コミュニティの矯正実務家の中で、リスクおよびニーズに関する評価ツールに従っていない頻度、この評価ルールに従うパタンおよび従わないパタンにより、実務家のグループを区別できるのかどうか、およびこれらのパタンに関連する要因について調査した。この研究では、評価ツールの要請を順守して、クライアントに最後まで評価を実施しているか否か、リスクおよびニーズに関する原理と一貫性のある形で、意思決定をおこなっているかどうかにより、三つのはっきり異なる実務家グループがいることが識別された。調査対象となった実務家の約半数は、評価ツールの「内容」に従っていると特徴づけることができた。すなわち、彼らは評価ツールを注意深く正直に実施しその大部分を完了し、評価ツールの推奨する線に沿って意思決定をしていると特徴づけることができた場合である。そうではあっても、このグループは、犯行者に関して、より限定的なオプションを求める傾向があるか、または、そのツールで重要だとして強調されていないニーズをターゲットとする傾向があった。「官僚的に」評価ツールに従う者——これはツールを使用している実務家の中ではかなり少数である——は、一般に、このツールを、ツールの要求するとおりに完了しているが、そのツールの結果に基づいて意思決定をする蓋然性が一般的に低い。最後に、「冷笑的（シニカル）に」従う小さなグループが識別された（ツールを使用している実務家の約8分の1である）。このグループのメンバーは、評価の結果を彼らの「冷笑的（シニカルな）」判断に従って操作し、評価のための確立された手続を壊し、しばしば、彼らの意思決定において、ツールを利用して得られた結果を無視した。

リスク評価

　少年司法制度においてリスク評価をする主たる目的は、他の犯罪を犯すリスクを評価することにある。単純に言えば、リスク要因とは、犯行を犯す蓋然性

164

に関連する変数である。早期に非行に関与し、非行がしつこく続いていること
は、将来の非行の最良の予測要因である。したがって、保険統計的リスク評価
ツールは、もはやこの後の事態により影響を受けない「静的要因」にまずもっ
て依拠しなければならない。例えば、最初に逮捕または有罪の言い渡しを受け
た年齢、以前に逮捕、有罪認定、または収監された数、家出歴などがその静的
要因である。しかし、統制が可能な「動的な要因」も含めなければならない。
例えば、現在の同輩、薬物の利用または家族関係などがこの動的な要因であ
る。リスク評価ツールを作るに際しては、「個々の検討対象となるケースでの
リスク要因の存在または不存在に応じて、また、あるグループに属する者にみ
られる一般的なリスクのパタンにおけるリスク要因の重要さに応じて、」「各リ
スク要因に具体的重さが与えられることになる」（Zara and Farrington, 2013,
p. 235）。犯罪学の領域で開発されたかかるツールでは、静的予測要因と動的
予測要因とが統合される。動的な次元に属するものには心理的性質を有するも
のもある（例えば、犯罪を犯そうと思考することにみられる誤り）、これはま
た「犯罪を生み出すニーズ」とも呼ばれる。これらが犯罪行動と機能的に関係
している。もっと広くいえば、「ニーズとは、犯罪を予防する点で、日常的機
能が、どの程度変更されているのか、または保護要因がどの程度減少している
のか、という指標である。予測を高める一つの方法が、リスク要因に焦点を当
て、保護要因を高めることにあるとするならば、予防に資する一つの方法は、
信頼性のあるリスク評価の過程に焦点を当てることであり、それは、（犯行者
に）その時々に影響を与えている出来事の流れの中でリスクとニーズをみてリ
スク評価をするという過程である」（Zara and Farrington, 2013, p.236）。

Box 7.1

リスクとニードの評価ツールの世代

　　第一世代のリスク評価は、厳格な臨床的判断であり、構造化されていな
い専門家による意見であった。リスクのレベルが個々の作業者により割り

第7章　証拠に基づくプログラムの作成をサポートする八つの枢要な運用上のツール　165

当てられ、保険統計的ツールにより助け（以下で定義する）を借りていなかった。

　第二世代のツールは保険統計の原理に由来するものだが、リスクの評価に、静的な犯罪歴の要因に強く依拠している。これらのツールは特定の法域のローカル・データを使って開発させられてきたのが典型的な場合である。動的な要因（行動に影響を与える変化するリスク要因）がすぐに導入されたが、これらのツールの利用は、数多くの要因についてではなく、数少ない要因にその使用が限定された。

　第三世代のツールは、臨床的方法と保険統計的方法の両者を用い、静的要因と、「動的リスク」または「犯罪を生み出すニーズ」の要因を体系的に測定し、動的リスクの測定は、より多くのサンプルを採取する方法によった。この第三世代のツールには、第二世代のツールよりも、理論的に、より十分な情報に基づくものとなる傾向がある。

　第四世代のツールは、リスク評価とニードの評価を結びつけ、サービスのプランの策定とその実施を促進する。このツールは、また、重要な「応答性を有する特徴」（処遇に応答してそれに応える性質）を識別し、それによって、犯行者と犯行者への介入のマッチングを促進することも試みている。

　　定義：「保険統計的評価」は、予測の業務を行う者が関心を寄せる、行動の結果を観察するところから発展してきた。経験的なリサーチ手続が、統計学的にみて行動の結果と強い関係を持つ一組のリスク要因を識別するのに使われた。これらの手法が次に重きを置かれるようになり、結合されて、評価ツールとなり、このツールにより、家族または個人が示す行動に示されたリスクに従って、家族または個人につい

て、最適分類が行われることになった（Shlonsky and Wagner, 2005, p. 410）。

Sources（出典）: Andrews, Bonta and Wormith, 2006; Baird et al., 2013; Shlonsky and Wagner, 2005

リスク評価と分類は、少年犯行者に体系的に対応し、公衆の保護と少年犯行者の犯罪行為を減少させるという二つの目標を達成するためのシステムを構築するための礎石の一つである。この二つの両方の目的の達成は、SVC の犯行者（重大犯罪を犯し、粗暴犯を犯し、かつ慢性的に犯罪を犯す犯行者）がより綿密な監視とより集中的な処遇の対象として選ばれれば、より現実的なものとなる。「有効で、信頼性があり、衡平なリスクの評価は、それが健全な臨床的判断と適切なサービスの効果的な実施と一緒に使われる場合には、処遇と更生の必須の部分となり得る（Baird et al., 2013, p. 1）。犯行者の中には、相当量のサービスによる介入と監督を必要とする者もいれば（リスクの高い者）、中程度の重大な犯行を犯す犯行者の広いグループもおり（中程度のリスクの者であり、この者には標準的な監督が適切である）、また、非行をしつこく続ける蓋然性がない者もいる（リスクの低い者。この者にはディヴァージョン、または、短期の監督と最小限度のサービスだけが必要である）。RAIs（risk assessment instruments（リスク評価ツール））の有効性を支持するリサーチは近年劇的に増えてきている（Baird, 2009; Hoge and Andrews, 2010; Hoge, Vincent, and Guy, 2012; Olver, Stockdale, and Wormith, 2009; Schwalbe, 2007）。予測リサーチに関する文献をレヴューした者には、この評価ツールの有効性を全面的に支持する者または大部分支持する者がいるが、それらの評価ツールを母集団に適用した時点のリサーチではない。一般的にいって、リスク評価ツールの正しい使用は、現時点では具体的に進んでない（Baird. cl, 2009; Baird et al., 2013; Gottfredson and Moriarty, 2006）。二つの重要な争点が現在リスク評価の試みを混乱させている。つまり臨床評価対保険統計上の予測の争点と、静

第 7 章　証拠に基づくプログラムの作成をサポートする八つの枢要な運用上のツール　167

的予測要因対動的予測要因の使用に関する争点である。これらの争点について
次に論じ、その後に、重要なリスク評価ツールの成績の基準を示す。

　最初の争点は、臨床判断の効用対保険統計的予測の効用に関するものであ
る。リスク評価には三つの基本的アプローチがある。つまり、スタッフの判
断、臨床的評価または心理学的評価、および（リサーチに基づく）保険統計的
なツールを使った評価である（Gottfredson and Moriarty, 2006; Wiebush,
2002）。意思決定の際の、公式の、構造化されたアプローチは決定的重要性を
持つと考えられている。なぜならば、主観的な、非公式の方法は、一貫性のな
い、しばしば不適切な決定に至り、しばしば、分類しすぎてしまうこと
（over-classification）（つまり、あまりに多くの偽陽性（false positives）が生
ずる）（Wiebush, 2002）。意思決定において一貫性が欠けると、類似した特徴
を持つ若年者を、非常に異なる方法で扱うことにもなり得るのであり、これは
司法の基本原理に反する。構造化されていない臨床的リスク評価を利用するこ
とから生ずる一貫性のなさに不満があり、それが、保険統計的リスク評価ツー
ルの発展を促すことになった（Slobogin, 2013）。

　臨床的予測は経験に由来するツールを使った評価よりも正確性がかなり劣る
ことが証明されてきている。臨床的判断と保険統計的アプローチによる判断を
比較すると、保険統計的方法は研究対象に関して、臨床的手続を用いた場合よ
りも、その成績が優れていた場合が 46 パーセントあり、臨床的判断と保険統
計的判断の成績が同じであった場合が 48 パーセント、他方、臨床判断が、予
測の点で、保険統計の手法を用いた予測よりも上回ったのはわずか 6 パーセン
トであった。（Grove et al., 1990; この研究の要約については、Grove and
Meehl, 1996 を見よ）。より最近の、67 の研究のレヴューでは、臨床判断によ
る予測対統計的予測の全体的効果は、様々の結果を予測する点において、統計
的方法の方が幾分より正確性が高いことが示されている（Ægisdóttir, White,
Spengler et al., 2006）. 統計的手法が、臨床的判断よりも明らかに勝っている
領域の一つは暴力の予測である。クライアントが粗暴犯を犯すとの 1,000 件の
予測について、統計的予測方法を用いた予測では、臨床的方法を用いた場合よ

りも、90 人以上、粗暴犯を行うクライアントを正確に識別することが期待できた。「粗暴犯の被害者はこの効果を小さなものとは考えていない」(p. 368)。

　第二の混乱をもたらす争点は、リスク評価ツールにおける、静的リスク要因対動的リスク要因の使用に関するものである。より早期の非行への関与は将来の非行の最良の予測因子であるため、保険統計的なリスク評価ツールでは、静的要因（つまり、最初の逮捕または有罪認定時の年齢、以前の、逮捕、有罪認定または収監された数、家出の数など）を「動的要因」とともに含めなければならない。少年裁判所のファイルでは、後者は、「社会歴」の要因とされ、これがしつこく非行を犯す危険を増加させる。とりわけ、薬物の使用、学校での成績が貧弱であること、親による虐待または放置、家族の諍い、非行を犯す同輩との繋がりなどの要因が、しつこく非行を犯す危険を増やす要因である。静的要因と動的要因を一緒にしたものが最も信頼できる、現状での予測を示すことになる。14 の保険統計的なリスク評価のツールの妥当性検証では、「静的」要因と社会歴を組み合わせたものが、再犯の予測について全体で最も正確な予測を示し、犯行者をリスク・レベルに従って良く分けることができた (Wiebush, 2002)。

　静的な要因を予測ツールに含めることが重要なのには、他の理由もある。最も動的なリスク要因の影響は少年の年齢が加わるに連れて「減少する」。(Loeber, Slott, and Stouthamer-Loeber, 2008; Tanner-Smith et al., 2013a)。これは、ニーズの原理に従って再犯が減少するチャンスは、大部分、児童期と思春期初期に限定されていることを意味する。Washington State Juvenile Court Assessment（WSJCA）（ウォーシントン州少年裁判所評価ツール）を使って行われた、再犯の予測要因を識別する、ウォーシントン州全体にわたる研究では、リサーチを行った研究者は、「ほぼ全てのドメイン（各段階領域）にみられる再犯に関するほぼ全ての動的リスク要因の影響は、「年齢が加わるとともに」弱まり、思春期の全期間にわたり、その動的要因の重要性は 40 パーセント減少し、12 歳から 13 歳の間に 25 パーセント減少すると認定した (Van der Put, Dekovic, Stams et al., 2012, pp. 312, 314)。

第 7 章　証拠に基づくプログラムの作成をサポートする八つの枢要な運用上のツール　169

　1 個のツールの予測に関する全体的正確性に重きを置きすぎるのは誤りであり、少年司法制度の目的からするとこれはほとんど実務的価値がない。少年司法制度で用いるための決定的重要性を持つ特質は、ツールを使って、より高い再犯率とより低い再犯率の若年者の間で、どの程度区別することができるかである」（Baird et al., 2013, p. 21）。諸研究では、リスク評価ツールがより高い妥当性を有するのは、日々の実務で適用される対象となる母集団から再犯に関するデータが得られた場合であることを示している（Austin, 2006; Baird, 2009; Baird et al., 2013; Weibush, 2002）。リスク評価ツールは、少年司法制度が、限られたリソースを、ターゲットを絞り、より効果的に使って、求める結果を達成することができるように、司法制度を助けるべきである。

　2010 年から 2012 年にかけて、リスク評価ツールに関して、複数の州の比較研究が行われた。その目的は、少年司法制度の実務で、広く使われているリスク評価ツールがどれほどその成果をあげているのかを評価し、最も適切なツールの選択に関して助言を与えることにあった（Baird et al., 2013）。この研究では、数州の少年司法制度で現在使われている九つの少年のリスク評価ツールに従うことの、妥当性、衡平性、およびそのコストを検討した。使われていたツールは、次のとおりである。

・少年サンクション・センター・リスク評価ツール
・女子の、他者との繋がりのリスクの評価ツール
・良い方向への変化の達成度の評価ツール
・若年者の評価およびスクリーニング・ツール（選別）
・サービスを受ける若年者のレベルおよびケース管理の目録
・包括的リスクおよびニーズの評価（CRN.これは COMPAS Youth から派生したものである。）
・アリゾナ州の裁判所の行政部門のリスク評価ツール
・アリゾナ州少年矯正局の動的リスク評価ツールおよび
・オレゴン州の少年犯罪予防のための評価

170

Box 7.2

リスク評価ツールの成績の基準に関する初歩的諸原理（プライマー）

　少年司法制度のオフィシャルは、リスク評価ツールを評価する際に、四つのパフォーマンスの基準を考慮すべきである。つまり、妥当性、衡平性、信頼性および費用である。一般に、「妥当性」とは、あるツールが、そのツールにより測定しようとするものをどの程度測定できるかを意味する。少年司法制度との関連では、この測定しようとする結果は再犯である。妥当性に関する統計的指標にはいくつかあるが（Baird et al., 2013）、少年司法制度の運営にとり最も重要な指標は、「様々のリスクの分類をする際に、異なるグループ間にみられる再犯の結果に区別をつけて、レベルが設定され、犯行者が意味のある規模のリスク分類にグループ化されているか否かである」（p.19）。したがって、RAI（リスク評価ツール）において、リスクが低い場合、リスクが中程度の場合、およびリスクが高い場合——これは、また、このそれぞれのリスクに連動して変化する再犯率の予測を示すものでもある——を、合理性があるといえる程度に十分にグループ分けし（パーセンテージでグループに分類し）ていることが証明されれば、その RAI は有効性がある。「RAI では、その分類の組合わせ（または各分類に関する再犯率の差）が示され、かつ連続するリスク全体を通してどこに事件が位置しているのかが示されるので、このツールを実務で利用してリスクを評価するという目標を達成する場合の重要な尺度を提供している（p. 19）。要するに、保険統計的なリスク評価は、a）最も重要なリスク諸要因を識別することができ、b）各要因に適切な重さを割り当てることができ、そして、c）どのようなタイプの施設に収容するかについて分類するために、入り口での効果的な決定を行い、その後の非行の蓋然性が明確に異なるいくつかのグループに分けることができる。

　保険統計的なリスク評価ツールの成績の妥当性について、政治的背景も含めた実施場所の状況で、定期的に、包括的な評価を行うことが重要であ

ることは、強調しすぎることはない。明らかに、リサーチはリスク評価ツールを支持している。リスク評価ツールは、当局がこの評価ツールを使えば、将来の犯行の蓋然性が比較的高い少年のグループを彼らのキャリアの早期に識別し、より効果的な集中的介入を彼らに対して行うことができるからである。異なる介入プログラムは、異なるリスク要因に対処し得るので、このリサーチは、犯行者とプログラムのマッチングについてある基礎を提供し、結果を改善することに資する。例外なく、リスク評価ツールの妥当性を評価する際には、そのツールが適用される母集団に関してその妥当性を検討することが不可欠である（Baird et al., 2013; Dedel-Johnson and Hardyman, 2004）。また、これらの評価ツールが、人種・民族、性、および年齢の諸グループを通して、再犯の蓋然性を正確に推測することが重要である。このことが、リスクを評価するツールが「衡平である（equitable）」ことを証明するものである。

「信頼性」はオフィサーとケース・ワーカーが違っても、それらの評価の間に一貫性があることを測定する。この一貫性が衡平さに決定的な重要性を持つ。ケースに関し同じ情報を提供された場合には、リスクを同じように評価するのが理想である。信頼性のあるリスク評価ツールは、ワーカーによる評価の一貫性を高める助けとなることができる。それは判断の明確な入り口の要件を示すからであり、これに照らして、証拠を測定することができるからである（評価者間信頼性とも呼ばれる）。評価者間信頼性が確保されているかどうかに関し決定的意味を持つテストは、同じサブグループまたはクラスに属する犯行者に関するスタッフの分類に一貫性があるかどうかである。この要件が容認できるレベルで達成されていない場合には、そのツールは高い妥当性を達成できないことになる。信頼性の低さは、しばしば起こる。その原因は、そのスタッフが十分なトレーニングを受けておらず、評価の質に関するコントロールのためのモニタリングを受けていないか、または、評価ツールの調査項目があまりに多く、かつ・ま

たは、そのために、高レベルの主観的判断がなされているかまたはこの評価をするのに必要な情報が利用できないのが典型であるところにある。評価者間信頼性が高いことが、評価を受ける少年に関して、一貫性があり、衡平な判断がなされるための基本的要件である。評価者間信頼性が低いと評価ツールの妥当性は低くなり、日常の実務でのそのツールの有用性は減ずることになる。スタッフによる評価ツールの実施の妥当性を評価するには、訓練を受け、モニタリングを受け、期待される基準に従って実務を行うことができることについて認証を受けなければならない。最後に、このリスク評価は、スタッフ・リソースの配置または費用の支出のいずれに関しても、費用が高いものであってはならない。評価手続の中には、完了するのに2，3時間を要するものがあり、これはその効用を大いに減ずるとともに、その信頼性を損なう虞れがある（Baird et al., 2013）。

　不幸なことに、現在多くの州で使われているリスク評価ツールは、犯行者を再犯のリスクのレベルによって適切に分類しておらず、したがって、少年司法制度の基本的機能を遂行するうえでその効用は限定されたものとなっている。証拠に基づくプログラムとサービスから最も対費用効果の高い最大の利益を得るためには、リスク評価ツールを使用して、リスクの低い若年者、中程度の若年者、およびリスクの高い若年者を正確に分類し、リスクの高い犯行者を主なターゲットとして適切な監督とプログラムを実施することができるようにすることが不可欠である。要するに、ベスト・プラクティス（最良の実務）を行うための、決定的重要性を有する原理は次のものである。

・シンプルさを維持すること。調査項目の少ないツールが最も容易に実施できるものであり、評価者間信頼性がより高い。
・犯行者を、そのリスク・レベルに、正確に、信頼性のある方法で、衡平に、分類することができる、保険統計的なツールを用いること。
・静的および動的な要因を含めること。この両者をともに用いること

第 7 章　証拠に基づくプログラムの作成をサポートする八つの枢要な運用上のツール　173

で、再犯予測が最良のものとなる。

・新たな犯行が行われた場合には、リスク評価ツールによる評価を再度
　実施して、リスク評価を現時点のものにすること。

・スタッフに広範な訓練を提供し、彼らの行う評価過程とツールの使用
　についてモニターすること。

・評価ツールの妥当性を定期的に（数年ごとに）再評価すること。

　おそらく最も重要なことは、再犯の予測との関連で妥当でない要因を含
めてしまうと、それが相当量の「ノイズ」となって、正当なリスク要因と
再犯との関係を薄めてしまうことである。大抵の場合には、分析者は、調
査項目の多いツールの中で、識別する要因をかなり抑えた要因のセットを
識別し、その限定された要因のセットを使って、規模などの点で実施が難
しくまた信頼性の欠けるツールの妥当性を増すことができるようにするこ
とができる。

　この非常に重要な研究において──この研究は少年犯行者のリスクに関する
唯一の比較研究である──、テストされる評価ツールが用いられた州またはカ
ウンティから得られた比較可能なデータは、この評価の有効性と信頼性をテス
トするのに使われた[2]。キャリフォーニア州のソラノ（Solano）カウンティ
（サンフランシスコの湾岸にある人口密集地域）で The JSC Risk Assessment
Instrument（少年サンクション・センター（Juvenile sanction Center）リスク
評価ツール）が用いられた。ここで用いられたリスク評価ツールは、九つの少
年裁判所で現在用いられているリスク評価ツールの中で最も有効であることが
証明された。「この評価は、最も高度で絶対的な区別を生み出し、若年者のリ
スクが高度の場合、中程度の場合、および低い場合を区別した」（p. 86）。

　この JSC リスク評価ツールは、アメリカ合衆国の全ての地域で行われた諸
研究の 14 の妥当性研究を総合したところから生まれた、異なるパーツからな

るツールである（Wiebush, 2002）[3]。この評価ツールは、10 の部分から構成されている。

1. 最初に少年裁判所に送致された年齢
2. インテイクのために送致された回数
3. 粗暴犯を理由に送致された回数
4. 以前に自宅外での居住を義務づけられた回数
5. 学校での規律違反を理由、懲戒の対象となったか否か・学校への出席での問題の有無
6. 薬物濫用
7. 同輩の関係
8. 以前の虐待または放置
9. 親の監督
10. 親の犯罪・兄弟の犯罪

このモデル・ツールの最初の 4 項目は静的な要素であり、再犯の予測をするうえで信頼性がある。それ以降の 6 項目は動的なリスク要因であり、このリスク要因は、学校（学校で規律の対象となったか否か・学校への出席での問題の有無）、個人（薬物濫用）、同輩（非行関係）および家族（児童虐待または放置、監督、および親・里親の犯罪）のドメイン（各領域段階）にわたる。

JSC ツールの成績が優れている理由については、リサーチに支えられた二つの説明がある。第一に、JSC ツールは、少年の非行を予測する研究で、重要な発達段階のドメイン（各領域段階）における重要な欠かせない要因を含んでいる。「予測研究から得られたデータは、各ドメイン（各領域段階）（個人、家族、同輩、学校および近隣）にあるリスク要因が、個人の中にはいじめのような軽微な問題行動から有形力を行使した喧嘩と暴力に進む者がいるが、そのようにならない者もいるという理由の説明に寄与していると明示している（Loeber, Slott, and Stouthamer-Loeber, 2008, p. 140）。第二に、JSC ツールは、

第7章　証拠に基づくプログラムの作成をサポートする八つの枢要な運用上のツール　175

他で少年の再犯の予測のために使われ、その妥当性が検証された14の保険統計的ツールを合成したものであることである。これらの14の法域はそれぞれ類似のツールを使っており、このツールの妥当性はそこでの諸ケースで検証されている。JSCのリスク評価ツールで含まれる項目は、(1) 全部のまたはほとんど全部のツールに登場する項目であり、または、(2) ツールの多数で発見できる項目であり、再犯に関し特に強い関係があると認定された項目である。静的および動的（社会歴）の項目を合わせたものと事実上同じものが、この十分に妥当性が検証されたツールの、各項目で使われている。予測を一貫性をもって最もよく行える諸項目は、Juvenile Sanctions Center (JSC) Risk Assessment Instrument（少年サンクション・センター・リスク評価ツール）モデルを含んでおり、このモデルは、the National Council of Juvenile and Family Court Judges (NCJFCJ), an OJJDP-supported initiative OJJDP（アメリカ合衆国司法省少年司法および非行予防局によるサポートを受けた、少年裁判所および家庭裁判所裁判官全国協議会のイニシャティヴ）により広められたものである（Wiebush, 2002）。

　NCCDのリサーチ・ティームは、このJSCリスク評価ツールに、より広く効用が認められるかを検討するために、JSC評価ツールを、フロリダ州とジョージア州のより大きな二つのサイトでシミュレーションを行い、この評価ツールは、現在実際に用いられているリスク評価ツールよりもその実施効果が高いと認定した（Baird et al., 2013）。The Girls Link instrument（女子のリンク評価ツール）は、男子の場合のリンク評価ツールに相当する結果を生み出していない。再犯リスクを、その程度に応じて分けることがどの程度行えたかを、結果に照らして判断してみると、相当程度その分離をなしえているとはいえるが、男子の場合よりもその分離達成度はより低い。この女子のリンク評価ツールに若干の改善をして試したところ、リスク・レベルの区別づけと、全リスク・レベルを通してどのリスク・レベルに位置づけするのかの位置づけの双方に改善がみられた。

　複数の研究対象サイト全部で、予測の成績が悪かった評価ツールは、開発に

関して、標準的な保険統計的方法を用いていなかった。かえって、これらの標準を下回るツールは、他で行われたリサーチ研究の文献レヴューで識別されたリスク要因を含むのが通常であり、場合によっては犯罪行為に関する理論に基づくリスク要因を含んでいた。

　現在、多くの州で利用されているツールであると容易に求められる二つのツールは、NCCD の調査研究には含まれていない。この二つの研究が開始された時点では、比較できる研究に関する適切なデータベースがなかった。そのため、この二つの研究は NCCD の調査には含まれなかった。この二つの研究とは、the Ohio Youth Assessment System（OYAS）（オハイオ若年者評価システム）、と、the Washington State Juvenile Court Assessment Instrument（WSJCA）（ウォーシントン州少年裁判所評価ツール）である。これは、ウォーシントン州で 1990 年代に、the Washington State Institute of Public Policy（ウォーシントン州公共政策研究所）により開発されたリスク評価ツールであり、2004 年にその妥当性が検証された。ここでは 27 の項目を使ったプレ・スクリーン（事前選別）リスク評価（完全なリスク評価を行う前の短縮ヴァージョンのリスク評価）が用いられており、この評価は、再犯の予測に関して、中程度の犯行予測能力がある（Barnoski, 2004a）。

　もう一つの保険統計を使ったリスク評価ツールは、NCCD の研究には含まれていないが、この研究は、予測に関して素晴らしい妥当性を証明している。The NCJFCJ JSC Risk Assessment Instrument（少年裁判所および家庭裁判所裁判官全国協議会による、リスク評価ツール）に厳密に従って創られた、*the North Carolina Assessment of Risk*（NCAR）ノースキャロライナ州リスク評価は、静的リスク項目と動的リスク項目の両方のリスク項目からなっている。NCAR は 14 の妥当性が検証されたツールの一つであり、これに基づいて JSCRAI（Juvenile Sanctions Center（JSC）Risk Assessment Instrument（少年サンクション・センター・リスク評価ツール））が構築されている。NCAR はちょうど 9 項目からなり、JSC Risk Assessment Instrument（少年サンクション・センター・リスク評価ツール）と同じ方法で、これを全て合計してリス

第7章　証拠に基づくプログラムの作成をサポートする八つの枢要な運用上のツール　177

ク点数の総合点をはじき出すことになる。全体としてみると、NCAR は四つの独立した妥当性検証において、その予測の妥当性をテストしたところ、高い妥当性があるとされ、また、評価者間信頼性が高いことも証明されている（Fraser, Day, and Schwalbe, 2002; Schwalbe, Fraser, and Day, 2007; Schwalbe, Fraser, Day, and Arnold, 2004; Schwalbe, Fraser, Day, and Cooley, 2006）。GSC のリスク評価ツールと同様、このツールの簡潔さが、訓練をほとんど受けていないスタッフからなる少年司法制度の人員により、簡単に完了できる優位性を提供している。

　通常使われている調査項目の多いツールのいくつかも、また、リスクの減少を助けると推定される広範な保護要因を強調しようとするが、このアプローチは再犯リスクの予測を混乱させる場合がある。再犯に関して妥当性が検証されていない要因を含めると「ノイズ」がかなり入ることになり、正当なリスク要因との関係を薄めてしまう（Baird, 2009; Baird et al., 2013）。ツールを改善することに通ずる他の勧告も、次の点を指摘して、この点に言及している（Miller and Maloney, 2013, p.732）。

・諸機関はリスクとニーズの評価ツールを求める場合には、その機関の管理者と、そのツールを日常的に使うことを求められる第一線のスタッフの両者に信頼性があることを保証できるツールを求めるべきである。

・訓練カリキュラムは詳細であるべきである。そのツールを使用する際に技術仕様の側面を超える場合には、そのようにすることが正当であることを示す理由がなければならず、そのツールをその地域で利用する際は、これらの原理に従っていなければならない。

・モニタリングは、ツールが完全に利用されているか否か、ツールを利用した工程完了の質、意思決定がツールの予定するところに忠実に従っているいるか否か、そして、ケースに関するプランが、ツールの利用から得られた結果に基づいているか否かに焦点を当てるべきである。

Box 7.3

経験から生み出されたリスク評価ツールの例

　キャリフォーニア州のオレンジ・カウンティの、8%　Early Intervention Program（8パーセント早期介入プログラム）は6,000人以上の、以前に裁判所に送致された者を分析したところに基づいている。この分析から、保険統計的なリスク評価が行われ、このプログラムに付される者が選び出されることとなった。この分析は、裁判所に送致された者を三つのグループに区別した。つまり、リスクの高いSVC（重大犯罪を犯し、粗暴犯を犯し、かつ慢性的に犯罪を犯す犯行者）のグループ（8パーセント）、中程度のリスクのグループ（22パーセント）、そしてリスクの低いグループ（70パーセント）がそれである（Schumaker and Kurz, 2000）。そこで用いられた基準は、次の、犯行歴と社会歴であり、これらが再犯を予測する最良の因子であった。家族の機能不全が慢性化していること（虐待、放置、犯行を行う家族のメンバーがいること、親の監督とコントロールが欠けていること）、学校での重大な問題があること（ずる休み、複数のコースでの失敗、および・または停学または退学処分に付されていること）、個人の問題のパタンがあること（薬物および・またはアルコールの使用）、および非行前の行動パタンがあること（若年者のギャングへの関与、慢性的家出、および・または盗み）、が再犯予測に用いられた因子であった。初めて裁判所に送致された若年者で四つのリスクを抱えたドメイン（各段階領域）のうち、三つでスコアが高かった者は、SVCの犯行者（重大犯罪を犯し、粗暴犯を犯し、かつ慢性的に犯罪を犯す者）（つまり、後に8パーセントのグループに現れる者）になる見込みは極めて高かった。

ニーズの評価ツール

NAIs（needs assessments instruments）（処遇上のニーズの評価ツール）の利用は、RAIs（リスク評価ツール）よりもその歴史は短い。ニーズの評価が最初に流行したのは、専ら臨床上の評価に依拠（したニーズの評価）に不満足だったためである。したがって、ニーズの評価の利用に関する実務上の最良の基準は十分に形式化されているとはいえない状態であった。広く推奨されていた多くの調査項目からなるツールでの、処遇上のニーズを識別しようとした多くの項目は、犯行者の再犯に寄与したと考えられる犯行者の生活の主要部分に切り込んではいなかった。特に，家族のトラブル、学校での問題、逸脱行動をする同輩のグループ、そして個人的問題（例えば、薬物の使用）などを取り上げていなかったのである。これらの問題を正しく評価しなければ、少年裁判所と矯正機関は、再犯を減少させるのに必要な、犯行者の処遇上の必要とサービスをマッチさせる備えがないということになる。

この過程は、プレ・スクリーン（本評価前の事前（事前選別）評価）から始まる。このプレ・スクリーンは、裁判所のインテイク・ワーカーまたは裁判所カウンセラー・プロベイションオフィサーによりこのプレ・スクリーン（事前選別）が行われた後に、児童およびその親との簡単なインタヴューが行われることになる。情報は、児童福祉の記録、親および精神衛生サービスの報告書、および学校の記録などの付随的ソースからも寄せられる。この目的のために最も推奨度の高いツールは、the "Model Youth and Family Assessment of Needs and Strengths"（若年者と家族のニーズと強さの評価モデル）であり、NCJFCJ により採用された（Wiebush 2002）。このツールは、「ニーズに関する構造化された評価」を行うものであり、犯行者の問題の全体像を、家族の治療のニーズ（および犯行者とその家族の社会的な強さ）とともに、ケース管理者、プログラム・スタッフ、およびサービスの提供者に、単純で、使いやすい形で提供するものである。この NAI ツール・モデル（処遇上のニーズの評価

モデル）も、犯行者を、再犯リスクの低い者、中程度の者、高い者に分ける。このように分けることが、サービスの優先度を決め、サービスをその犯行者とマッチさせる点で役立つ。処遇上のニーズを定期的に再評価することも、ケース管理者がクライアントをモニターする過程を助け、個々の処遇プランで、調整が必要となるかもしれない時点を示すことができる。最後に、ニーズの評価から得られた情報の全部が、機関によるプランと評価のためのデータベースを提供することとなり、特に、コミュニティ内に、クライアントの現時点での処遇上のニーズを充たす十分なリソースがあるかどうかを判断するためのデータベースとなる。

　次に示すのは、処遇上のニーズを評価する主たる目的である（Wiebush, 2002)。

・ケース管理者、プログラム・スタッフ、およびサービスの提供者に、個人の問題の全体像を簡単で使いやすい形で提供すること。
・各犯行者の優先度の高い処遇上のニーズについての簡単なプロファイルを提供すること。
・全てのスタッフが一貫性をもって全若年者の処遇上の問題を検討することを確実にすること。
・ニーズに関する評価の要約を作成し、その要約で情報が蓄積されていく形のフォーマットで情報をまとめ、それを優先度の設定に利用できるようにすること（必要とされるサービスのギャップ（への対処））。
・処遇上の必要が高いケースに多くの時間を割くようにすること。
・定期的再評価が、ケース管理者がクライアントの進捗状況をモニターするのを助けることになる（プロベイションに付されているクライアントについては、少なくとも毎月、拘禁施設に収容されている若年者については、より高い頻度で定期的再評価を行うべきである）。
・少年犯行者に関して、決定的重要性を持つ処遇上のニーズを、ピンポイントで特定すること。このニーズは次の社会的発達上のドメイン（各領域段

第 7 章　証拠に基づくプログラムの作成をサポートする八つの枢要な運用上のツール　181

階）に存在する。

- 家族（親の監督が不十分であり、かつ、家族に諍いがある）
- 学校（出席、成績、監督、放校（強制退学）、脱落）
- 同輩（同輩者の非行およびギャングへの関与）
- 個人（薬物濫用、精神衛生）

　サービスと犯行者のニーズのマッチングを促進するためには、NAIs（ニーズに関する評価ツール）が審判を受けた少年犯行者の、リサーチに基礎を置く、発達上のニーズをターゲットにしていることが重要である。州全体にわたる処遇上のニーズに関する二つの研究ではわかりやすい要約を編纂している。2008 年に審判された 9,000 人近い若年者に関するノースキャロライナ州の分析では、以下の、優先度が高くかつ重複して存在する処遇上のニーズが識別された。重大な学校の問題（脱落、放校（強制退学）、長期の停学）、薬物濫用、良くない同輩との関わり、および親が自分の子供を監督したくないかできないこと、である(Lassiter, Clarkson, and Howell, 2009)。ノースキャロライナ州は、the Model Youth and Family Assessment of Needs and Strength）instrument（若年者と家族のニーズと強さの評価モデル・ツール）を使用している。このツールは、the NCJFCJ Juvenile Sanctions Center が支持するものである(Wiebush, 2002)。このツールの重要な特徴は、その指標にギャングへの関与を含めている点である。図 7.1 は、重要性の高い処遇上にニーズがいかに重複しているかを図示しており、複数の処遇サービスとサポートのマッチングが必要であることを示している [4]。

　同様のテキサス州での研究（Kelly, Macy, and Mears, 2005）では、テキサス州の七つのカウンティ・プロベイション部局に送致された少年 100,000 人以上の、ニーズに関する特徴を検査した。ニーズが高いと評価されたニーズと、中程度であると評価されたニーズの双方を合わせると、識別された最も共通するニーズは、親の監督に関する問題（47 パーセント）、学校への出席・入学の問題（43 パーセント）、家族関係（23 パーセント）、および薬物濫用（31 パーセ

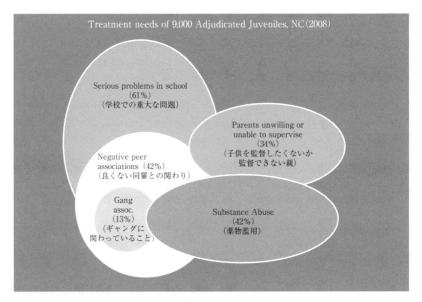

Figure 7.1 Overlapping Treatment Needs
図 7.1 処遇上のニーズの重複

Reference（参照）: Lassiter, W., Clarkson, S., and Howell, M. Q.(2009). *North Carolina Department of Juvenile Justice and Delinquency Prevention Annual Report, 2008*. Raleigh, NC: North Carolina Department of Juvenile Justice and Delinquency Prevention.

ント）であった。総合すると、これらの二つの大規模研究は、最も共通する処遇上のニーズを示しており、切れ目なく連続するサービスにおいてそれらに優先順位をつけて対処することが重要であることを示唆している。

　驚くべきことに、リサーチは、多くの（複数の）処遇上のニーズに対処した場合、再犯率を低めることができる見込みがあることが証明できるという地点まではまだ進んではいない。もっとも、このことを示す、ある証拠は存在する（Vieira, Skilling, and Peterson-Badali, 2009）。「現在のリサーチは、若年者について臨床上識別されたニーズとのマッチングがより良く、より一貫性を持って行われることを確実にするために、努力する必要があることを示唆している。このようにマッチングを高めることで、再犯を減少させ、若年者の機能を改善することに通ずることは明らかである（p. 396）」。しかし、これは難しい課題

第7章　証拠に基づくプログラムの作成をサポートする八つの枢要な運用上のツール　183

である。なぜならば若年者の最も喫緊の処遇上のニーズについても対処がなされていないことがしばしばあるからである（Kelly, Macy, and Mears, 2005; Singh, Desmarais, Sellers et al., 2013）。犯行者とサービスのマッチングについては、以下で論じ、その後に、証拠に基づく実務の達成方法についての導入の議論を行い、システム全体にわたって犯行者を管理する一般的な枠組みを示すこととする。

　処遇上のニーズに関する予備的評価以上の何かをするように裁判所のスタッフに求める誘因に抵抗するよう努力がなされるべきである。この、予備的評価以上の評価を行おうとする努力は役立つものとはならない。というのは、インテイク・ワーカーまたはプロベイション・オフィサーは、（例えば精神衛生上の諸問題の）診断評価を行うように訓練されてはいないからである。裁判所のインテイク・ワーカーは、一般に言われる、「社会歴」を編纂（編集）するにあたり、親、教師、および若年者自身からのインタヴューと並んで、利用可能な情報を、——典型的には、警察、学校および裁判所記録から——入手して集めることしか訓練されていない。例えば、Schwalbe とその同僚は（2008）、サンプルとなった裁判所で、臨床上の行動の問題に関する質問を含めた、あるツールを実施した。裁判所のスタッフに期待することが正当とはいえない期待を課したために、歪められた認定結果が得られた。最も顕著なのは、この手続が、家族に関係する問題が、少年犯行者のニーズのトップにあるにもかかわらずそれを識別していなかったことである。だが、この点が、非行への関与に関する、中心的な意味を持つことは明らかであり、このことは、上記のようにノースカロライナ州およびテキサス州の研究で示されており、また、多くの他の州でのニーズに関する評価でも示されている（Wiebush, 2002）。

　リスク評価とニーズ評価をブレンドした二つのツールが広く使われている。アメリカ人のリサーチを行った研究者による、矯正のための処遇で「何をやっても効果がない（nothing works）」という認定（Martinson, 1974）に疑問を感じて、これを信じないカナダの犯罪学者（とアメリカ人である、シンシナティ大学の Francis Cullen）は、成人の矯正の領域でこの結論が正当とされるの

かどうかを確認する作業に着手し、成人の犯行者の領域で犯罪を減少させる効果が、事実、ある場合が存在することを発見した（Gendreau, 1981; Andrews, Bonta, and Hoge 1990; Andrews et al., 1990）。これらの学者は、評価結果が良かったプログラムと、犯罪を行おうとするオリエンテーション（姿勢）に関するリサーチに基づいて、矯正上の効果的な介入の原理を定式化しようとした。このイニシャティヴ（新しい考え方を示した最初の動き）は、リスク・ニード・応答性（risk-need-responsivity（RNR））モデルへの開発へと至った。このモデルは、よく知られたものであり、心理学的情報を十分に持って成人の矯正を行うアプローチであり、その研究文献にみられる次の三つの原理にその基礎を置いている（Andrews and Bonta, 2006, 2010a, 2010b）。

リスク原理：サービスのレベルを、その犯行者の再犯のリスクとマッチさせる。

ニード原理：犯罪を生み出すニーズについて理解し、処遇ではそれをターゲットにする。

応答性原理：更生を目的とする介入からその犯行者が学ぶ能力を最大にする。

より最近では、Andrews（2006, pp. 596-600）は、効果的な矯正目的の介入の原理を詳細に次のように述べている。

・構造化され、妥当性が検証された、リスクまたはニーズの評価ツールを用いること。

・リスクの低いケースを決して集中的サービスに割り振らないこと。

・集中的サービスは、リスクが中程度および高度のケースのために保持すること。

・常に、犯罪を生み出す重要なニーズが高い者をターゲットにすること。

・常に、認知行動（療法）を使用し、個人と個人の間の相互の影響から社会

第7章　証拠に基づくプログラムの作成をサポートする八つの枢要な運用上のツール　185

的学習をさせる戦略を用いること。
・管理者と監督者は、この相互作用の関係に注意し、スタッフがサービスを構造化されたスキルを用いて実施しているかに注意を払うこと。
・臨床上の監督は、その内容として、高度のレベルでのモデル化を現状に合わせて常に行い、（相互作用の）関係を強化し、スキルを構造化すること。
・政策の問題として、モニターし、それをフィードバックし、修正する行為を常時行うこと。

　Andrews とその同僚の先駆的で有益な作業にもかかわらず、アメリカ合衆国の刑事司法制度は、何年もの間、多くの少年司法制度で採用されてきたような証拠に基づく実務へと歩を進めなかった。20 世紀の大部分の間、州の量刑政策は、主として犯行者志向のものであり、これが後の数十年間に、新たな「正当な報い（just deserts）」の哲学で補強された（Tonry, 2009）。The National Center for State Courts（州裁判所全国センター）の前会長である Warren（2007）は、合衆国の刑事司法制度は、証拠に基づく実務を受け入れるべきであるとする明確な呼びかけを行った。6 年後、Taxman（2013a, 2013b）は、リスク、ニード、および応答性（RNR）シミュレーション・ツールを開発し、諸法域がこの RNR の枠組みを適用して、成人の犯行者に用いることを助けた。この理論的枠組みは Andrews と Bonta（2010a, 2010b）のリスク・ニード・応答性の原理（Risk-Need-Responsivity）に基づくものである。

・リスク原理：犯行者の再犯の蓋然性は異なりうる。このリスク計算を行うには、静的要因を含めなければならない。この要因は、時の変化により減少しないものであり、最初に逮捕された時の年齢、以前に逮捕された回数などである。
・ニード原理：「犯罪を犯すニーズは動的な要因であり、犯罪行動に加わるように駆り立てるものであり、変化するものである。監督、矯正および・または処遇に携わるスタッフは、これらの要因

を評価することができ、処遇とコントロールを通してそれらを
ターゲットにして減少させることができる。ニーズ（すなわ
ち、薬物依存および犯罪を行うライフスタイル）をターゲッ
トにすることが、個人が再犯を犯す全般的なリスクを減少さ
せる一つの方法である。」（p. 1）。

・応答性原理：この原理は、犯行者の能力と動機に向けた、これを改善する
ための適切な処遇プログラム（一般的には、認知行動（療
法）または社会的学習を行わせる介入）による介入と個人を
マッチングさせることを指している。

　オリジナルな RNR の枠組みに依ったモデルである、少年犯行者向けのアプ
リケーションが開発された。これが、the Ohio Youth Assessment System
（OYAS）（オハイオ若年者評価システム）である。これは、少年司法全体にわ
たるケース管理に携わる専門家に助力を与えることを企図したものであり、若
年者の再犯の蓋然性、彼らの犯罪を犯す原因であるニーズ、彼らがサービスを
受けるのを阻む障碍を基礎に、若年者に最も効果的な介入を行う手段を提供す
るとともに、制約の度合いが最も少ない方法を利用するというものであった
（Latessa, Lovins, and Ostrowski, 2009; Lovins and Latessa, 2013; Lowenkamp,
Makarios, and Latessa, 2010）。Latessa とその同僚は、少年裁判所制度の各段
階で若年者を評価するための五つのツールを設計した。最初の二つは、
OYAS-Diversion（OYAS に基づくディヴァージョン）と OYAS-Detention
（OYAS に基づく身柄拘束）である。これらは、審判の前に使われ、少年司法
の専門家が、介入を利用できるとすれば、どのタイプの介入がその若年者のリ
スクとニーズのレベルに対処するために適切かを決定するのを助けるものであ
る。次の三つは、OYAS-Disposition（OYAS に基づく身柄拘束）、
OYAS-Residential（OYAS に基づく居住型施設への収容）、それと
OYAS-Reentry（OYAS に基づく社会への再入）であり、審判後の若年者の
管理のために創られた。それぞれのツールは適切な段階でその段階にある若年

第 7 章　証拠に基づくプログラムの作成をサポートする八つの枢要な運用上のツール　187

者の犯罪を犯すニーズを評価し、適切な介入のための決定を助けてこれに指針を与えるために使われた。The Ohio Youth Assessment System-Disposition (OYAS-DIS) tool（オハイオ若年者評価システムによる処分）を行うツールの強い特徴は、それが保険統計的基礎に基づいている点である。このツールは七つのドメイン（各領域段階）全部を通して 32 の項目からなる。これは、オハイオ州の統計的再犯予測から生まれたものである（Lovins and Latessa, 2013）。

　RNR（リスク・ニード・応答性）ツールの主たる限界は、このツールが、再犯予測要因の分析から直接生み出された項目からなっていないことである。したがって、このツールの多くの要因は信頼性のある予測要因ではない場合がある。Austin（2006）が、ヴァーモント州における LSI-R の妥当性検証で、この測定尺度で用いられている 54 の項目のうち、成人の収監者に関する再犯を予測する要因となり得たのは、たった 11 の項目しかないと認定しているのは、このためである。この認定は、また、非常に重要な点を強調するものでもある。つまり、リスク評価ツールは、そのツールが適用される犯行者の母集団から得られたデータで妥当性を検証しなければならないということである。この理由は、本質的に同じリスク評価ツールを使っている複数の州にまたがる結果を比較すると、個々の項目の相対的な強さに何らかの差がみられるからであり、これは州に特有の事情による変化があることを示唆するものだからである（Wiebush, 2002; Wiebush, Baird, Krisberg, and Onek, 1995）。

　The *Washington State Juvenile Court Assessment*（WSJCA）（Barnoski 2004a, 2004b）（ウォーシントン州少年裁判所評価）は例外である。この素晴らしい二つの構成要素からなるツールは、保険統計的なリスク項目とニーズの評価を一つのツールに結合したものである。このツールは二段階で実施される。第一段階は保険統計的リスク評価と犯罪を生ぜしめるニーズに関するプレ・スクリーン（事前選別）評価をブレンドした評価を行う。この評価はプロベイションに付された全ての若年者について完全に行う。この 27 の項目からなるプレ・スクリーン（事前選別）は、ウォーシントン州での再犯予測要因か

ら発展した保険統計的ツールであるが（Barnoski, 2004a）、若年者を、再犯の
リスクが低い者、中程度の者、高い者に分類する完全な評価の短縮版である。
第二段階は、完全な評価の段階であり、プレ・スクリーン（事前選別）で中程
度のリスクがあると分類された若年者および高度のリスクがあると分類された
若年者についてのみこの完全評価を行うことが求められる。この完全評価は、
若年者のリスク要因と保護要因のプロファイルを識別し、処遇プランの開発に
指針を与える。WSJCA（ウォーシントン州少年裁判所評価）は、12以上の州
で採用された。採用した州には、例えば、ニューヨーク、イリノイ、フロリ
ダ、ユタ、ノースダコタ、等があり、サービスの提供者は、このツールはユー
ザーが使いやすいと認定している。

　WSJCA を若干変更したヴァージョンが、the *Positive Achievement Change
Tool*（PACT）（良い成果の方向への変化を達成するためのツール）であり、
フロリダ州の少年司法部（the Florida Department of Juvenile Justice）の the
Probation and Community Intervention program（プロベイションおよびコミ
ュニティ介入プログラム）で使われている（Baglivio, 2009; Olson, 2007）。
PACT は、少年犯行者のリスク、ニーズ、および保護要因を評価するために
設計されたものであり、WSJCA と同様、リスクの保険統計的評価と犯罪を犯
すニードについてプレ・スクリーン評価（事前選別評価）を行う。プレ・スクリ
ーン（事前選別）で 46 項目が、リスク・レベルを評価するのに使われ、完全
評価（126 項目）は、サービスのマッチングのために使われる。PACT により
決定された総合的な再犯レベルは、評価の対象となり、コミュニティ内にとど
まる若年者に関する再犯の予測の重要な指標であることが証明されてきてお
り、このテストにより（再犯）リスクが高いと評価された少年は再犯に至る蓋
然性が高い（Baglivio, 2009; Baglivio and Jackowski, 2013; Winokur-Early,
Hand, and Blankenship, 2012）。NCCD の比較研究では、プレ・スクリーニング
（事前選別）で使われる PACT の構成要素は、リスク・レベルによって結果を
ある程度分けることができているが、この点では、この研究で検証された、他
の、あるツールほど、良い結果を出せていない（Baird et al., 2013）。だが、

第 7 章　証拠に基づくプログラムの作成をサポートする八つの枢要な運用上のツール　189

PACT は、SVCs（重大な犯罪を犯し、粗暴犯を犯し、かつ犯罪を慢性的に犯す犯行者）を SVCs でない者から区別するうえで非常によく機能するのであり、また、SVC の犯行者に関する包括的処遇プランを立てる上で実務的有用性があることも証明されている（Baglivio et al., 2014）。

段階的評価過程

　処遇上のニードの評価は二段階の構造化されたものであるべきである。すぐにプレ・スクリーン（事前選別）を行い、それに続いて包括的処遇プランを樹てる目的で（次第にその深さを増す）段階的評価が続く。予備的なスクリーニング（preliminary screening）と臨床的な深層ニーズ評価を明確に区別することが重要である。このような二段階の評価が、少年司法制度とそれに関連する若年者サービス・システムの実務で行われている。例えば、精神衛生に関するスクリーニングの焦点は、若年者の「現在の」または「直近の」情緒的、心理的、および行動上の機能にある。第一のレベルでは、一般的または全般的評価——しばしばプレ・スクリーン（事前選別）と呼ばれる——が、機関に存在する記録と、短い構造化された犯行者のインタヴューから容易に利用できる情報を集めた後に行われる。この段階では、純粋に保険統計的なツールを用いるのが理想的であり、したがって、プレ・スクリーン（事前選別）評価、つまり、何らかの詳細な評価項目からなる（ある程度評価項目の多い）評価の短縮版が用いられることになる。かかる情報を用いて、「十分に予測を行うことができ、最初の結論と決定を引き出すことができる（Spanjaard, Van der Knaap, Van der Put, and and Stams, 2012, p. 129）。多くの形態をとる精神衛生異常に関する、強く推奨されるスクリーン・ツール（事前選別ツール）で、少年司法制度で広く使われてきているツールは、the Voice Diagnostic Interview Schedule for Children（DISC-IV）（児童に関する Voice 診断インタヴュー・スケジュール）である。このツールは、17 歳に至るまでの男子と女子を、ともに同じように、その精神衛生の治療上のニーズを識別するものである（McReynolds et al., 2010; Wasserman and McReynolds, 2011）[5]。このツールは、広く検証された精神医学的選別ツールである。もう一つの選別ツールは特に 12 歳未満の児童のために設計されたものであり、しつこい思春期の犯行者になるリスクを評価し、適切なサービスへの送致を促進するのを助けるためのものであり、the Early Assessment Risk List （EARL）（早期評価によるリスク・リスト）（Augimeri et al., 2010）がこれである。このテストについては、非常に若い犯行者への介入を論じたところで既に論じた。The Massachusetts Youth Screening Instrument Second Version （MAYSI-2）（マサチューセッツ若年者選別ツール第二版）は、少年司法の場で若年者の精神衛生上の問題を識別し、さらに評価および・または介入を行う必要の有無を情報を十分にもって判断することができるようにするために創られた、自己報告を求める短い一覧表からなる。このツールは、少年司法の場で、少年司法制度に入ってくる若年者について、心理学的サービスを必要とする蓋然性が最も高い若年者を素早く効果的に識別するために利用することができる、信頼性のあるツールであると認定されてきている（Vincent, Guy, and Grisso, 2012）。このツールは、少年のプロベイション、身柄拘束（detention）、または矯正の場で、アメリカ合衆国のほとんどの州で、広く使われている（他の選別ツールについては、Grisso and Underwood, 2004 を見よ）。

　第二のレベルでの評価は治療プランを樹てるためである。このためには、逮捕歴および裁判所への送致歴（あれば）を含めた、その個人を扱った個別データを包括的に検討することが求められ、これらの評価は一般にリスクおよびニーズの評価ツールの利用を含む。だが、この深層評価は、選別ツールを用いる場合よりも、もっと多くの時間を必要とし、しばしばより専門的な訓練を必要とし、若年者の現在の行動について、より議論の余地のない結論に至ることがある。心理学的な深層診断方法が最初の選別レベルで、つまりプレ・スクリーン（事前選別）の段階で使用されると、誤った利用が起こる。リスクおよびニーズの評価ツールは、犯行者のキャリアの発達段階を考慮して、それと合うように使うことが決定的に重要である。第一に、これらのツールは、発達段階の

ドメイン（各領域段階）（家族、学校、同輩、個人の問題）のそれぞれをカバーするものでなければならない。第二に、選択されたツールは、優先度の高いニーズを、発達段階のドメイン（各領域段階）のそれぞれについて識別するのを助けるものでなければならず、また、年齢と犯罪への関与が変化しそれとともに変化する処遇上のニーズに関して優先度を識別するのを助けなければならない。RAIs（リスク評価ツール）とNAIs（ニーズ評価ツール）を一緒に使うことで、RAIs は、施設で処遇に付す決定および監督のレベルの決定を助け、NAIs は、犯罪キャリアと少年司法制度への関与を若年者が進める各段階において、サービスを処遇上のニーズにマッチさせるのを促進することになる。

　インテイク段階と新たな犯罪が行われた場合には、簡単な再犯リスク評価だけが行われるべきである。ニーズに関する評価は、インテイク後の、より広範な診断と処遇プラン策定の段階で行われる。RAIs（リスク評価ツール）は、若年者が少年司法制度に沿って進んだ段階で再度実施されるべきであるが、ニーズの評価は定期的に——30日以内に——実施されるべきであり、または処遇プランに従って、クライアントの進捗状況をモニターする必要がある時に実施されるべきである。別言すれば、リスクおよびニーズの評価は、（それぞれ）、はっきりと異なる目的に資するものである。

処分の決定に用いる行列表

　処分決定のために用いる行列表（disposition decision matrix）は、十分に管理された少年司法制度の中心的な構成要素である。この行列表は、ケースの処分を決める段階で、審判を受けた犯行者を最も適切なレベルの監督または収容（custody）に関する処分決定に指針を与えるのに使われる（Wiebush, 2002）。処分決定に使われる行列表は、次の二つの次元を入れて設計されている。つまり、犯行のレベルとリスクのレベルを考慮に入れている。次の点が処分決定に用いる行列表での決定的に重要な点である。

　・再犯リスクの低い犯行者はコミュニティ内にとどまり、最小限度の監督と

集中度の低いサービスを受ける。

・中程度の再犯リスクの犯行者は、コミュニティ内の、より構造化されたプログラムに付され、より高度の再犯リスクを有する若年者は、密度・頻度の高いプロベイションによる監督を受け、相対的に集中度の高いサービスに付されるのが典型的な場合である。

・居住型施設への収容（residential placement）は、コミュニティに基礎を置く代替策が試され尽くした後に、利用されるべきものであり、この場合も、サービスが継続して続けられるべきである。

　次に、切れ目なく連続するサービスからの選択肢が、その処分に利用する行列表の中の交差するところに入れられるべきである。プログラムまたは施設への収容が最も効果的であるためには、そのプログラムまたは施設への収容が、犯行者の発達上の位置・状況、犯行歴、および再犯のリスクとマッチするものでなければならない。犯行者が重大な非行および重大な粗暴犯の非行をしつく続ける場合には、段階的サンクションのシステムの中での彼らの位置は、段階的サンクションの階段をより上位の方向へと進み、公衆を保護すべきことになる。犯行者が段階的サンクションの階段をより上位の方向へと進むに連れて、これに関連する更生プログラムはより構造化され集中的なものとなり、より危険な犯行者が示す手に負えない問題に効果的に対処し、重大な犯罪と粗暴犯を犯す犯行者という非常に小さな部分の割合を占める犯行者を閉鎖型の収容施設に収容しなければならないことになる。犯行者は、より重大な犯行と粗暴犯を犯して非行のキャリアをより重大な方向に進むに連れて、彼らに対するサンクションのレベルは引き上げられることになり、非行活動が活発でなくなりまたは非行をやめるのに連れて、サンクションのレベルは引き下げられることになる。アフターケア・社会への再入（アフターケアを行って社会への再入を図る）は、包括戦略の決定的に重要な構成要素である。なぜならばこれは介入の度合いを下げ、かつ、継続的に処遇を続けることを意味するからである。

　どのような処分をするかを決めるために用いる行列表（disposition matrix）

第7章　証拠に基づくプログラムの作成をサポートする八つの枢要な運用上のツール　193

は、コンセンサスを形成する過程から発展したものであり、少年非行制度のオフィシャルの代表グループが関係するのが典型的場合である。彼らは少年司法制度の中で重要な決定（どのプログラムに付すか、どの施設に収容するかの決定）に影響を与えるので、大抵の諸機関は、その設計段階で、裁判官、検察官、プロベイションの主任責任者、弁護人を注意深く関与させてきている。別言すれば、この行列表の設計は、どのプログラムに付すのか、どの施設に収容するのかの勧告・決定をなすにあたり、また、選択された基準の可能な組合わせのそれぞれについて、適切なレベルの収容・コントロールを決めるに際して、どのような要因を考慮に入れなければならないのかについて、開発者が最良のものと考えるところを示している。このデザイン（設計）の後に、行列表を法律に組み入れて全ての少年が標準的な方法でその位置するレベルの位置に付されるようにするのが理想である。それでも、この行列表では、それぞれの行列表中の格子の中で柔軟性があり、監督期間の長さとプログラムへの参加の義務づけについての柔軟性のある処理ができる。

　フロリダ州の少年司法制度の部局は、Florida Department of Justice Disposition Recommendation Matrix（処分決定の推奨のための行列表）を使っており、この行列表を使って、それぞれの交差点で具体的なサービスカテゴリーを診断しており、州全体にわたる切れ目なく連続するサービスとサンクションを創るための素晴らしい図式（図7.2）がこれである。この処分を決定するための行列表とそれに割り当てられたサービスは、裁判官、検察官、裁判所の監督者、それとサービスの提供者が密接に共同して開発したものである。設計がうまくなされている、処分決定のために用いる行列表は、若年者と、適切なサービスおよび監督のレベルをマッチングさせることで、少年司法制度をより効率的に、より効果的に、そしてより経済的に運営するのに力を与えることになる。

　この処分に関する行列表を利用してどのような処分に付すべきかを明確に推奨する仕方は、フロリダ州で最近始められたものであり、四つのグループに分けて、再犯のリスクが低いグループ（low-）、再犯のリスクが中程度グループ

194

(Staff must always begin with the least restrictive setting within a particular disposition category. See SDM guidelines)
(スタッフは、特定の処分のカテゴリ内で最も制約の度合いが少ない者から始めなければならない。SDM（構造化された意思決定に関するガイドライン）を見よ。)

Most Serious Presenting Offense	PACT Risk Level to Re-Offend（再犯に関する PACT リスクレベル）			
	Low-Risk to Re-offend（再犯のリスクが低い場合）	Moderate-Risk to Re-offend（再犯のリスクが中程度の場合）	Moderate/High-Risk to Re-offend（再犯のリスクが中程度と高度の中間の場合）	High-Risk to Re-offend（再犯のリスクが高い場合）
1st TIME MISDEMEANOR[1]（初犯の軽微な犯罪の場合）	Level 1	Level 1	N/A	N/A
Minor[2]（軽微な犯罪の場合）	Level 2 or 3a	Level 2 or 3a	Level 2 or 3a-c	Level 3a-c or 4
Serious[3]（重大犯罪の場合）	Level 2 or 3a	Level 2 or 3a-b	Level 3a-c or 4	Level 3a-c or 4
Violent[4]（粗暴犯の場合）	Level 2 or 3a-b	Level 2, 3a-c or 4	Level 3a-c 4 or 5	Level 3a-c 4 or 5

1 First time misdemeanor offenders with no history of arrest or participation in alternatives to arrest. Under Section 985.12, Florida Statutes, all first time misdemeanants are eligible for civil citation. Youth deemed ineligible for civil citation (based on community standards) should be reviewed under the "Misdemeanor" category based on their PACT Risk Level to Re-offend.
逮捕歴がないか逮捕に代わる代替策に参加したことがない、軽微犯罪の初犯者。フロリダ州法 985.12 条により、軽微な犯罪の初犯者はその全員が、非刑事の反則処理切符（citation）の対象となる資格がある。（コミュニティの基準を基礎にすると）非刑事の違反切符の対象とはならない若年者は、彼らの再犯のリスクレベルに照らして、「軽微犯罪」のカテゴリーに下でレヴューされるべきである。
2 All misdemeanor offenses.
全ての軽微な犯罪。
3 Felony offenses that do not include violence.
重大犯罪-粗暴犯を含まない重罪たる犯罪
4 Violent felony offenses (does not include misdemeanor assault/battery, which is captured under "minor").
重罪である粗暴犯。これは軽微な犯罪を含まず、暴行（assault/battery）を含まない。この犯罪は「軽微な」犯罪として扱われる。

Level 1   Alternatives to Arrest
　　　　　（逮捕に代わる代替策を利用する）
Level 2   Diversion & Non-DJJ Probation
　　　　　（ディヴァージョンに付しかつ少年司法課によらないプロベイションに付す）
Level 3   Community Supervision
　　　　　（コミュニティでの監督に付す）
　(3a)   Probation supervision
　　　　　（プロベイションによる監督に付す）
　(3b)   Probation enhancement services (ART, LifeSkills, etc.)
　　　　　（より内容を高めたプロベイション・サービスに付す）
　(3c)   Day Treatment, MST, FFT
　　　　　（ディ処遇（日中処遇）、MST、FFT に付す）

第 7 章　証拠に基づくプログラムの作成をサポートする八つの枢要な運用上のツール　195

Level 4　Non Secure Residential Commitment（Low & Moderate-Risk Programs）
　　　　（非閉鎖型の収容処分に付す（再犯の危険が低いか中程度の者を対処とするプログラム））

Level 5　Secure Residential Commitment（High & Maximum-Risk Programs）
　　　　（閉鎖型施設への収容（再犯のリスクが高いか最大限である者を対象とするプログラムに付す））

Figure 7.2　Florida Department of Juvenile Justice Disposition Recommendation Matrix
　図 7.2　フロリダ州少年司法部処分勧告行列表
　Reprinted with the permission of the Florida Department of Juvenile Justice

（moderate-）、再犯のリスクが中程度よりも高く、高度のリスクよりは低いグループ（moderate-high-）、再犯のリスクが高いグループ（high-risk））、これを現時点での最も重大な犯行のカテゴリーとリンクさせ、4 × 4 の行列表としている。この処分決定のための行列表の要となる点は、(1) 再犯リスクが低い犯行者はコミュニティ内にとどまり、最小限の監督を受けること、(2) 再犯リスクが中程度の犯行者は、より構造化されたコミュニティ内で処遇するプログラムに付され、再犯の危険が高い若年者は、プロベイションでの集中的監視に付される、そして、(3) 施設に収容するのは、コミュニティに基礎を置く、収容に代わる代替策が全て検討され尽くした後に、再犯リスクの最も高い犯行者に用いられるべきである。

　この再犯リスクによる分類は PACT（Positive Achievement Change Tool（PACT）（良い方向への変化を達成するためのツール）を使って決定されている（46 項目からなるプレ・スクリーン（事前選別）。具体的なサービス内容と一定のプログラム（レベル 3 の場合、コミュニティ内での監督）は、それぞれの交差点（上の升と左の升の交差点）で示される。レベル 4（閉鎖型ではない居住型施設への収容（non-secure residential commitment））は再犯リスクが低い者および中程度の者を対象とするプログラムからなり、レベル 5（閉鎖型の収容施設への収容（secure residential commitment））は、再犯の危険が高くその危険が最大の者を対象とするプログラムからなる。重要なのは、フロリ

ダ州の少年司法の具体的ガイドラインである、構造化された意思決定と処分決定のための行列表（Structured Decision-Making and the Dispositional Matrix）に従って、この処分のための行列表が実施されることである。この行列表は、サービス決定のための行列表を作成するための素晴らしい図式であり、州全体にわたり使われる切れ目なく連続する処分とサービスからなる。設計がうまくなされている処分のための行列表は、包括的なケース・プランでの、若年者と、適切なサービスおよび監督のレベルをマッチングさせることで、少年司法制度をより効率的に、より効果的に、そしてより経済的に運営するのに力を与えることになる。フロリダ州少年司法制度のリサーチを行う研究者は現在、この処分のために用いる行列表のそれぞれのレベルに分類された犯行者の再犯率を検査している。このリサーチは、リスク・レベルにより犯行者を分類する、この行列表の妥当性を検証するだけでなく、犯行者の処分がその処分ガイドラインとずれている場合に、再犯率が高まる可能性を示すことにもなる。

包括的ケース・プラン

既に導入部分を論じたが、非行を犯したとの審判がなされた少年に関するケース・プランの具体的要件のいくつかにここで焦点を当てて論ずる。これらのプランは、処遇上のニーズに合致するサービスを特定して、そのスケジュールを組み、サービスを提供する時間割を定め、そのサービスを実施する提供者（プロヴァイダ）を特定し、その若年者、家族、学校、サービス期間およびその他の参加者に関する処遇上の目標と目的を特定すべきである。家族の関与に関するアプローチと若年者を関与させるようにする戦略も、ケース・プラン実行の一部とされなければならない。少年司法制度の礎石は、家族の関与にある。動機づけのためのインタヴュー（Motivational Interviewing（MI））は、若年者の関与の姿勢に関する素晴らしいアプローチだが、MI はこれ以上のことを達成できると期待すべきではない。なぜならば、MI は少年犯行者に関す

第7章　証拠に基づくプログラムの作成をサポートする八つの枢要な運用上のツール　197

る証拠に基づくプログラムではなく、関わる姿勢に関する戦略（engagement strategy）であるのにとどまるからである。

　最近の研究は、少年司法に関与した若年者に、体系的な精神衛生テストを行い、薬物使用者と診断されたこれらの若年者を、精神衛生サービスと薬物濫用者対象サービスと関連づけることで、再犯の危険が減少する蓋然性があると認定している（Wasserman, McReynolds, Musabegovic et al., 2009）。だが、精神衛生上の問題に治療を提供するだけで、重大な犯行を行う犯行者の再犯が減少すると期待するのは不合理であり、他の犯罪を生み出す諸要因にも対処しなければならない（Schubert, Mulvey, and Glasheen, 2011）。段階的評価を行う手順の確立が第一の優先事項である（Skowyra and Cocozza, 2006; Wasserman and Ko, 2003; Wasserman, Ko, and McReynolds, 2004）。具体的に精神衛生上の問題があり薬物使用の問題・障害を抱える者に対する証拠に基づく処遇は、ある程度の時間、利用可能であるとされてきた（Wasserman and Ko, 2003）。

　だが、少年司法の実務では、適切なマッチングが図られるように周到な注意が払われていないことがしばしばある。利害関係の低い者（low stakeholder）が効果的なプログラムを購入し（Henggeler and Schoenwald, 2011）、全体を包み込んだ、証拠に基づくプログラムを再現することに関連する諸問題があり（Lipsey and Howell, 2012）、利用できるサービス・タイプが限定され、それに付随して、管理に関する情報システムがおよそ不十分で、リスクを抱えた若年者とともに作業する諸機関の間での情報共有が不十分であるという諸事情は、高度の（再犯）リスクを有する若年者と証拠に基づくプログラムとのマッチングのパーセンテージが低いという事態の重要な原因である。

　ノースキャロライナ州は「標準的ケース・プラン」を設計した。このプランは、確立した評価手順に従うという意味で標準化されたものであり、州全体にわたり用いられている、Model Youth and Family Assessment of Needs and Strengths（若年者と家族のニーズと強さの評価モデル）を用いて、最初に識別された、優先度の高い処遇上のニーズに特に焦点を当てたプログラムと、ブランド名のないサービスを、一貫性をもって使用するものである。ケース・プ

ランの策定に関して、このツールを用いて、児童および家族のケース・プラン
により対処するべき、最も重大な問題を識別することが求められる。また、こ
のツールを使用し、その若年者の主要な強さを具体的に示すことが求められ、
これがケース・プランの策定で用いられる。さらに、この評価の一部として、
裁判所のスタッフは、より深層の評価が求められる問題の程度と内容を完全に
判断するために、さらに、専門的な評価が必要と思料される問題領域を識別す
る。犯行者の一段高いニーズと発達上の強さにマッチする、家族のサポートと
ともに提供されるサービスが、少年司法での処分に関するチャートと処分上の
代替策に関する行列表から選ばれることになる。

品質の保証

　機関の提供するサービスに関する品質保証（agency Quality Assurance
(QA) のためのモニタリングに関し決定的重要性を有するのは、監督プラン
である（Wagner, 2009)。このモニタリングでは、計画されたサービスを提供
して行われる介入が、予定されたとおりに実施されていることを確実なものに
しなければならない。品質保証プログラムが成功すれば、その機関が再犯を減
少させる助けとなり、その機関のサービスの達成度をこの方法で評価できるこ
とになる。ケース・プランがクライアントのリスクとニーズに対処せず、また
は、サービスを提供して行う必要とされる介入を識別していなければ、再犯減
少の見込みはない。A Bureau of Quality Improvement in the Florida
Department of Juvenile Justice（フロリダ州少年司法品質改善局）は、品質保
証管理の目標を高く設定している（http://www.djj.state. fl.us/partners/QI)。
　ペンシルヴァニア州では、Juvenile Justice System Enhancement Strategy
(JJSES)（少年司法制度の効果を高める戦略）が開発され、証拠に基づくプロ
グラムとサービスの促進とモニタリングのための、州全体にわたる組織に関す
る枠組みを提供している。JJSES の極めて重要な要素は、Resource Center for
Evidence-Based Prevention and Intervention Programs and Practices（EPIS

第 7 章　証拠に基づくプログラムの作成をサポートする八つの枢要な運用上のツール　199

Center）（証拠に基づく予防および介入プログラムと実務に関するリソース・センター）であり、品質保証により次のような利益をもたらしている。

・確立した証拠に基づくプログラム・モデルの品質を伴う実施のサポート。
・リサーチに基づく原理と実務が、地方の現行少年司法プログラムに組み入れられていること。
・継続的品質改善と品質保証過程の管理により、例えば、効果的な切れ目なく連続するプログラムを創り、それにより、再犯を減少させ、犯行者を、リスクとニーズに基づくサービスとマッチさせていること。および、
・SVC 犯行者（重大犯罪を犯し、粗暴犯を犯し、かつ慢性的に犯行を犯す犯行者）に関する段階的対処の発展をサポートすること。

　通常、MIS（Management Information System）と呼ばれる「管理に関する情報システム」が、クライアントと実施されるサービスを追跡し、サービスを評価するのに必要とされる。理想的な MIS は次の特徴を含む。
・サービスの提供を受ける少年全員の州全体のデータの管理。
・少年司法制度を構成する一つのコンポーネント（構成部局）から得られた少年のデータを他のコンポーネントで得られたデータとリンクさせること。
・少年の処分を決めるのに用いる行列表のどこに少年を位置づけるのかを助けること。
・全ての若年者に関するリスクとニーズに関する評価情報を維持すること。
・全ての犯行者に関する包括的なケース・プランを維持すること。
・犯行者の強さ、多くのプログラムまたはサービスに関するイヴェントに関するデータを提供し、その問い合わせ先・連絡先を提供すること。
・若年者の結果を追跡すること。とりわけ、再犯に関する結果を追跡すること。
・管理報告書を定期的に、または必要とされる時に作成すること。

言い換えれば、全ての少年司法制度は、データを収集し分析しそれを活用することを基礎に運用される（data-driven）べきである。フロリダ州少年司法部局は、ウェッブ（インターネット・ホーム頁）を用いた、PACT（Positive achievement change tool 良い方向への変化を達成するためのツール）（リスクとニーズの評価）と、州の少年司法情報システムのデータベースとを統合した（Baglivio, 2009）。この少年司法情報システムは理想的な MIS（管理に関する情報システム）である。Data Integrity Officer（データの完全性保証担当官）は、少年司法局全体を通して、少年司法情報システムに入ってくるデータと情報が正確なものであることを確実にする（http://www.djj.state.fl.us/research/delinquency-data/delinquency-profile）。

この少年司法情報システムと PACT（Positive achievement change tool（良い方向への変化を達成するためのツール）を結びつけて使えば、非行歴の領域（公式の犯罪前歴）での犯行前歴計算が自動的にできることになる。この特長は重要である。既に MIS（管理に関する情報システム）に含まれた情報を補充することになるからである。さらに、PACT（Positive achievement change tool（良い方向への変化を達成するためのツール）は、Youth Empowered Success（YES）（若年者に力を与えて成功させる）プランに、この評価認定を自動的に提供することになる。YES プランは、個々のケース・プランで対処されるべき犯罪を生み出すことに関係するニーズの優先度を構造化するものである（Baglivio, 2009）。次に、処遇ティームがこれらのリスク要因と保護要因の優先度を割り当て、この若年者が監督下にある間に、これに対処することができる。次に、プランの達成目標が確立されて、BRJ（Balanced and Restorative Justice）（バランスのとれた修復的司法）の領域での、その若年者の更生上のニーズへの対処がなされ、その少年の責任ある態度を育み、スキルの能力を発展させ、コミュニティの安全を確保することになる。

ノースキャロライナ州の実務家とプログラム開発の専門家は a Juvenile Justice Planning Tool（JJPT）（少年司法プラン策定ツール）を開発してきた。このツールは、各カウンティの少年司法制度全体を通じた少年に対する処理の現時点

第 7 章　証拠に基づくプログラムの作成をサポートする八つの枢要な運用上のツール　201

での流れを図示するために使われ、カウンティ全体にわたる切れ目なく連続するサービスの構築をサポートするためにも使われる。この JJPT（少年司法プラン策定ツール）は、MIS（管理に関する情報システム）と結びついて、少年司法を構成するコンポーネント（各段階）に応じたセクションに構造化されている（例えば、インテイク、ディヴァージョン・プラン、裁判所の承認、審判、矯正のための施設への収容、および退院後の監督）。電子的にトラッキングされたクライアントのデータが、各年ベースで、少年司法のシステムの順に並ぶ各段階を進行する犯行者の数、つまり、システム全体での犯行者の流れを、表示する。この JJPT（少年司法プラン策定ツール）はまた、プログラム管理者が、このツールを使って、少年司法制度の各レベルでサービスを必要とする若年者の数を判断し、現時点でのクライアントの再犯リスクのレベルを判断することができ、この際、リスクがあり、裁判所に送致された若年者に関して、前述した NCAR RAI ツール（the *North Carolina Assessment of Risk* (NCAR) Risk Assessment Instrument)（ノースキャロライナ・リスク評価ツール）が使われる。サービスが利用できるかどうか、およびクライアントのニーズにマッチングしているかどうかを判断するために、JJPT（少年司法プラン策定ツール）は、少年司法制度のクライアントのための発達段階に応じた、更生に資するサービスで利用できるもののリポジトリ（貯蔵庫）としての役割を果たす。

　カウンティのレベルでのプラン策定のために（サービス・ギャップの分析）、JJPT（少年司法プラン策定ツール）は、現行のプログラムによるサービスを受ける若年者のリスク・レベルに適したサービスの要約を示し、カウンティ全体にわたる切れ目なく連続するサービス全体の中で彼らが占めるべき適切な位置に合致するサービスを示す。処遇上のニーズは、家族の強さと個人のニーズを、前述の NAI ツール（ニーズ評価ツール）により評価し、（各カウンティに関して）その評価を一つに纏めたものにより決定される。このシステム・フロー（システムの流れ）とプログラムにより提供されるサービスの特徴は、前会計年度に関して、サービスの提供を受けた少年の数を決定するために、毎年審

査がなされ、また、傾向を判断するために多年にわたる審査が行われる点にある。JJPT（少年司法プラン策定ツール）は、現在のクライアントのリスク・レベルと処遇上のニーズを、少年司法制度を構成する各段階で比較し、その比較を提供して、現行のサービスに存在するギャップを識別する。要するに、JJPT はノースキャロライナ州での、情報を収集し、分析し、これを利用する（data-driven）少年司法制度の維持のための重要なツールである。

裁判所の基準

成果に関する基準も、利用できるケース管理システムの重要な構成要素である。Missouri's Performance Standards for the Administration of Juvenile Justice（少年司法の運用に関するミズーリ州成果基準）は、個人の権利と処遇上の必要と、公衆の保護とのバランスを助けるための模範例である（Office of State Courts Administrator, 2004; Waint, 2002）。この成果基準は、バランスのとれたシステムを達成するのに大いに役立つ。Waint が説明しているように、このことは簡単には達成できない。というのは少年司法制度は次のような役割を含むからである。

- コミュニティの保護。
- 責任ある態度（accountability）を促進し、犯行者の再犯リスクを減少させる。
- その若年者が実り多い生活を送るチャンスを送ることができるように能力を促進すること。
- 非行行為にサンクションを課すこと、および、
- 裁判所の前に出頭する者にデュー・プロセスを保障すること。

ミズーリ州モデル基準は、共通の枠組みを確立するものであり、この枠組みを用いて、少年司法の人員は、少年および家庭裁判所の作業を理解し評価する

第7章　証拠に基づくプログラムの作成をサポートする八つの枢要な運用上のツール　203

ことができ、裁判所の成果を高めることができ、リスクとニーズの評価ツール
を運用し使用してケース・プランを開発し、それにより得ようとする期待を示
すことができる。ミズーリ州の成果基準を実施した結果、同州全体を通して少
年司法の担当者は、この基準を評価するに至った。というのは、この基準が、
「自分達が何をしているのかを判断する枠組みを提供し」「少年司法担当官を評
価する段階を定め、評価を行う段階を示し、改善点を示すことになった」から
である（Waint, 2002, p. 61）。さらに、次のような利益がミズーリ州モデル基
準によりもたらされる。すなわち、この成果基準を利用することで、ミズーリ
州を通して数多くのカウンティのサーキットで、個々の少年と家族に、ミズー
リ州の構造化された意思決定ツール（ミズーリ州の構造化された意思決定ツー
ル・サイドバーをみよ）の助けを借りて、個々の正義（司法）を行うのに、一
貫性がもたらされることになる点である。この基準は、非行少年と一緒に作業
する業務を理解するためのツールを提供する。この基準は、非行少年とともに
作業する業務の過程を明確にし、インテイク、少年犯行者の分類、ケースの成
果についての報告という、なされるべき作業の時間枠を明確にする（p. 61）。

Box 7.4

ミズーリ州の構造化された意思決定ツール

　少年犯行者への処遇を志向したミズーリ州の対処の歴史は、非常に高い
基準を示しており、これに他州が追随した（Abrams, 2003）。ミズーリ州
は、包括戦略（the Comprehensive Strategy）の指導の下に、1990 年代
の半ばに、構造化された意思決定モデルを創造した。このモデルでは、リ
スクとニーズに関する評価を行い、分類のための行列表を用いた。The
Missouri Juvenile Offender Risk and Needs Assessment and Classification
System（Office of State Courts Administrator, 2002）（ミズーリ州少年犯
行者のリスクとニーズの評価および分類システム）がこれである。この分
類システムを創設する州の主たる目標は、少年犯行者の分類と監督に関し

て、州全体で一貫性を促進することにあった。ミズーリ州の制度で採用されている三つの SDM（構造化された意思決定）ツールは次のものである。

・保険統計的なリスク評価ツール。このツールを用いた評価は裁判所が審判を行う前に完了し、若年者を次の三つのカテゴリーに分類する。再犯の蓋然性が高い者、中程度の者、または低い者の三つである。このリスク評価ツールは、二度その妥当性が検証されてきている（Johnson, Wagner, and Matthews, 2002; Yan, 2009）。
・分類の行列表。この行列表は、その若年者のリスク・レベルと最も重大だと審判された犯行にふさわしいサンクションとサービスによる介入を勧告するものである。
・ニーズの評価ツール。このツールは、再犯と関連するリスク要因を減少させることで、若年者の再犯の蓋然性を減少させるサービスを勧告するものであり、個人の権利と処遇上のニーズと、公衆の保護のバランスをとるのを助ける（前述）。

　ミズーリ州の少年犯行の再犯研究では次のことが示された。大抵の再犯者は、3 個または 4 個の新たな告発があるが、そのサンプルの 11 パーセントは、4-6 個の新たな告発を受け、最も重大な犯行を犯し、粗暴犯を犯し、かつ慢性的に犯行を行っていた再犯者は、そのサンプルのわずか 3 パーセントであり、この者らは 10 個以上の新たな告発を受けた（Yan, 2009）。このリサーチは、少年犯行者のリスク評価から得られる利益は、コミュニティの変数を加えることで増す。この点は十分評価されている。この線に沿ったリサーチはコミュニティでの犯罪予防作戦（initiatives）に指針を与える助けとなることができる。
　ミズーリ州は、長きにわたり、処遇志向の制度を採ってきた（Abrams, 2003）。1980 年代初期に、大規模集団ケア訓練学校が解体され、広く賞賛

された小規模の若年者の処遇を志向した施設からなるネットワークに置き換えられた。その結果、再度の拘禁施設への収容率はたったの16パーセントになった（Mendel, 2011）。ミズーリ州の若年者サービス部局は、五つの地域ネットワークからなる若年者サービスを運用している。このサービスは切れ目なく連続して提供される。このサービスには、例えば、閉鎖型少年矯正施設（secure juvenile corrections facilities）（最大収容能力は若年者50名である）、閉鎖型ではないグループ・ホーム（non-secure group homes）、日中の処遇プログラム、および「トラッカー」による釈放後の監督、mentor（指導者）による釈放後の監督がある。個人を対象とする処遇プラン（その若年者に関する処遇コースの概略を示し、定義したマスタープラン）は、包括的で全体にわたるプランであり、その目標、目的、リソース、および矯正処遇過程の主要な「プレーヤー」を示している。処遇プランでは、その焦点は、(1) 明確な処遇モデルを用いて個別化された（個人の状況に合わせた）かつグループでの処遇、(2) 矯正上の目的のための、強制するのではない、監督、(3) スキル形成、(4) 拘禁施設収容中の家族とのパートナーシップと家族の関与、および (5) アフターケア、にある。

　要するに、州と政府の他のユニットは将来を見据えた運用モデルを構築すべきであり、このシステムはリスク管理を廻って組織化される必要がある。このシステムが犯行者に関して個別化された処分の発展を助けることとなる。どのような施設に収容するかは、処分のための行列表による指針によるべきである。切れ目なく連続するプログラムは、効果的な、証拠に基づく介入プログラムを内容とし、段階的サンクションの枠組みと統合されるべきである。構造化された意思決定ツールを使ってシステム能力を高めるべきであり、この目的は、(1) 包括的処遇プランにおいて、犯行者の処遇上のニーズと効果的なサービスのマッチングをより良く行うこと、(2) （再犯の）リスクのより高い犯行者をターゲットにすること、(3) 切

れ目なく連続するサービスとサンクションの全体を通して、介入、裁判所、処遇プランについて改善を行うこと、にある。証拠に基づくシステムを州全体にわたって効果的に実行するには、これらの構造化された意思決定ツールが、自動的管理情報システムと並んで、効率的に用いられることが不可欠である。

註

1) Source（出典）: National Center for Juvenile Justice, http://www.ncjj.org/Topic/Risk-and-Needs-Assessments.aspx.
2) Hoge, Vincent, and Guy（2012）は、成年期初期の年長少年犯行者の再犯予測に関するいくつかのツールをレヴューした。
3) これらのサイトは、アリゾナ、ジョージア、オハイオ、インディアナ、メアリーランド、ミシガン、ミズーリ、ニューメキシコ、ノースキャロライナ、オクラホマ、ロードアイランド、テキサス、ヴァージニアおよびウィスコンシンの各州を含む。
4) 多くの処遇上のニーズがあるため、パーセントの合計は 100 以上となっている。
5) その過去の月に関して、それは、DSM-IV により精神衛生上の疾患があると診断された項目は 22 におよんだ。

第8章

結　論

　過去 30 年は、アメリカの少年司法制度の激動期であった。多くの者が、1980 年代の中期から 1990 年代の初期にかけてアメリカ合衆国で少年による粗暴犯の一般的「流行病・伝染病」が起こったと主張したが、リサーチによれば、この現象は実際には起こっていないことが証明された。それにもかかわらず、少年の粗暴犯が一般的に伝染病のように起こっているとの広範に行き渡った推定が、合衆国における少年非行に関するモラル・パニックを引き起こし、「タフな対処をすべきであるとの立場（厳しい対処をすべきだとの立場）」が採られる原因となり、正当な根拠のない変化をもたらすに至った。数多くの少年犯行者は、少年司法制度から、刑事司法制度に移された。更生はあまり強調されなくなり、処罰の方法がかつてよりもずっと広範に用いられるようになった。新たな法律は、より多くの少年を重大な犯行者であるとし、軽微な違反を犯した者をかつてよりも多く、少年司法制度で処理するようになり、少年矯正施設で収容する期間はより長くなった。少年裁判所のインテイクと事件負担は、裁判所の処理能力を遙かに超える比率にまでなり、多くの身柄拘束センターと少年矯正施設は、過剰収容となり、その状態が今も続いている。少数人種・人種・民族の若年者、とりわけ、黒人の若者は、少年による粗暴犯が激増しているというパニックがもたらした、処罰を強調する少年司法改革の矛先に立たされ続けることとなった。現在では、ラテン系アメリカ人の男女の若者がこれに続いている。これが、アメリカ合衆国全体の少年司法制度が働いている一般的な姿である。

本書で引用した Lipsey の数多くのメタ分析は、少年の更生プログラムに関して、「何をやってもうまくいかない（nothing works）」という神話が嘘であることを暴くための手段であった。彼の最初のメタ分析は、少年非行の一般的予防と処遇に関する、約 400 の、コントロール・グループを使った研究をその内容としていた。この神話に反して、Lipsey は、処遇プログラムに付された少年は、処遇を受けなかった少年よりも、平均して、10 パーセント再犯率が低いと認定した。最良の介入プログラムは、再犯率を 37 パーセント低下させ、他の結果においても類似の改善をもたらした。Lipsey は（1995）は、彼のレヴューを完了した後、少年司法制度に明快な注意を喚起した。

　　リサーチを行う研究者、実務家および政策立案者が、少年の処遇と、それに関連する、更生を目的とするアプローチが「うまく働く（works）」かどうかについて、あたかも単純な「はい」（yes）と「いいえ」（no）で答える質問があるかのように論ずることは、もはや建設的とはいえない。一般的に言えば、処遇が作用する（うまく働く）ことは明らかである。我々は、最も効果的で、少年に利益をもたらす処遇を少年に提供する処遇モデルを開発し、識別する作業を進めなければならない。

　2005 年に、Lipsey は、Standardized Program Evaluation Protocol（SPEP）（プログラム評価標準手順）と呼ばれる、プログラムの評価要綱で、証拠に基づく基準を用いている。この標準評価手順は、少年犯行者に提供されるサービスの評価のために、サービスの提供者と少年司法制度が使用することができる。この SPEP は、治療プログラムのタイプを問わず適用される。SPEP には、メタ分析のデータベースと関連して、このように適用できることを支える十分な数のリサーチがある。現在、8 州と一つのカウンティが、モデル・プログラムの実施と、確立した地方のプログラムの改善を統合するための中心に、SPEP を位置づけて、SPEP を使う先駆的な努力をしている。こうした努力

が、the OJJDP Comprehensive Strategy for Serious, Violent, and Chronic Juvenile Offenders（重大な犯罪と粗暴犯を犯し、慢性的に犯罪を犯す少年犯行者に関するアメリカ合衆国司法省少年司法および非行予防局の包括戦略）を、これらの州の独自の状況に合わせて、これらの州制度で採用することを可能とする、管理ツールと結びつけてなされてきている。この包括戦略は、少年司法に関する予防的リスク管理モデルを提供する（Slobogin, 2013；Slobogin and Fondacaro, 2011）。このモデルは、どのプログラムを用いるかおよびどの監督レベルに付するかを客観的なリスク評価とニーズの評価に基づいて決定し、少年犯行者、サービス、リソースに関する州全体のデータの収集・分析・活用を基礎とする（data-driven）管理を州全体にわたって行うことを促進する。この必要なツールを利用して、州全体にわたる改善を行い、すべてのサービス・プログラムを、リサーチに基礎を置くガイドラインに照らして、州全体に亙って評価することができることになる。

　各州は、この包括戦略の枠組みと原理に照らして、一貫性に焦点を当てて、その少年司法制度の成果（成績）を評価できることになる。この評価では、構造化された意思決定ツールの質、リスク・レベルによる犯行者の分類の適切さ、証拠に基づく切れ目なく連続するサービスの構築、犯行者の特徴とその犯行者が最大の利益を受けるプログラムとのマッチングに、特に焦点が当てられるべきことになる。すなわち、少年司法制度は、「適切なサービスを、そのサービスを実施することが適切といえる子供に、適切な時点で」実施するものでなければならない（J. J. Wilson, Howell, 2009, p. 309 に引用）との包括戦略のスローガンが適用されることになる。

付言（Appendix）

必要とされる少年司法制度の改革

は じ め に

　合衆国全体の少年司法制度の正義、公正さ、効果を改善するには、いくつかの改革が必要とされる。ここで論ずる必要とされる改革の対象は、現在の時点で、証拠に基づくプログラムの実施を妨げているものである。ゼロ・トレランス政策は（再犯）リスクの低い犯行者で少年司法制度を満たす効果をもたらした。したがって、除去されるべきである。すべての少年に関して、デュー・プロセスの規定と効果的な弁護に関する規定が適用されれば、審判それ自体と（再犯）リスクの低い犯行者の身柄拘束施設への身柄拘束（detention）を減らすのを助けることになり、翻って、これは、処分決定後の拘禁施設への過剰な収容（confinement）を減らすことになろう。身柄拘束の措置を根気強くスクリーニングすれば同じ利益をもたらすことになり、（再犯）リスクの低い犯行者が少年司法制度を貫いて多く扱われ最後のところまで進む事態を減少させることができるだろう。少数人種・民族に属する若年者が、少年司法制度のあらゆる処理段階で過剰な割合を占めており、これらの各領域での改善がなされれば、現在、成人の刑事司法制度に送致されている少年に、少年司法制度がサービスを提供する能力を実際に強化することになろう。同様に、施設への収容の間違った使用とそれに伴うコストを除去すれば、収容よりもコストが少なく、より効果的なコミュニティ・サービスにより多くの者を付すことができるよう

になろう。女子に関する十分な処遇の機会は容易には利用できない状態にあり、女子の処遇上のニーズに合致する選択肢は欠けている。最後に、コミュニティ全体に広く見られるギャングの問題に対処すれば、少年司法制度全体で再犯を減少させるのを助けることになる。これらの勧告のそれぞれについて以下で論ずる。

学校制度でのゼロ・トレランス政策の除去

テキサス州の公立中学校の生徒約100万人についての前例のない研究が行われた。この研究では、この100万人について、2000年を最初として、6年間以上の追跡調査が行われ、その結果、約60パーセントの者が学校から停学処分を受けるかまたは退学処分を受けていたことが判明した（Fabelo, Thompson, Plotkin et al., 2011）。約15パーセントの者が、停学または退学処分を11回以上受け、これらのうちの約半数の者は11回以上の懲戒行為の対象となり、少年司法制度に関係していた。しかし、州法で停学および退学を命令的としている行為に対処するための懲戒は、懲戒行為全体のわずか3パーセントであり、懲戒行為は、事実上、そのすべてが学校のオフィシャル教職員の裁量によりなされ、地方の学校での行為に関する規則違反への対応であったと推測される（裁判に関係する見通しについては、Teske and Huff, 2011を見よ）。

同様に信じられないことは、5,000人以上の3歳から4歳児が、州の基金により運営される保育園（pre-kindergarten school system）制度から、毎年、その州全体で追放されていたことである（Gilliam, 2005）。2003年から2004年の学年暦における、この保育園追放率は、全国のK-12学年の追放率の3倍以上であった。このような保育園児の高い追放率を説明する明らかな理由は、1990年代に起こった非行へのモラル・パニックに始まり、あらゆるタイプの組織化された学校全部に、「ゼロ・トレランス」——軽微な犯罪行為でもこれを許すと、より重大な犯罪行為につながるので、軽微な犯罪行為も許さずに処罰すべきだとの、「破れ窓理論」などに示される考え方。文字通り訳せば、犯

罪行為・違反行為を「一切許さない」考え方である。——訳注）の考え方が、はっきりとはしない形で潜行して広まったことを除いてない（Howell, 2003b）。1997 年から 1998 年の学年暦の間に起こった、学校での射撃事件がこれに寄与した要因であったことは確かである。

　ゼロ・トレランス政策は次のような蓄積効果を及ぼした（Howell, 2012）。ゼロ・トレランス政策を用いるのに柔軟性を欠く「困難な問題を抱えた学校」は、より厳しい制裁を課し、将来の非行を増やすことになり得る。学校での停学は、非行率と中程度の相関関係がある（Hemphill, McMorris, Toumbourou et al., 2007）。停学と退学はしばしばその処分を受けた者は、学校から除去されることを意味し、今度は、その結果、非行を行う同輩に晒されることを意味し、このことが非行を始めるきっかけとなることを意味するのである。この過程は、少年非行に関与しそれがギャングのメンバーになる機会を増やし、裁判所への送致が増えるという結果となって完了するということとなる。

　多くの公立学校は、「少年司法制度および刑事司法制度に生徒を送り込むための送り手となってきた」（Advancement Project, 2005, p. 11）。アメリカ合衆国司法省人権部は、最近、ミシシッピー州メリディアンのオフィシャルに対して訴訟を提起し、次のような告発を行った。同オフィシャルによる学校運営は、「学校から刑務所に生徒を送るパイプライン」となっており、これは生徒の合衆国憲法上の権利を侵害するものであり、公立学校で軽微な不服従を理由に法執行機関に通報されているがこれは誤りである、と告発した。正当な根拠のない裁判所への送致を減少させるために、学校の包括的リソース管理者（a comprehensive school resource officer （SRO））に関する研究では、次の勧告をしている。

　　・教師と管理者は、停学、逮捕、裁判所への送致に代わる、容易に利用できる質の高い代替策を持つべきである。例えば、和解、コミュニティ・サービス、弁償、精神衛生プログラムなどがそれである。
　　・学校の包括的リソース管理者、セキュリティ調査者、およびその他のセキ

必要とされる少年司法制度の改革　213

ュリティ人員は、次の点に関する説示を含む、命令的、集中的、継続的訓練を義務づけられるべきである。

- 学校での生徒に関する捜索および押収に関する法的基準
- 思春期の発達科学
- 障害があるかその他の特別のニーズのある生徒とともに作業すること
- 異なる文化に属する者に効果的に対処できる能力（cultural competency）
- 有形力を使わずに生徒の間違った行為の程度・頻度をなくすこと
- 安全な拘束技術を使うこと
- 裁判所への関与と逮捕が及ぼす長期的な結果
- 完全な権限を授権され、武器を携行できる法執行の人員としての地位を有する、学校の包括的リソース管理者に明白な制限が加えられている場合には、その制限に、学校の運営者と学校警察が従うべきこと
- 学校の包括的リソース管理者は、学校のキャンパスでの銃器およびスタンガン電撃銃）の携行を禁止されるべきである。
- 学校で軽微な違反行為を犯した生徒を逮捕し、通常、裁判所に送致するという措置を、通常行う措置としてとるべきではなく、裁判所への送致は最後の手段とすべきである。

・学校の包括的リソース管理者の行為が不適切である場合には、生徒、親、および運営者のために、明確で、基準化された、十分に公表された不服申立て手続を確立すべきである。

・公立学校は、学校の包括的リソース管理者に関して、より完全で、容易に理解できるデータにアクセスできるようにすべきである。

　ジョージア州クレイトン・カウンティの Teske 裁判官の、（先にレヴューした）、学校による裁判所への送致を減少させる手順（School Referral Reduction Protocol）は学校による停学と退学の過度の利用に対する理想的な解決策である。

In re Gault の約束を、デュー・プロセスと効果的な弁護人の助力を提供して実現すること

　主要な少年司法制度の改革および本セクションで詳細に論ずる全ての改革の努力に重要な影響を与えると期待できる改革は、デュー・プロセスの保護と効果的弁護の保障のための必要な全ての手段を、少年犯行者として少年裁判所の管轄に服する全ての少年に提供して、*In re Gault*, 387 U.S.1（1967）の約束を実現することであろう。

　Gault における合衆国最高裁法廷意見は、少年の施設への収容の結果となりうる少年裁判所の審問では、その少年が州の刑事裁判所の手続で提供されるのと同様のデュー・プロセス上の権利と特権を与えられなければならないことを確立した判断であり、その権利と特権とは、（1）告発内容について時宜にかなった方法で告知を受ける権利、（2）弁護権、（3）弁護人により弁護を受ける権利および証人の反対尋問権、および（4）自己負罪拒否特権、である。法廷意見は、また、州に、手続の調書の交付を受ける権利と上訴審による審査を受ける権利を少年に提供するように勧告した。Abe Fortas 主席裁判官の執筆した多数意見は、Gerald Gault は、少年裁判所により助けられたのではなく、処罰されたとの事実に基づいており、国親思想（*parens patriae*）の理論は、1899 年の少年裁判所の創設の基礎をなす元の考え方であったが、もはや、現代の司法の基準としては重要性がない、と判示した。Fortas は、この事件で、その少年裁判所を「カンガルー裁判所（法の原理と正義を無視した裁判所）」に等しいものであると判示し、「少年裁判所の歴史は、またもや、いかに慈悲深い動機によるものであっても、無制約の裁量が、原理と手続にしばしば取って代わり、権利の保障が貧弱な手続となっていることを証明してきた」、と判示した。

　不幸なことに、弁護権の約束は、少年裁判所の政策・方針と実務において、完全に実現されているとはおよそ言いがたい状態に依然としてあり、弁護権の

保障がなければ、少年裁判所の手続において *Gault* により保障された憲法上の諸権利と *Gault* を基礎に保障されたそれ以外の権利は、あまりにもしばしば、行使されないことになるのは明らかである。

　Gault 判決後 25 年して、連邦議会は、少年司法および少年非行予防を担当する連邦のオフィスに、少年の弁護人の助力を受ける地位と弁護人による弁護の質について調査するように指示した。この調査による評価結果が、*A Call for Justice: An Assessment of the Right to Counsel and Quality of Representation in Delinquency Proceeding*（正義への要求：少年非行審判手続における弁護権と弁護人による弁護の質の評価）(1995) である。この報告書は、American Bar Association（アメリカ法曹協会）の Juvenile Justice Center, the Juvenile Law Center, and the Youth Law Center（少年司法センター、少年法律センターおよび若年者法律センター）により行われ、少年司法制度における多くの若年者の諸権利は、例えば、以下に述べるような様々の要因により、相当程度損なわれ、その状態が続いている、との重大な懸念を表明した。

・弁護権の放棄が数多くなされていること。
・事件負担数が多いこと、とりわけ国選弁護人の事件負担が重いこと。
・弁護人の国選に遅延がみられること。
・審判・公判の準備が不十分であり、また、審判・公判での弁護が不十分であること。
・処分を決める段階での弁護が不十分であること。
・上訴があまりなされず、処分が決まった後の弁護が欠けていること。
・訓練が欠けていること。
・リソースが不十分であること。これには、例えば、弁護人の事務所の基本的なニーズとスタッフのサポートがある。そして、
・効果的な監督が欠けていること。

　Gault の約束が遵守されてきていない理由は数多くある。弁護人は不必要で

あり、そしておそらくは、裁判所を活動させないようにしておくことが、子供の最善の利益に適うという、弱まってきてはいるが依然として生きている信念がその一つの理由である。また、貧困な少年に、要求に適う弁護人を提供するリソースを欠いていることもその理由の一つである。これは、公設弁護人が事件負担に圧倒されていたり、または不十分にしか報酬を受けられなかったり、そして、裁判所により国選された弁護人がふさわしい質を備えていなかったりする場合などである。要求に適う能力を有する弁護人が利用できる場合でも、弁護人には、サポート・スタッフがなく、適切な弁護を行うのに必要なリソースが欠けていることがしばしばある。

　関連する問題は、国選弁護人の国選指定の遅延である。とりわけ、貧困であることの証明を要する法域では、審判等関連身柄拘束（（detention）（観護措置）に関する最初の聴聞後に、または、有罪答弁が、その少年と弁護人が相談する機会が与えられるよりも前に、なされ、その後になって、初めて弁護人が国選される場合がしばしばある。いずれの場合であれ、身柄拘束および・または収容（処分決定後の拘禁施設への収容）の蓋然性はより高い。リサーチによれば、聴聞の係属中に身柄を拘束される少年は審判を受ける機会はより大きくなり、その結果、拘禁施設に収容される見込みはより高くなることを証明している。少年裁判所は、予算が不足し、スタッフが不足していることがしばしばあり、このため、有罪答弁に依拠し、アセンブリー・ライン・ジャスティス（組み立てラインのようにベルトコンベア式に有罪答弁が行われ、拘禁施設への収容処分などの最終処分が行われるというように司法・正義が行われる状態──訳註）となっている。多くの法域では、少年は、直接かまたは親の同意もしくは権限によるかのいずれかで、弁護権を放棄するように勧められる。2, 3の法域では、すべての少年に弁護権を保障することを要件とするかまたは弁護権の放棄を、弁護人と相談した後に放棄がなされた場合に限定しているが、かかる州は諸法域の中では少数であることが顕著であり、今日でも依然としてそうである。

　少年の弁護はスキルを要し、多くの点で、成人の援護の場合よりも高いスキ

ルがなければならないという事実があるために、少年の弁護に関する問題は倍加することになる。少年の弁護人は、少年と関係を成立させることができなければならず、思春期の問題と神経学（脳科学を含む）を理解していなければならず、その少年が理解できる方法で手続を説明できなければならず、彼らの希望を熱心に弁護しなければならず、学校、親との関係、精神衛生と薬物濫用およびどの場所・施設で処遇を受けさせるのかについての選択肢を含め、彼らのニーズに関するソーシャル・ワークの側面について学んでいなければならない。

　これらの問題および少年の弁護権と弁護の質に影響を与えるその他の問題は、National Juvenile Defender Center（NJDC）（全国少年弁護センター）（http://www.njdc.info/assessments.php）の行った、21州にわたる一連の調査で示されている。NJDC のウェブサイトによれば、次のように記されている。

　本評価は、ある特定の州の司法制度において貧困な（およびその他の）子供に弁護人が適切な法的サービスを提供することを阻止している、全体に及ぶかつ制度的な障害を包括的に検討したところを示している。貧困な少年に関する弁護制度の構造に関する一般的なデータと情報を収集することに加えて、本評価では、弁護人を国選するタイミング、子供が弁護権を放棄する頻度および放棄する状況、リソースの配分、弁護活動への補償、監督と訓練、および調査者、専門家、ソーシャル・ワーカーおよびサポート・スタッフを利用できるかどうかに関連する争点を検討している。本評価は、また、成果を約束するアプローチと州内での革新的実務を強調し、弱い領域を改善する勧告を提示している。

　NJDC の評価は、継続して行われており、アメリカ全体を通した少年への弁護人のサービスの状態について、素晴らしい洞察を提供している。

審判に関連する身柄拘束（detention）の
過剰な使用を取り除くこと

　アメリカ合衆国の少年の身柄拘束センター（detention centers）（審判等関連身柄拘束施設）（観護措置のための施設）は、2008 国政調査年の時点での、居住型施設に収容された（in residential placement）全少年の 40 パーセントの身柄を収容している（一定の日を基準とすると、約 32,000 人）（Hockenberry et al., 2011）。だが、身柄拘束センター（detention center）に「受け入れ（admission）」られる者の実際の合計数は毎年約 500,000 人となっている（Holman and Ziedenberg, 2006）。いくつかの研究は、少年のこの身柄拘束（detention）は、その後の少年非行の蓋然性を増し、将来の犯行率を高めることを含めた、数多くの好ましくない結果と関連していることを証明している（（Benda and Tollett, 1999; Green, Carlson, and Colvin, 2004; Holman and Ziedenberg, 2006; Soler, Shoenberg, and Schindler, 2009）。長い期間でみると、年齢が若いときに身柄拘束（detention）に付されると、再犯のリスクが相当高くなる（Van der Put et al., 2011）。さらに、身柄拘束（detention）期間が長引くと、更生プログラムの良い効果を消し去ってしまう傾向がある（Wooldredge, 1988）。身柄拘束施設への身柄拘束（detention）が費用がかかり、再犯を増やし、若年者に及ぼすよい効果を減少させてしまうことを踏まえると、身柄拘束（detention）を制限し、予防のイニシャティヴ（予防措置を重視する作戦）を強化するというのは意味がある。予防作成は対費用効果が高く、介入が成功するからである（Mallett, Stoddard-Dare, and Seck, 2011）。例として、Mallett とその同僚の研究では、少年裁判所への関与に先立ってなされた精神衛生のカウンセリングの結果、身柄拘束（detention）による施設の滞在期間が減少した。

　身柄拘束評価モデル・ツール（model Detention Assessment Instrument（DAI））は、合衆国全土で利用されていた DAI をレヴューして 10 年以上前に

開発されたものである（Wiebush, 2002）。このモデル・ツールの開発に当たり、NCCD は、DAI's（複数の DAI）の広範な比較を行い、そのスケール（尺度）に一貫して現れる次の要素と、その要素に関連する重さを識別した。この身柄拘束評価モデル・ツール（p. 80）は次の項目を含む。

・送致された犯行の内容（重大さと少年裁判所への送致理由となった告発の数）と、outstanding warrants（未執行令状。発付されたが、被疑者が不在などの理由で未執行であり、数ヵ月あるいは数年しても有効な令状）が発付されているか否かに関する測定項目
・係属中の他の審判申立（petition）および以前に審判を受けた犯行の数と内容に関する測定項目
・裁判所への送致の時点でのその若年者の監督を受ける上での地位、および
・以前に出頭せず以前に逃走したか家出をしたことを含む、安定した住居に関する二つの測定項目

　経験的に生み出された、審判に関連して少年の身柄を拘束するか否かに関するスクリーニング・ツール（選別ツール）は、ニューヨーク市の利害関係者により開発されたものであり、審判から逃亡することと、最初の逮捕と量刑の間にニューヨーク市で再逮捕されたという、統計的に相互に関連があるリスク要因のみを含む（Fratello, Salsich, and Mogulescu, 2011）。この統計分析により、具体的な要因と再逮捕または不出頭のいずれかのリスクとの相互関連の強さが決められる。審判中に逃走の予測に関する項目は次の四つである。

・以前に少年が犯した非行のケースに関して、令状が依然として有効状態にあること。
・プロベイション・オフィサーによるインテイクの段階で、親または面倒をみる責任のある成人がいないこと。
・学校の過去の学期全体の 30 パーセント以下の出席しかないこと、および

・少年の非行に関して以前に令状が発付されているか、Persons in Need of Supervision（PINS）（要監督者）指定のケースであること。

ケースが係属中の再逮捕の予測に関する項目は次の五つである。

・プロベイション・オフィサーによるインテイクの段階で、以前に逮捕がなされていること、
・以前に少年非行で審判が開かれていること、
・プロベイション・オフィサーによるインテイクの段階で、重罪を理由とする逮捕が以前にあること、
・指定された重罪で以前に審判を受けていること、
・プロベイション・オフィサーによるインテイクの段階で、以前に審判された非行でプロベイションに付されていたこと。

　不出頭または再逮捕のリスクがあることを示す要因がいったん識別されると、その不出頭に利害関係を有する者は、それぞれの若年者について、全体的にみたリスク値を決定する数値システムを開発した。リスク値の行列表（matrix）が次に開発された。この表は、再逮捕または不出頭のいずれかに関して、二組の予測因子からなる。この二つの軸が交差するところがその若年者の全体的リスク値を示し、その数値を裁判官が、若年者を裁判所が命ずる監督に付さずに釈放すべきか、審判係属中の身柄拘束施設への収容に代わる措置をとり釈放すべきか、または、ケースの係属中に身柄を、身柄拘束施設に拘束すべきかを判断するのに用いる。次に、次の３段階からなる切れ目なく連続する段階的処分が開発された。第一段階の、制限のレベルが最も低いのは、コミュニティ・モニタリング（コミュニティ内で、釈放された者をモニターする場合）である。このレベルでは、若年者は夜間外出禁止のチェックを規則的に受け、電話での帰宅チェックを受けなければならない。第二のレベルは、放課後の監督であり、若年者は午後３時から７時まで開かれる、サイトに基礎を置く

プログラムに出席しなければならない。そして、指導者による指導、コミュニティ・サービス、およびレクレーションのような社会的スキルを発展させる活動に参加しなければならない。第三に、そして最も制限の度合いが強いレベルは、プロベイション部局により管理され、コミュニティでの集中的モニタリングに付され、親または保護者との合意が執行される。予備段階ではよい結果が出ている（Fratello et al., 2011）。少年司法リサーチ・データベース——このデータベースは、実施状況をモニターし、評価するために使われる——から得られた情報によれば、「市の改革の努力は、スタッフによりなされており、一般に、様々の手段で若年者によい結果を生んでいることが示唆されている」（p. 11）。

　身柄拘束（detention）に代わる方策がどのようにして身柄拘束を減らしたのかは、the Annie E. Casey の JDAI （Juvenile（detention）Alternatives Initiative）（少年の身柄拘束の代替策を開始する作戦）に具体的に示されている。身柄拘束に付された者に関する最良の数値は、身柄拘束施設の毎日の平均人口である。というのは、身柄拘束施設に身柄拘束される若年者の数と、これらの若年者が身柄拘束される期間の長さという、システムの流れを示す決定的重要性を持つ指標を、両者ともに反映しているからである。「この指標を利用することで、JDAI の諸サイトは、2011 年に、身柄拘束率を平均 41 パーセント減少させた」（Annie E. Casey Foundation, 2013, p. 6）。少年司法制度は、また、審判係属中の身柄拘束施設への身柄拘束の過剰な使用の問題に対処するために、地方の法執行機関、学校、およびコミュニティのメンバーとパートナーシップを結ぶことで、利益を得ることができる。

マイノリティ（少数人種・民族）の若年者が裁判所と関係する比率が不釣り合いなほどに高い状態を減少させること

The Juvenile Justice and Delinquency Prevention Act（JJDPA）of 1974 （P.L. 93-415）（1974 年の少年司法および少年非行予防法）の 1992 年改正に伴

い、アメリカ合衆国においては、少年の、拘禁施設への収容（confinement）
（処分決定後の拘禁施設への収容）で少数人種・民族の少年が不釣り合いなほ
どに収容されている事態を減少させることが連邦の政策となった。JJDPA が
後に改正され、重点を、「少数人種・民族の者の拘禁施設への収容率の割合が
不釣り合いなほど高い」ことから、「少数人種・民族の者が少年司法システム
に関係する率が不釣り合いなほど高い」（disproportionate minority contact
(DMC)に変更され、少年司法制度のあらゆる決定の段階で、少数人種・民族
の割合が不釣り合いなほどに高い可能性がある場合を検討することが義務づけ
られた。

　「少数人種・民族の者が少年司法システムに関係する率が不釣り合いなほど
高い」（DMC）かどうかの厳密な検査は、実際の非行行為で、有色人種と白色
人種の若年者の間で実際の非行行為にみられる不均衡に関する推定に依拠して
いる。言い換えれば、思春期にある、重大犯罪と粗暴犯を犯す者が、全国的に
みて、特定年齢に占める率に、黒人と白人で大きな差があることが諸研究では
示されていない（Elliott, 1994）。黒人が重大犯罪と粗暴犯を犯したという自己
報告率が、その犯罪の白人による自己報告率を遙かに上回っているというのは
成人に関してである。最近の研究では、ピッツバーグ、ローチェスターおよび
デンバーで、これらの認定を確認している（Huizinga, Thornberry, Knight et
al., 2007）。これらの三都市では、少年司法制度における、人種またはおよび民
族による差は、犯行行動のレベルに差があるという理由またはその他のリスク
要因の存在のいずれの理由でも、説明されてはいない。それにもかかわらず、
合衆国全体を通して最も明白な差の一つは、黒人の若年者は、少年司法制度と
刑事司法制度で、薬物犯罪により、不釣り合いなほど高い割合で処理されてい
るが、薬物の使用率が白人の若者の使用率とは異なっていないことである。
（Centers for Disease Control and Prevention, 2006）（疾病のコントロールおよ
び予防センター）。したがって、非行およびその他の問題行動に関する思春期
にある者の自己報告調査を用いることが非常に重要なのであり、これが、
DMC Relative Rate Index （RRI）（少数人種・民族の者の相対的占有率指標）

必要とされる少年司法制度の改革　223

を計算するための基準線となる。

　本書で証明されたように、犯行に関してよりよい像を得るために、非行の自己報告を使用することに、より多くの利点がある。だが、OJJDP（アメリカ合衆国司法省少年司法および非行予防局）により開発された、相対的犯行率指標（Relative Rate Index （RRI））と呼ばれる有用なツールは、人種・民族の人口を考慮に入れ、それと、公式記録（裁判所への送致、裁判所での審理の承認、身柄拘束への受け入れ（detention admission）、長期の収容（long-term confinement）など）とを組合わせて、DMC（少年司法での少数人種・民族が不釣り合いな割合でのコンタクト）率を計算するように求めている[1]。

　RRI（相対的犯行率指標）はどこに問題があると考えられるのかを示す標準的な尺度である。OJJDP によるサポートを受けたプレゼンテーションで、「DMC の測定は、病院の救急治療室でのバイタル・サインについて語るのと同様である。それは、病気を識別しないまたはそれをどのように治療すべきかを示すわけではないが、潜在的問題について警告を与え、診断の努力をするにあたり、どこに焦点を当てるべきかを告げている」（Feyerherm and Butts, 2003, p. 7）。

　高い RRI 率は、非常によく用いられているものである（Hawkins and Kempf-Leonard, 2005; Leiber and Brubaker, 2010; Leiber and Rodriguez, 2011; Puzzanchera et al., 2012; Rodriguez, 2010; Snyder and Sickmund, 2006）。そのうえ、制度の中で黒人が不釣り合いなほどに高い割合を占めるという被害を受けていることと比すると、相対的に、ラテン系の男女の若年者の場合には、その人種・民族の割合が高いというギャップは減じてきていることが明らかである（Snyder and Sickmund, 2006, p. 211; Villarruel and Walker, 2002）。Rodriguez（2010, p. 392）は、現在のアメリカ合衆国全体の状況を次のように簡潔に述べている。

　　過去 25 年にわたり、先行する労作は、少年裁判所の結果に人種的な予断・偏見があることに関して、決定的に重要ないくつかの認定が成立するこ

224

とを証明してきた。これらの認定は次のように要約することができる。(1)
人種は、(性、年齢、およびコミュニティの状況を通して)直接、間接に、
裁判所の結果に影響を及ぼす。(2) 人種的予断・偏見は裁判所の手続の最後
の段階よりも、最初の段階でより一般的にみられる。そして、(3) 人種的な
差は、若年者が少年司法制度をさらに進むにつれて蓄積されていく。

　人種・民族的少数の若年者が、少年司法手続に現れる割合が高すぎること
は、逮捕、身柄拘束 (detention) および逆送の決定率が最も高いことに示さ
れている (Leiber and Rodriguez, 2011)。裁判所の手続の多くの段階を通し
て、人種・民族的少数者が扱われている率が高すぎることに関する研究での、
白人、黒人、ラテン系の男女およびアメリカン・インディアンの若年者を含
む、最初の研究で、Rodriguez (2010) は、南西部の州では、州全体にわた
り、少年手続の対象とされた若年者に、インテイクから拘禁施設への収容ま
で、人種・民族的な差違 (disparity) があることは明らかだが、この不平等
は、手続段階により異なっている、と認定している。さらに、このリサーチは
先行研究での重要な認定を支持している。つまり、「身柄拘束に付された若年
者は、審判開始を求める申立てまたは逆送の申立て (petition) がなされる蓋
然性がより高く、審判申立てが取下げられる蓋然性はより低く、自分の家から
離され、州の少年矯正施設への送致命令を受ける蓋然性がより高い」(p.
406)。この認定は、若年者の短期の施設への身柄拘束さえも、それが原因で、
若年者がより厳しい矯正に至り得るとの先行研究の認定と一貫性がある。多く
の状況で、人種差別を適用するより広い、歴史的な枠組みがあることは明らか
である (Hawkins, 2011; West, 1993)。確かに多くの法域で学校と少年司法制
度のパイプラインが存在し、学校からの少年裁判所への不適切な行為かまたは
正当な根拠を欠く逮捕のいずれかから、このパイプラインが始まるのが典型例
である。
　DMC (「少数人種・民族の者が少年司法システムと接触する率が不釣り合い
なほど高い状況」) は逮捕の時点から始まるのが典型例である。黒人の若年者

は、少年の逮捕の比率が不当に高い（Puzzanchera and Adams, 2011）。「2009年に粗暴犯を理由とする少年の逮捕全てのうち、47パーセントは白人の若年者、51パーセントは黒人の若年者が、1パーセントはアジア系の若年者が、そして1パーセントはアメリカン・インディアンが関係していた」（p. 6）。RRI（相対的犯行率指標）の計算が始まるのは逮捕後である。だが、理想的なベースラインは、逮捕における人種・民族による差と、非行についての自己報告の差とを比較するものであろう。

　総合すると、「少数人種・民族の者が少年司法システムと接触する率が不釣り合いなほど高い」（DMC）かどうかに関する研究は、逮捕および少年裁判所の決定に意図せざる予断・偏見が入り込んでいないかどうかを詳細に検討し、必要とされるサービスが、地理的基準およびその他の重要なサービスを受ける資格に関する基準に基づき、利用可能であり、利用できることを確実なものとする必要があることを強調するものである。また、客観的なリスクとニーズの評価を行い、少数の人種・民族の若年者が暴力的であり（Chapman, Desai, Falzer et al., 2006）、白人の犯行者よりも、処遇により影響を及ぼすことができる度合いが少ない（Leiber and Brubaker, 2010）という見方から、守る必要がある。

　主たる目標は、閉鎖型身柄拘束施設（secure detention）への身柄拘束および閉鎖型拘禁施設への収容における、「少数人種・民族の者が少年司法システムと接触する率が不釣り合いなほど高い」状況（DMC）を減少させることに置くべきである。審判後の施設への収容に関してはその最前線で進捗がみられるのは幾分よいニュースである。Census of Juveniles in Residential Placement（少年の居住型施設への収容に関する公式定期調査）において報告されている、少年の（処分決定後の）居住型施設への収容率に基づくと、そのデータによれば、1997年から2006年にかけての、アメリカ合衆国における、少年の収容率にみられる黒人対白人の人種的不均衡は、減少してきていることが示唆されている（Davis and Sorensen, 2013）。「この結果は、少年の収容における黒人と白人の比率の不均衡が減ってきており、1997年におけるベースラインから黒

人グループの逮捕率がコントロールされてきていることを示しており、このことは、連邦の「少数人種・民族の者が少年司法システムと接触する率が不釣り合いなほど高い」（DMC）事態をなくそうとするイニシャティヴ・作戦が功を奏してきていることを一部分示すものである（p.132）。

少年を刑事裁判システムに移送することをなくすこと

アメリカ合衆国の全ての州は、ある少年について、その少年を成人の犯行者として訴追する法律が一つ以上あり、そのアプローチを利用している（Griffin, 2012）。少年を成人手続に移す州の法律の詳細は州により異なっているが、全ての州は、子供を成人の裁判所で訴追するために、次の三つの一般的な戦略的ヴァリエイションに依拠している。すなわち、裁判所による逆送（裁判所による少年審判権の放棄）、法律上、犯罪を少年手続で扱う犯罪類型から除外すること、および検察官が直接に訴追すること（prosecutorial direct-file）である。最近の数十年間では、成人裁判手続への移行は、少年司法改革の中心的焦点としての役割を果たしてきた。分析者は次のように推定している。200,000人以上の少年が、毎年、これらの方法で成人裁判所に移されており、これには、少年裁判所の審判権（裁判権）が17歳までに限定されている州も含まれる、と（Adams and Addie, 2009; Howell, Fled, and Mears, 2012）。元々の少年裁判所の、少年非行を理由とする審判権（裁判権）の年齢の上限は、ニューヨーク州とノースキャロライナ州（16歳）を除き、17歳（8州）か18歳（40州およびウォーシントンD.C）だが、多くの法域の法律では、10歳の子供であっても、児童の犯した一定の犯罪に関しては、成人裁判所に命令的に移送することを義務づける法律を定めている。例えば、キャンザス州では、10歳で犯罪を犯した場合には、その犯行の種類を問わず、成人裁判所に逆送することができるとし、ミシシッピ州ではこの逆送年齢は13歳であり、フロリダ州では14歳である（Griffin, Addie, Adams, and Firestine, 2011）。

アメリカ合衆国最高裁判所の、アメリカ合衆国での少年の犯行者の死刑を廃

止することを求めた Roper v. Simmons（2005）判決が、若年者の刑事責任は減じられているという議論の背景をなしている（Farrington, Loeber, and Howell, 2012）。非難（Culpability）はその者の非難可能性とその人の犯行に値する刑罰の程度に焦点を当てている。「若年者の犯行に関する社会的責任（responsibility）は減少しているため、成人の場合よりはサンクションの程度を軽減することが求められ、生涯を永久に変えてしまうような刑罰を避けなければならず、改善のための余地を与えなければならないと考えられている」成人と比較すると、若年者の判断は未成熟であり、リスクの理解、短期的および長期的結果についての評価、自己統制、および、良くない同輩の影響を受けやすいことなどの点で、成人の場合とは異なっていることを示している。」（p. 731）。最近まで、発達心理学は、成熟さを示す重要な基準として、論理的な推論能力に焦点を当ててきた。だが、最近のリサーチは、身体的な成熟（思春期の完了）は 12 歳か 13 歳に起こるのが典型的場合だが、知的成熟は、18 歳の年齢に至って完了するのが普通の場合であることを証明してきている。だが、（衝動のコントロール、情緒の規制、満足を遅らせること、計画、および同輩の影響への抵抗などの）脳のより高度のレベルの執行機能は、21 歳に至って初めて完全に発達するといえる（Prior, Farrow, Hughes et al., 2011）。このように、分析者らは、少年および若い成人の犯行者について「未成熟を理由とする割引（immaturity discount）」を実施することを求めてきている。つまり、若年者の非難度（culpability）が減少しており、社会的責任（responsibility）が減じていることを考慮に入れて、ペナルティの厳しさを減ずるべきである、と（Howell, Feld, and Mears, 2012）。最近の思春期にある者の脳のリサーチは、また、若い成人の犯行者に関して、死刑と、パロール（仮釈放）のない終身刑は廃止されるべきであると示唆している（Farrington et al., 2012）。

　この勧告には、別の科学的根拠もある。The Task Force on Community Preventive Services（2007）of the Centers for Disease Control and Prevention（Hahn, McGowan, Liberman et al., 2007）（疾病のコントロールと予防に関するセンターの、コミュニティでの予防サービスに関するタスク・フォース（特定

228

課題研究・対処班））が行った、成人裁判所への少年の移送に関する体系的な
レヴューによると、少年を成人の刑事司法制度に移送することで、粗暴犯の発
生率を低めるどころか、かえって、増加させている、と認定されている
(Hahn, McGowan, Liberman et al., 2007)。移送を受けた少年は、少年司法制度
にとどまった少年よりも、粗暴犯またはその他の犯罪を理由に再逮捕される蓋
然性は 34 パーセント高く、これは、この移送から生ずる意図せざる効果
(iatrogenic) である (Tonry, 2007)。

　少年を成人の刑務所に入れるべきではない理由は他にもある。非人道的であ
るということである。Human Rights Watch (2012, p. 91)（人権状況監視グル
ープ）は、世界中の拘禁施設への収容状況と実務に関する数多くの研究を行っ
た後に、アメリカ合衆国は、18 歳以下の若年者を成人刑事司法制度で、公判
審理を行い、量刑を言い渡し、収監する実務をやめる」べきであり、「18 歳以
下の人々は全て少年司法制度で身柄を拘束されるべきであり、それは、いかな
る告発事実を内容とするものであるにせよ、――その少年の公判が開始される
前および有罪認定または審判後の、そのいずれであっても――、少年司法制度
において身柄を拘束されるべきであり」、「少年を収容している施設での少年の
人口に変化をもたらすために、必要とされる資金を提供すべきである」、と主
張している。最近、この方向に向けてかなりの進展がみられる。過去 8 年にわ
たり (2006-2013)、23 州は、若年者を、成人を扱う刑事裁判所で訴追するこ
とを減ずることを意図した 40 本の法律を制定し、若年者を、成人を収容する
ジェイルに身柄拘束し刑務所に収容することを終わらせてきている (Cam-
paign for Youth Justice, 2013)。

　アメリカ合衆国の刑事司法制度は、少年の犯行者のためにはモデルとして使
用されるべき資格がないことを証明してきている (Howell, 2009, pp. 296-97;
Howell et al., 2012; Howell and Howell, 2007; Kurlychek and Johnson, 2010;
Liebman, Fagan, and West, 2000; Tonry, 2007)。成人の刑事手続は犯行者をよ
り悪くする。有罪判決はその後の犯行を増やし、成人の刑事裁判所で扱われた
少年は、他の少年よりも再犯の蓋然性が高くなり、若年者を成人の刑務所に送

ると、再犯を増やすことになる。短期の刑務所の刑期も長期の刑期も、いずれも、再犯を減少させることはない（Lipsey and Cullen, 2007）。さらに、少年司法制度でのトップ5に入る証拠に基づくプログラムがもたらす平均的な正味の費用便益（41,000ドル）を、1人あたりの犯行者について、刑事司法制度での最良のプログラムの場合（11,270ドル）と比較すると、4倍近くになる（Aos et al., 2006, p. 9）。このように、少年の犯行者を少年司法制度内で行われるプログラムにとどめておくことにより、大幅なコストの節約を実現することができる。

　年長の危険な少年犯行者は、閉鎖型拘禁施設への収容（secure confinement）が必要であり、若年犯行者の施設に収容されるべきである。現存する刑務所と少年矯正施設の中には、この目的のために利用できるところもあるが、そのためには、少年および成人の矯正制度が、リスク評価を厳格に適用し、分類手続を厳格に行い、刑務所および少年矯正施設での過剰収容を減じていることが必要である。上記のコスト削減し節約した費用は、少年司法制度における更生目的のサービスを拡張し改善したサービスに再投資すべきであり、その方がもたらす利益がより大きい。重要なのは、収容されている若年者は、精神衛生、健康および教育の点で、一般の者よりも、ニーズがより高いが、これらの若年者のリスクとニーズに比較して、提供されるサービスが不十分なことである（Sedlak and McPherson, 2010）。証拠に基づくサービスを提供することで、再犯が減少し、少年司法全体の効果を改善することになるのは確かである。

　ヨーロッパ諸国の中には、思春期の年長犯行者と18歳から24歳までの若い成人犯行者は、はっきりと違うカテゴリーに属する者として認識されるべきであるとするところもある。学者からなる国際的研究グループ（Leober and Farrington, 2012）は、少年から成人として扱われるところに至るまで、しつこく犯行を繰り返す犯行者のキャリアを研究したのちに、次のように勧告している。すなわち、成人を対象とする裁判所制度で審理する最小年齢を引き上げ、このグループに「円熟さの欠如を理由とする割引」を適用し、個人のニー

230

ズ・リスクの評価を行い、それに従って量刑ガイドラインに修正を加え、特設
裁判所および・または特別矯正施設を創設し、証拠に基づく処遇を利用できる
ようにすることを勧告している（Farrington, Loeber, and Howell, 2012）。

拘禁施設への収容の除去

　一部分は、2000 年から 2009 年までの少年の逮捕数が 17 パーセント減少し
たために、同時期に施設に収容される少年犯行者の数は 34 パーセント減少し
た（Hockenberry, 2013）。さらに、居住型の収容施設を活用する改革を行う努
力により、多くの少年について、閉鎖型の大規模な公的施設から、閉鎖の度合
いより少ない、小規模の私的施設への収容を増やす動向が生じた。また、経済
的要因が寄与して、少年をコストのかかる居住型の施設から、よりコストのか
からない、プロベイション、日中の処遇、またはその他のコミュニティに基礎
をおいたサンクションのような選択肢が提供される方向への移行が促進された
（p. 5）。だが、このような居住型施設への収容に依拠する場合が減少しても、
それは、拘禁施設への収容の状況の改善にはつながらなかった。2010 年には、
OJJDP（アメリカ合衆国司法省少年司法および非行予防局）は、Conditions of
Confinement（拘禁収容の諸状況）と題する報告で、Survery of Residential
Placement（居住型の施設に収容された若年者の調査）から得られた認定を公
刊した。要約すれば、この調査では次の点が明らかにされている。

- ・収容された若年者の 50 パーセントは、スタッフが理由なしに処罰をした
と報告したこと。
- ・収容された若年者の 33 パーセント以上の者が、スタッフが収容された者
との関わりで有形力を不必要に行使していると報告したこと。
- ・収容された若年者の 28 パーセントが、スタッフが何らかの拘束方法を利
用したと報告したこと。
- ・収容された若年者の 35 パーセントが、独居房に入れられたと報告したこ

と（その半数は、独居房への収容時間は 24 時間を超えていたと述べている）。

そして

・収容された若年者の 28 パーセントは、彼らの家族は彼らを訪問するのに、3 時間以上の旅行をしなければならなかったと報告した。

　少年の矯正施設に関する連邦によるいくつかの調査で、非人間的で安全の保障されない状況での拘禁がなされていることが明らかにされてきている。2000 年から 2007 年にかけて、12 以上の州にある 23 の少年司法施設に関して 20 の CRIPA（被収容者基本権法）に関する調査 2) が行われた（U.S. Department of Justice, 2007）。2011 会計年度間に、合計で 11 のかかる調査が、九つの州とプエルトリコでなされた（U.S. Department of Justice, 2012）。OJJDP の Performance-based Standards（PbS）（業績に基礎を置く基準）によるプログラム 3) が、20 年以上実施されてきている。このプログラムは、Council of Juvenile Correctional Administrators（CJCA）（少年矯正運用者会議）により開発されたプログラムで、特に、少年収容施設の安全、健康および生活の質、つまり拘禁施設の、有害で危険な状況に対処するプログラムである。Performance-based Standards（PbS）（業績に基礎を置く基準）は、参加者を訓練しサポートして、データを集め、結果を分析し、実務を、若年者、スタッフ、家族、およびコミュニティに最良のサービスを提供するように変更する。PbS（業績に基礎を置く基準）に参加した施設では、若者の独居房への収容を半減させてきている。この独居房への収容は、若年者の行動を管理するには効果がなく、リサーチによれば対象となった若年者の自殺のリスクを高めることになる危険があると証明されてきている。PbS（業績に基礎を置く基準）を意図された通りに実施した施設では、運用上の期待のレベルは非常に高く、憲法上の最低基準の要件よりも高いレベルで、基準に合致することになる。このレベルは、したがって、CRIPA（被収容者基本権法）違反のリスクはかなり低い。

Justice Policy Institute（司法政策研究所）は最近、少年の犯行者の拘禁施設への収容を減少させる点で相当の進捗が合った五つの州を選び出した（アリゾナ、コネチカット、ルイジアナ、ミネソタおよびテネシーの諸州）。より高い達成度を示している二つの州がこのレヴューでは見逃されている。ノースキャロライナ州（M.Q. Howell, Lassiter, and Anderson, 2012）とキャリフォーニア州(Males and Macallair, 2010)がそれであり、両州とも、2000 年以来、拘禁施設への収容を 3 分の 2 以上減少させてきている。ノースキャロライナ州は、矯正施設に収容する犯行者の数を過去 10 年で 3 分の 2 に減少させた。これは、大部分、the Comprehensive Strategy（包括戦略）の実施し、拘禁施設への収容を、SVC 犯行者（重大な犯行を犯し、粗暴犯を犯し、かつ慢性的に犯罪を犯す犯行者）のみに限定する、処分に関する行列表（matrix）を利用したことによるものであり、経費を 3,000 万ドル以上節約した。少年非行も、拘禁施設への収容の減少とともに減少し、裁判所への送致は 2000 年から 2011 年の間に 27 パーセント減少した（M.Q. Howell et al., 2012, p. 2).

過去 10 年間において、州の立法は、拘禁施設への収容からコミュニティに基礎を置くプログラムへの移行を促進してきている（Brown, 2012）。これらの作戦の主なテーマは、投資の見直しによる再投資（reinvestment）戦略である。2004 年に、イリノイ州で主要な改革立法が議会を通過し、Redeploy Illinois（イリノイ州を新次元に移行させる）戦略を創設し、これが他州のモデルとなった（p. 8）。州の矯正施設で少年を拘禁するよりも、少年をコミュニティに基礎を置くプログラムに付するプログラムを開発することをカウンティに薦めることに加えて、この新立法は、拘禁を減少させたことで生じた節約を、コミュニティに基礎を置く処遇プログラムの開発のために、カウンティに、割り当て直さなければならないことを命じた。「少なくとも、12 の州の半数で、予算配分を見直す他の戦略が採られ、年度予算を、州の収容施設から、コミュニティに基礎を置くサービスに移している」（p. 8）。同様の改革措置が、オハイオ州およびテキサス州の法律で制定された。キャリフォーニア州では、——同州は、アメリカ合衆国の中で最も嘆かわしい若年者矯正施設を有し

必要とされる少年司法制度の改革　233

ている州として認識されてきたが、その同州で――フーバー委員会（Hoover Commission）が、同州は、州による少年司法の運営をやめて、リスクの高い、ニードの高い犯行者に関して地方の更生施設を創設し、カウンティにその更生を任せ、カウンティに運用させることを勧告し、それが対費用効果が高いことが証明された（Males and Macallair, 2010）。

　拘禁施設への収容（confinement）に代わる効果的代替策である、the Teaching-Family Home モデル（家族形式での教育モデル。トラブルを抱え少年と家族にグループ・ホームでの生活により教え支援するモデル）は、プログラムごとのレヴューでは見逃されてきたが、少なくとも、2000 年現在で 700 の同タイプのホームが報告されている（Fixsen, Blase, Timbers, and Wolf, 2001）。1970 年代に展開し始めた the Teaching-Family Home モデルは、家族のようなスタイルの生活、若年者の自己統制、それと、社会的スキルを教えるのに良い行為があればこれに報償を与えることを統合した、行動療法志向型のアプローチである。このモデルは、結婚したカップルまたはその他の「教える役割を担う親」がその住まいで家族のような環境を提供するものであり、「家族の中で教えてケア（世話）をする teaching family care」モデルとして広く特徴づけられている。修正されたヴァージョンでは、構造化されたグループ・ケアが行われ、訓練されたセラピストがこの the Teaching-Family Home Model を実施している。具体的に示せば、ノースキャロライナ州の構造化されたグループ・ケアは Methodist Home for Children（メソジスト児童ホーム）により提供されており、少年の居住する多目的住居では、the Teaching-Family Home Model（家庭形式での教育モデル）をその中に含み、セラピー（治療）を目的とした教えと若年者の力の強化を統合したものであり、これを、サービス・プランと対象者の学習レベルを基礎として行うものである。このモデルは、再犯と閉鎖型の拘禁収容（secure confinement）を減少させた（Strom, Colwell, Dawes et al., 2010）。重大犯罪を行いかつ粗暴犯を行った犯行者に関するプログラムのメタ分析で、Lipsey と Wilson（1998）は、この Teaching-Family Home Model は、このターゲットとなったグループに関して

234

再犯を減少させたと認定した。重要なことは、このプログラムは、住居形式の里親ケアでもコミュニティ・グループ・ケアのいずれでも利用できるということである（Lee and Thompson, 2008）。

女子の処遇上のニーズにバランスのとれた
アプローチを採って対処すること

　いくつかの報告とは反対に、少年司法制度は、現在、女子で一杯になっているという事態にはない。もっとも、近年、裁判所に送致される女性の数の増加がみられるのは確かである（Snyder and Sickmund, 2006; Steffensmeier et al., 2006）。その結果、女子は、現在、過去における、少年司法制度のクライアントの比率よりも、より多くの比率を占めることになっている（Puzzanchera et al., 2012）。HubbardとMatthews（2008）は、女子の粗暴犯の非行による逮捕が増えているとFBI Uniform Crime Report（FBIの統一犯罪報告書）で報告されているのは、女子の行動に変化があったからではなく、主として、法律とオフィシャルの行動に変化があったためである、と述べている。1例として、「かつて、家族内での通常ある喧嘩であると考えられていたものが、今は、暴行として分類され、これが警察の公式の介入の対象となり、より多い頻度で逮捕されるという結果になっている」（p. 228; Chesney-Lind and Sheldon, 2004; Stevens, Marash, and Park, 2011も見よ）。実際、「少年裁判所での処理を男女で比較してみると、……近年では、女子の方が、男子よりも重大ではない犯罪で、より厳しいペナルティを経験してきている」（Hubbard and Matthews, 2008）。少年司法制度での女子に対する不当な取り扱いの例のいくつかは、懸念せざるを得ないものである（Howell, 2009; Hubbard and Matthews, 2008）。

　・女子を閉じ込めることは、その女子が最初にトラブルに至った原因である
　　問題そのもののいくつかを悪化させる場合がある（例えば、関係の破綻、

鬱、性的虐待、暴力の被害)。

・女子は、男子よりも、家出を理由に逮捕され身柄を拘束される蓋然性がより高い。

・女子は、軽微な違反行為で身柄拘束センター(detention center)に拘束される蓋然性が、男子よりも遙かに高い。

・女子は、男子よりも、裁判所侮辱罪で身柄拘束される蓋然性も高い。これは、彼女らが、身柄拘束センター(detention center)に戻る蓋然性を高め、被害に遭う機会をより増やすことになる。

・いったん女子がプロベイションに付されると、——典型的にはステータス犯罪(status offense)によってである——その後の犯行は、プロベイション違反と新たな犯行を理由に、少年司法制度に関与する蓋然性がより高まる「ベクトル」となる。(ステータス犯罪については 61 頁訳注参照。)

・女子に対する、少年司法制度に代わる代替策は欠けている。

　幸いなことに、現在は、女子の精神衛生上の地位とサービスに関するニーズについて、ずっと多くのことが知られている(McReynolds et al., 2010; Teplin, Abram, McClelland et al., 2006; Wasserman et al., 2005)。確かに、諸研究では、女子の一定の処遇上のニーズが一段高く、一定のサービスを女子のために合わせなければならない場合があることが証明されている(Hipwell and Loeber , 2006; Hubbard and Matthews, 2008; McReynolds et al., 2008; Wasserman et al., 2005)。一般に、女子の場合には、精神衛生上の障害(disorder)を抱える率が、男子の場合(67 パーセント)よりも相当程度高く(80 パーセント)、女子の場合の方が男子の場合よりも障害を内面化する割合が高いことが証明されている(Shufelt and Cocozza, 2006)。他のリサーチでは、少年司法制度のインテイクの段階にある若年者の中で、男子の 45 パーセントおよび女子の 50 パーセントもの者が、少なくとも一つの精神医学的障害があると診断可能であると証明されている(Wasserman et al., 2005)。「これらの統計により示される懸念に照らせば、少年司法機関が、女子を対象とする効果的なプログラム策定を発

236

展させる優先度は高く、少年司法機関では、犯行者のうちのこれらの母集団を無視してきていた（Hubbard and Matthews, 2008, p. 226）。」

次の二つのフィロソフィー（基本的考え方）が広く唱えられてきている。「女性に応答することが重要である」とのフィロソフィー（つまり、女子は処遇上独特のニーズがあるというフィロソフィー）と、「何がうまく働くのか」というフィロソフィー（つまり、性に関して中立的なサービスが、女子および男子に等しく効果があるというフィロソフィー）の二つがこれである（Hubbard and Matthews, 2008）。両者のフィロソフィーを支持するリサーチはあるが、Hubbard と Matthews は、この２つは、女子の受ける利益をより大きくするために、統合することができる、と主張している。したがって、この２名の学者は、この２面からのアプローチが女子に効果的に働くようにするための青写真を提供している。彼らの提供する青写真の概要は以下の通りである。

「女性に応答することが大事である」とするフィロソフィーの擁護者は、（再犯）リスクの低い女子を少年司法制度に入れて扱うことは、彼女らの非行を悪化させ、その他の、意図せざる害をそれらの者に加えることが十分に考えられることを懸念する。「これらの擁護者が主張するのは、女子が必要とすることが、何かと言えば、コミュニティ内でのサービスである」（Hubbard and Matthews, 2008, p. 234）。女性に応答することが大事であるとの考え方の擁護者は、また、女子は処遇上の一段高いニーズがあるが、これは、女子の「リスクが高い」ことを必ずしも意味するものではない、ということも主張する（Hubbard and Matthews, 2008）。もう一つの、異論もあり得る争点は、「犯罪を生み出すニーズ」という考えである。第一に、女性に応答することが大事であるとの考え方の擁護者の中には、この枠組みは、社会を非難するのではなく、かえって、個人に過度の非難を加えるものだと示唆する者もいる。第二に、彼らは、介入のターゲットを選ばれた数の犯罪を生み出すニーズに限定するのは近視眼的であり、女子を非行行為に赴かせる問題の全範囲を無視しており、彼女らが生きている社会的コンテクスト（環境）、つまり、家族、学校、

コミュニティ等の環境を無視していると主張する。

　代わって今度は、「何がうまく働くのか」というフィロソフィーの擁護者は、リスクの問題に次の二つの方法で応答する。第一に、この考え方の擁護者は、男子および女子の双方に関して、若年者のリスクのレベルは、その者が再犯を犯す蓋然性を示しており、この情報を適切に使い、公衆とその児童を保護するのに必要とされる適切なレベルの監督を決めることができ、どのプログラムを使うべきかを決めることができ、その若年者が必要とするサービスの密度と期間を測定することができる、と主張する。第二に、（再犯の）リスクの低い犯行者は集中的なサンクションまたはサービスに付されるべきではないことを強調する。犯罪を生み出すニーズについては、この「何がうまく働くのか」というフィロソフィーの提唱者は、処遇可能なリスクは、個人、家族、学校、同輩およびコミュニティの環境を含む五つの広いドメイン（各段階領域）に存在し、このドメイン（各段階領域）を考慮に入れた枠組みを用いて実施するサービスを組織することができる、と主張する。

　Hubbard と Matthews（2008）が示唆したように、少年司法制度の最重要目標は、そのケアの下にある若年者の再犯を減少させることにあり、これは、女性に応答するシステムの重要性を重視する立場と、うまく働くものを擁護する立場の共通の土俵である。女子は、男子の場合と比較すると均衡を失するほどに、「（処遇上の）ニードが高く」、かつ、「（再犯の）リスクが低い」ことは明らかであり、これは、女子はサービスに関して決定的に重要なニーズを抱えているが、他方、男子のように公衆に与える脅威は高くはないことを意味する。これらの学者が提案する、サービスに関する「青写真」は次のような手順からなる（pp. 246-247）。第一に、諸機関は、女子の再犯のリスクを評価するのに、妥当性が検証された、保険統計的リスク評価を用いるべきである。これらのツールが女性の犯行者に関して標準的なものとして使用されなければならず、適切な分離レベルを設定し、（再犯の）リスクが低い犯行者、リスクが中程度の犯行者、リスクの高い犯行者を区別すべきである。（再犯の）リスクの低い犯行者は、迅速かつ完全にダイヴァートされるべき（ディヴァージョンに

付されるべき）であり、他方、多くの中程度のリスクおよびリスクの高い犯行者は、コミュニティ・プログラムにより応えることができる処遇上のニーズを有する場合もある。第二に、諸機関は、他の、標準化された、客観的な尺度を用いて、女子の間に広く見られることが知られている問題領域を測定することが推奨される。州全体にわたって、Voice Diagnostic Interview Schedule for Children（児童に関する Voice 診断インタヴュー・スケジュール）を実施することは、女子および男子ともに、精神衛生上の問題を識別し、薬物濫用の処遇上のニーズを識別するのに役立つだろう（McReynolds et al., 2010）。第三に、インテイクのスタッフは、各女子について、裁判所で、または、評価センターでのインテイクで、深層インタヴューを行うべきである。第四に、処遇上のニーズの評価を行う全ての段階で、女子の強さとアセット（その女子の有する貴重なもの）を測定すべきである。最後に、包括的サービス・プランにおいて、（提供される）サービスは各女子の特有のニーズに合致したものであるべきである。

女性に応答するプログラム

　女性に応じた処遇を強調するフィロソフィーの提唱者は、集中的処遇のために女子だけを選び出すことに強く反対している。その理由は、彼らの見解によれば、女子の問題の主たるソースは個人的な欠陥にあるのではないからである。むしろ、直す必要があるのは、女子の軽微な形態の非行に対する支配的な力を及ぼしている社会の側と制度側の過剰な反応である。したがって、Hubbard と Matthews（2008, p. 238）は、女子の強さを強化することを基礎とするサポートを行うべきだとする提案を行っており、「自分達の生活における共通する問題を女子が検討するのを許し、他者との親密なコミュニケーションを通して、自分に価値があるという感覚を発展させる治療モデル」を提唱している。もっと具体的に言えば、彼らは、(a) 関係モデルに基づく処遇上のアプローチと、(b) トラウマについての情報を十分に持った処遇上のアプロー

チを指示している。

　女性と女性との関係の領域では、「女子に、よい変化が起こるかどうかは、相互に信頼関係を発展させ、感情移入ができる関係を樹立できるかどうかにかかっている。これができれば、彼らが再び同じ経験をするのを阻止することになる」(Hubbard and Matthews, 2008, p. 239)。促進を図る態様で、「トラウマについての情報を十分に持ったサービスでは、インテイクの段階で一般的検査（普遍的スクリーニング）を行い、虐待歴のある女子を特定し、力を強化することを基礎とするアプローチを採って、消費者（プログラムのサービスを受ける者）が自分でその虐待を生き抜くのに助けとなるスキルを認識し、彼らが、これらのスキルを使って、重要な処遇上の目標、例えば、意思決定を改善する、薬物濫用を減少させる、という目標）を達成するのを助ける」(pp. 238-239)。これらの二つのサービスを実施するうえでの、性に応答するプログラムを策定するとの要件は、CBT（認知行動療法 cognitive behavioural therapy）に統合することができ、女子についての治療上の互いに助けとなる協力的関係（アライアンス）を形成することにある。Hubbard と Matthews (2008) はこのことが女子とともに作業するときに特に重要性があると主張している。

　女子に関する連続する切れ目のないプログラムでは、家族、同輩、学校およびコミュニティのドメイン（各段階領域）でよい関係を樹立することが重要であることを強調すべきである。それぞれの発達段階のドメイン（各段階領域）では、「その目標は、女子を社会的サポートで包み、リスキーな行動または反社会的な行動に至る原因となることがあり得る有害な環境から彼女らを遮断することにある。研究によれば、彼らに安全であると感ずる感覚を与えて社会的なサポートを提供することで、若年者が有害な環境から保護され、ストレスから来る心理的および身体的結果を中和することになる」ことが証明されている(Hubbard and Matthews, 2008, p. 248)。被害に遭った女子および「リスクを遙かに超える劣悪な環境に置かれた(beyond risk)」女子は、トラウマとなる被害とトラウマを生ぜしめた被害後のストレスから来る障害(ポスト・トラウマ・

ストレス・ディスオーダー　PTSD）についての治療、およびその他の精神衛生サービス、健康検査、健康に関する教育と基礎的な健康に関するサービス、薬物濫用サービスと現場での様々の経験学習と教育サービスから、利益を受けることができる。かかる切れ目のない連続するサービスを構築するに際しては、女子が必要とされるサービスを受けることができるのかが、しばしばやっかいな問題となることを心にとどめておくことが重要である。（女子には様々のプログラム・オプションがあるからである（Chesney-Lind, Morash, and Stevens, 2008; and the Center for the Promotion of Mental Health in Juvenile Justice's Guidelines for Child and Adolescent Mental Health Referral, 2003（児童および思春期の精神衛生上の問題を理由とする送致に関する少年司法ガイドラインにおける精神衛生の促進センター），2003 を見よ）。コネチカット州とフロリダ州の両者は、女子に関する、女性に応答するサービスの提供について主要な研究を行ってきた（Watson and Edelman, 2012）。女子の健康チェック Girls Health Screen（GHS）ツールは身柄拘束されている 11 歳から 17 歳の女子に関して発展させられてきたツールである（Acoca, 2005）。この健康チェックにより、少年司法制度に関わってきた　女子の健康状態が直ちに判明し、適切な治療・処遇のガイドの助けとなる。

　Farrington と Painter（2004）は次のように示唆している。親の訓練と親の教育技術、——これは親による規律をターゲットとしている——、親による監督、親による子供の強化（例えば、褒めること）および親の子供への興味は、相対的にみて、男性の犯行の減少よりも、女性の犯行の減少により大きな影響がある（とりわけ初期の非行の開始についてはそうである）。女子児童による非行があった場合の早期介入は、とりわけ攻撃的女子の場合には、推奨される最良の実務である。このレベルでの介入は、必然的に、親または保護者を含むことになる。Augimeri のティームは、次のことを発見した。つまり、児童非行を犯した女子の半数以上は、7 歳以前に攻撃的行動を示したこと、これらの女子は混乱した無秩序な家族からやってきている傾向が強く、そこでは母親と

娘の争いが高レベルであり、彼らの主たる保護者との数多くの分離を経験してきていることが発見されている（Augimeri and Koegel, 2012; Augimeri, Walsh, Liddon et al., 2011）。SNAP®Girls は、証拠に基づく性に配慮した認知行動プログラムであり、攻撃的若年の女子とその親を対象としている（Pepler, Walsh, Yuile et al., 2010）。事実、これは、12 歳以下の破壊的行動の問題を抱えた女子に関する、「性に特化した」最初の証拠に基づく介入である。セラピーは、社会的学習、自己統制、問題解決、および女性の視点からの見通しをその内容とし、次第に、トラウマと愛着障害に重点を置く（Pepler et al., 2010）. （http://www.stopnowandplan.com/girl_program.php）。このプログラムは、攻撃性、いじめおよび非行行動を短期間で減少させ、これらの効果が中間地点での将来まで持続する。この持続効果を示す良い証拠がある。

性に中立的なプログラム

女性に特化したまたは女性に応答するアプローチは非行を減少させるのに効果があるが、性に中立的なプログラムもまた効果がある。最近まで、少年司法の領域では、女子の非行への関与に対処するのに効果があることが証明されたものは何もない、というのが共通する知識であり、この見解が大きく寄与して、女性に特化したプログラムがほとんど開発されず、一握りの開発されたプログラムだけが厳格な評価の対象となってきたという事実をもたらした（Zahn, Agnew, Fishbein et al., 2010）。外部の観察者の主張により、OJJDP（アメリカ合衆国司法省少年司法および非行予防局）の研究グループは、そのレンズを広げて、女性に特化していない、証拠に基づくプログラムを考慮に入れ、男子はもちろん、女子にも効果的であることが明らかな二つのプログラムを識別した（Zahn, Day, Mihalic et al., 2009）。Multisystemic Therapy（MST）（少年犯行者の全領域にわたる、多数のシステミック・セラピーを組合わせたセラピー）と Multidimensional Treatment Foster Care（MTFC）（多次元の処遇を行う里親でのケア）がこれであり、両者ともに、行動管理のアプローチ

242

を用いている。

　Lipsey（2009）は、全てのタイプのプログラムに関する彼のメタ分析（既述）の中で、女子と男子とで効果に差はないと認定している。もっとも、彼は、女性に関しては研究があまりに少なく、この結論に自信を持てる状況にはない、と注意を喚起している。だが、Lipsey のメタ分析で識別された証拠に基づくサービスのいくつかは、効果的なプログラムとして識別されたプログラムの中で女子に対しても（男子と）共通に使われており、これは希望を与えるものである。本セクションで論じた、プログラム、とりわけ、認知行動セラピー、家族セラピー、カウンセリング、および個人と個人の間でのスキルの発展などがそれである。新たな重要な研究では、家族セラピーおよび混合カウンセリングとグループ・カウンセリングは女子と男子の薬物濫用の治療に非常に効果がある（Tanner-Smith, Wilson, and Lipsey, 2013b）。男子の思春期にある重大犯罪と粗暴犯を犯す犯行者に対処するための効果的なプログラムも、女子に関してよい結果をもたらすといえるであろう（Lipsey and Wilson, 1998）。特に、粗暴犯を犯す若年者をターゲットとする、Aggression Replacement Training（ART）（攻撃に代わる対処の訓練）は、男性に関してはもちろん、女性に関しても効果があることは明らかである。ART は 10 週間にわたる、34 の認知行動プログラムであり、8 歳から 12 歳までの思春期のグループと、11 歳から 17 歳までのグループを対象に運用される（Goldstein and Glick, 1994）。この 10 週間の間に、若年者は、1 週間あたり三つの 1 時間のセッションに出席し、スキルの訓練、怒りの統制、および道徳的推論を学ぶ。思春期の者を対象とする、ART の凝縮ヴァージョンは短期の住居型施設（家出をした者のシェルター）で、反社会的行為の兆候を示した者を対象に一時的に行われており、どれも女子に対して効果があった（Nugent, Bruley, and Allen, 1999）。

　家族を強化するプログラム（Strengthening Families Program（SFP））。両親と 10 から 14 歳の若年者のためのプログラムである SFP10-14 は、性に中立的なプログラムであり、親とその思春期の子供を対象とする。この適応プログ

ラムは、薬物の使用と思春期の問題行動を減少させることを狙いとし、養育の
スキルを改善し、親による子供の管理を改善し、若者の間における個人と個人
の間の関係と個人の能力を改善することで、この狙いを実現しようとするもの
である。親のグループ・セッションでは適切な規律の加え方を教え、自分の子
供である若年者を扱う効果的なコミュニケーション・スキルを教える。若年者
のグループ・セッションでは、同輩からの圧力を扱う断り方のスキルを教え、
ストレスを扱うスキルのような個人で対処するスキルを教える。このプログラ
ムの結果、親の能力がかなり増し、生徒の薬物に関係するリスクが減り、学校
への関わりがかなり増した（http://www.crimesolutions.gov/ProgramDetails.
aspx?ID=190）。

　Safe Dates（安全なデート）はデート中の暴力を防ぐ模範プログラムであ
る。このプログラムは、女子が暴力を用いた性的被害に遭うのを減少する助け
となりうる。このプロの目標は、思春期のデートに関係した暴力に関する規範
を変え、思春期の性的役割に関する規範を変え、デートの関係で起こる紛争を
解決するスキルを改善し、デート中の暴力に関して、被害者と加害者が助けを
求めることが必要であるとの考えを促し、デート中の暴力についてコミュニテ
ィのリソースがあるということに気づかせ、被害者と加害者が助けを求めるこ
とを促し、同輩の助けに入るスキルを改善することにある。Foshee とその同
僚（2005）は、心理的虐待が行われている領域、中程度の有形力を行使した暴
力が振るわれ、性的暴力が振るわれている領域で効果のあるプログラムを発見
した。中高等学校を対象にすることを意図して、Safe Date（安全なデート）
プログラムは、単独で用いることもできるし、健康教育で、家族の中で、また
は一般的なライフ・スキルのカリキュラムの中で、簡単に利用できるプログラ
ムである。

コミュニティ全体に広がるギャングの問題への対処

　合衆国全体にわたり、法執行機関の約３分の１は毎年ギャング（ギャングの

定義については 41 頁を参照——訳者註）の活動を報告している（Egley and Howell, 2013）。ギャングの問題の報告件数は、1990 年代の終わり近くに、急激に減少したが、2000 年代初期に急増し、近年では安定している。ギャングの重大さを示すのに、次の三つの通常使われる指標がある。つまり、ギャングの数、ギャングのメンバー数、およびギャングに関係するホミサイド（homicide（人の死を惹起する犯罪））である。これらの指標は、ギャングの活動は、主として、都市地域、とりわけ非常に大きな都市に集中していることを示している（Howell, Egley, Tita, and Griffiths, 2011）。全ギャングの半数以上、ギャングのメンバーの 75 パーセント、ギャングに関連するホミサイドの 87 パーセントは、大都市地域（人口 10 万人以上の都市で、それに隣接する郊外のカウンティがある）に位置している（Egley and Howell, 2013）。そのうえ、これらの三つのギャングの重大さを示す指標のそれぞれが 2002 年から 2011 年にかけて、大都市内でのギャングに関係するホミサイドが増加していることを示しており、過去 10 年間にわたり、粗暴犯と財産犯の犯罪率の歴史的な減少がみられるという事態と対照的である。人口 5 万人かそれ以上の人口の都市の 3 分の 2 も、ギャングの問題がしつこく続いていることを報告している。したがって、この規模の都市およびそれよりも大きな都市はギャング活動があり得ることを警戒すべきであり、とりわけ、一定の都市が長きにわたるギャング活動のみられる大きな大都市の近くにある場合にはそうである。ギャングのメンバーによるホミサイドの犯行率は、そのより広い全住民の中で起こるホミサイドの犯行率の 100 倍である（Decker and Pyrooz, 2010）。ホミサイドのもっとも強い予測要因は、以前の重大な非行、中毒性の強い薬物の販売、銃器の携行、人々への残虐さ、そしてギャングのメンバーであることである（Loeber and Farrington, 2011）。リサーチに基礎を置くリスク要因に対処するとともに（Howell and Eagley, 2005）、ギャングに加わることを予防することが、とりわけ学校とコミュニティにおいてもっとも重要である（Howell, 2010, 2013b）。

　少年司法制度のあらゆる手続段階で少年犯行者にギャングが関わることに対

処することも、重要である。ギャングは犯行への関与度が高く、その関与期間も長いので、活発なギャングのメンバーは必ず少年司法制度により深く浸透している。少年司法制度の数多くの段階でこのように体系的にギャングが浸透していることは、最初にノースキャロライナ州の州全体にわたって文書で示された。同州では、ギャングのメンバーの浸透度は次の通りである。

・非行を行ったとの審判の申立てがなされた全ての少年の7パーセント
・少年審判を受けた少年の13パーセント
・短期の身柄拘束が認められた少年の21パーセント
・閉鎖型の居住型施設（secure residential facilities）に身柄を収容された少年の38パーセント（M.Q. Howell and Lassiter, 2011）

この後者の統計は、収容されている少年の犯行者に関して認識されている全国的データと合致する。居住型の少年の身柄拘束施設（residential juvenile detention facilities）または居住型矯正施設に収容されている少年の約3人に1人は、ギャングと何らかの関係があることを告白しており、拘禁施設に収容されている若年者（confined youth）の3分の2近く（60パーセント）は自分達が収容されている拘禁施設にはギャングがいると報告している（Sedlak and McPherson, 2010）。大部分の若年者（64パーセント）は、5分の1かそれ以下の被収容者がギャングのメンバーであるユニットに住んでおり、3分の1以下（30パーセント）の者が若年者の5分の1から2分の1がギャングのメンバーであるユニットに住み、6パーセントの者が、大部分がギャングのメンバーであるユニットに住んでいる。このリサーチが示唆するのは、ギャングの存在が、身柄を拘束する施設内に住んでいる若年者全員の収容環境によくない影響を与える原因となることである。例えば、身柄拘束施設または矯正施設でのギャングの存在は、禁制品を提供されたと述べる若年者のパーセンテージと関連し（24パーセント（ギャングがいる場合）対8パーセント（ギャングがいない場合））、また、若年者を扱うスタッフと若年者との関係がおよそ不十分で

あると特徴づけられるユニットに住む若年者のパーセンテージ（51 パーセント対 30 パーセント）にも関係する。「一定の問題のある状況は、身柄が拘束されている環境では、さらに集中する傾向がある。問題がエスカレートすると、施設側では、コントロールするための最後の手段をとることが時々ある。例えば、ある施設にギャングがいると、ユニットの 1 人以上の居住者が、スタッフが彼らに辛しスプレーをかけたと述べる、ユニットに居住する若年者がより多くなることが重要である。(38 パーセント対 18 パーセント)」（Sedlak and McPherson, 2010, p. 8）。

したがって、SVC のギャングメンバー（重大な犯行を犯し、粗暴犯を犯し、かつ慢性的に犯罪を犯す、ギャングのメンバー）をターゲットに、集中的なサービスと段階的サンクションを実施することが重要である。しかし、これは手強い難題である。ノースキャロライナ州のリサーチ（M.Q.Howell and Lassiter, 2011）では、ギャングのメンバーである者とギャングのメンバーではない者とを比較すると、7 倍以上も（再犯の）リスクの高い犯行者がいることが示されている（52 パーセント対 7 パーセント）（図 A.1.）。本付録の表 A.1 は非行

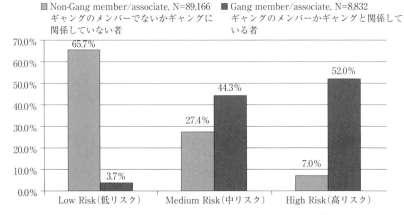

Figure A.1　Average Risk Levels of Gang and Non-Gang Juvenile Offenders in North Carolina
　図 A.1　ノースキャロライナ州におけるギャングの少年犯行者とギャングでない少年犯行者の平均的（再犯）リスク・レベル

必要とされる少年司法制度の改革　247

Table A.1　Risk Factors for Recidivism among Gang Members (With Greater Certainty for Males than Females)

表A.1　ギャングのメンバーの再犯に関するリスク要因（女性よりも男性の場合の方がそのリスクがより高いことは確かである）

Very strong research support:（リサーチによれば非常に強く支持されているリスク要因）

　Offense history: Frequency of violent assaults（犯行歴：暴力を用いた暴行の頻度）

　Individual; Degree of gang embeddedness（個人：ギャングに深く関わっている程度）

　Individual; Low self-control（個人：自己統制の弱さ）

　Peer: Frequency of associations with fellow gang members（同輩：仲間のギャングのメンバーと関わる頻度）

Strong research support:（リサーチにより強く支持されているリスク要因）

　Offense history: Prior referrals to juvenile court（犯行歴：以前に少年裁判所に送致されていたことがあること）

　Individual: Substance use/abuse history（個人：薬物の使用歴・濫用歴があること）

　Family: Have run away from home or program placement（家族：家出歴があることまたはプログラムに付されたこと）

　Family: Have parents that are willing but unable to supervise them（家族：子供を監督したいができない親であること）

　Family: Family transitions（家族：家族の形態の変化）

　Family: Low parent education（家族：親の教育の低さ）

　Peer: Early dating（同輩：早期からのデート）

　School: Serious school problems (drop out, expulsion, long-term suspension)（学校：学校での重大な問題（脱落、強制退学、長期の停学））

Good research support:（リサーチにより十分支持されているリスク要因）

　Family: Family disadvantage（家族：家族が（他の社会メンバーよりも）不利な立場にあること）

　Family: Poverty income level（家族：家族が貧困レベルにあること）

Sources:（出典）Howell, 2012; Howell and Egley, 2005; M.Q. Howell and Lassiter, 2011; Pyrooz et al., 2013; Thornberry et al., 2003

を犯したと審判されたギャングのメンバーの再犯に関するリスク要因を特定して示したものであり、リサーチにより支えられている。リサーチにより非常に強く支持されるリスク要因は、暴力を用いた暴行の頻度、ギャングに深く関わっている程度、自己統制の弱さ、仲間のギャングのメンバーと関係している頻度である。

　1980年代の終わり近くに、OJJDP（アメリカ合衆国司法省少年司法および非行予防局）は、アメリカ合衆国に存在するギャングの問題に対処するための組織化された機関とコミュニティのグループに関する包括的な全国評価を支持

した。この評価が依然として、ギャングに対処する努力をアメリカ合衆国全体にわたり評価した唯一のものである。この評価に基づいて、the Comprehensive Gang Prevention, Intervention, and Suppression Model（包括的ギャング予防、介入および排除モデル）が開発された（the Comprehensive Gang Program Model（包括的ギャング・プログラム・モデル）または短縮形でCGMと呼ばれる）。このCGM（包括的ギャング・プログラム・モデル）は次の五つの統合された戦略に基づき、地方における適切な活動の柔軟な枠組みを提供する。(1)「社会による介入（社会の観点からする介入）」および (2)「機会提供」活動。この活動は、(street outreach（ギャングのメンバーとその家族を対象に、特定のオフィスで仕事をするのではなく、街頭とギャングの家を中心に、支援を行う活動）、法執行機関、ソーシャル・サービス、プロベイション・パロール、および教育機関を含む、いくつかの機関から派遣される人員により構成される、多くの専門領域にわたる混成介入チームにより実施される。(3) コミュニティの動員。これは、コミュニティのメンバーを動員して地方のギャングの問題に対処するものである。(4) 排除活動。これは、コミュニティの安全について責任を持つことと、コミュニティの安全を強調する活動である。(5) 組織面での変化と組織の発展。この活動は、関係諸機関の間での情報の共有を改善し、ギャングのメンバーとその家族にサービスを提供しようとするものである。

　CGM（包括的ギャング・プログラム・モデル）の評価をしたところ、ギャングの暴力と薬物に関連する犯罪が減少したことが認定され（Spergel, Wa, and Sosa, 2006）、ギャングへの関与とギャングによる犯罪が減少した（Cahill and Hayeslip, 2010; Hayeslip and Cahill, 2009）。Spergelとその同僚（2006）は、そのプログラムがモデルにかなり忠実に実施された三つのサイト（イリノイ州シカゴ、キャリフォーニア州リバーサイド、アリゾナ州メーサ）で、若年者と近隣のコントロール・グループと比較すると、ギャングの暴力に統計的に有意な減少があったと認定し、二つのサイトでは、薬物に関連した犯罪で統計的に有意な減少があったと認定した。CahillとHayeslipの評価では、4 都市

（キャリフォーニア州ロサンゼルス、ヴァージニア州リッチモンド、ウィスコンシン州ミルウォーキー、およびフロリダ州ノーズ・マイアミ・ビーチ）に焦点を当てた評価を行い、四つの全都市ではないが、一つまたは二つの都市で犯罪の減少が示されたと認定した。

　このモデルについては数多くのところで実施され、CGM が最良の実務であるとの洞察が提供されている。このモデルの実施が成功するために決定的重要性を有する核心をなす要素は次のものを含む（National Gang Center, 2010）。

・コミュニティのリーダーと政策立案者により招集された効果的な運営委員会（Steering Committee）を組織し、地方のギャングの問題に関する責任を共有すること。
・ギャングが形成される独特の社会的背景とギャングへの関与に関連するリスク要因を識別する目的で、コミュニティ内にいるギャングを、方法論を踏まえて包括的に評価し、特定の場所でギャングの活動を減少させるのに適切とされる、現存するプログラムの目録を作成すること。
・多数の専門領域を含む介入ティームを形成し、ケースを管理して、上記の評価から引き出されたスクリーニング基準により識別されたギャングのメンバーに、ターゲットとするサービスを共同で調整して実施すること。
・いったんこの介入ティームが招集されたならば、street outreach workers（ギャングとのオフィス外でのコンタクトを通した支援ワーカー）が、プログラムに付す者をこの介入ティームに送致する主たるソースであるのみならず、street outreach workers は、サービスを実施する際にしばしば活発な役割を果たし、コミュニティでのサービスの提供者と密接に協力して活動する。さらに、outreach workers は、街頭でこの介入ティームの「目と耳」となり、この介入ティームにギャングの争いと暴力の個人的側面について見通しを提供し、介入がこのティームのクライアントにどのような影響を及ぼすかについての見通しを提供する（Arciaga and Gonzalez, 2012）。評価の結果では、outreach work（オフィス外でのコンタクトを通

した支援活動）が十分に実施されることが成功に不可欠である（Hayeslip and Cahill, 2009; Spergel et al., 2006）。

・プロジェクトの調整者は、運営委員会と介入ティームをつなぐ連絡者としての役割を果たし得る。プログラムを長期的に成功させ、そのプログラム調整者の及ぼす効果を確かなものとするには、リーダーシップが維持されることが不可欠である（Hayeslip and Cahill, 2009）。

マサチューセッツ州（Gebo and Bond, 2012）とノースキャロライナ州（M. Q.Howell and Lassiter, 2011）は、CGM（包括的ギャング・プログラム・モデル）を、ギャングにより影響を受けている州の人口の大部分をカバーする数多くのサイトで実施した。マサチューセッツ州では、10万人以上の人口の都市全てでサポートがなされ、ノースキャロライナ州では、CGMに参加するように呼びかけが行われた。両方のケースおよびCGMを実施できなかった他の州で、このモデルを使えば、コミュニティでのギャングの評価に基づいて、地方が意思決定を行うことができる。若年者の間で今以上にギャングの問題がエスカレートするのを防ぎ、ギャングへの関与を減少させるには、証拠に基づくプログラムがもっともその目的に適している（https://www.nationalgangcenter. gov/SPT）。

註

1) http://www.ojjdp.gov/dmc/pdf/StepsinCalculatingtheRelativeRateIndex.pdf
2) 1980年の立法以来、the Civil Rights of Institutionalized Persons Act（CRIPA）, 42 U.S.C. § 1997a et seq., （被収容・収監者基本権法42 U.S.C. § 1997a条以下）は、the Civil Rights Division of the U.S. Department of Justice（合衆国司法省基本権担当部局）が公的に運営する施設で個人に関する基本権違反の有無を調査する権限を与え、基本権違反が発見された場合には、州または地方政府に対し、法的訴訟を行う権限を付与してきている。http://www.justice.gov/crt/about/spl/juveniles.php でアクセスできる。
3) Accessed at: http://pbstandards.org/

参照文献 (References)

1. Abrams, D. E. (2003). *A very special place in life: The histoly of juvenile justice in Missouri*. Jefferson City, MO: The Missouri Juvenile Justice Association.
2. Acoca, L. (2005). Introduction to the National Girls Health Screen Project. Philadelphia, PA: Stoneleigh Foundation. Available at http: //stoneleighfoundation. org/content/national-girls-health-screen-project.
3. Adams, B., and Addie, S. (2009). Delinquency cases waived to criminal court, 2005. *Fact Sheet*. Washington, DC: Office of Juvenile Justice and Delinquency Prevention.
4. Advancement Project. (2005). Education on lockdown: *The schoolhouse to jailhouse track*. Washington, DC: Advancement Project.
5. Ægisdóttir, S., White, M. J., Spengler, P. M. Maugherman, A. S., Anderson, L. A., Cook, R. S., et al. (2006). The meta-analysis of clinical judgment project: Fifty-six years of accumulated research on clinical versus statistical prediction. *The Counseling Psychologist*, 34, pp. 341-382.
6. Andrews, D. A. (2006). Enhancing adherence to risk-need-responsivity. *Criminalogy and Public Policy*, 5, 595-602.
7. Andrews, D. A., and Bonta, J. (2006). *The psychology of criminal conduct*, 4th ed. Cincinnati, OH: Anderson/LexiNexis.
8. — (2010a). Rehabilitating criminal justice policy and practice. *Psychology, Public Policy; and Law*, 16, 39-55.
9. — (2010b). *The psychology of criminal conduct* (Fifth ed.). New Providence, NJ: LexisNexis Matthew Bender.
10. Andrews, D., Bonta, J., and Hoge, R. D. (1990). Classification for effective rehabilitation: Rediscovering psychology. *Criminal Justice and Behavior*, 17, 19-52.
11. Andrews, D., Bonta, J., and Wormith, S. (2006). The recent past and near future of risk and/or need assessment. *Crime and Delinqumcy*, 52, 7-27.
12. Andrews, D. A., Zinger, I., Hodge, R. D., Bonta, J., Gendreau, P., and Cullen, F. T. (1990). Does correctional treatment work? A clinically-relevant and psychologically informed meta-analysis. *Criminology*, 28, 369-404.
13. Annie E. Casey Foundation. (2013). *Juvenile Detention Altematires Initiative: 2011 annual results report*. Baltimore, MD: Annie E. Casey Foundation.
14. Aos, S., Miller, M., and Drake, E. (2006). *Evidence-based public policy options to reduce future prison construction, criminal justice costs, and crime rates*. Olympia: Washington State Institute for Public Policy. (http://www.wsipp.wa.gov/).
15. Aos, S., Lee, S., Drake, E., Pennucci, A., Klima, T., Miller, M., Anderson, L., Mayfield, J., and Burley, M. (2012). *Return on investment: Evidence-based options to improve statlwide outcomes*. Olympia: Washington State Institute for Public Policy (http: //www.wsipp.wa.gov/).

16. Arciaga, M., and Gonzalez, V. (2012). Street outreach and the Comprehensive Gang Model. NGC *Bulletin No. 7*. Tallahassee, FL: National Gang Center.

17. Arthur, M. W., Hawkins, J. D., Pollard, J. A., Catalano, R. F., and Baglioni, A. J. (2002). Measuring risk and protective factors for substance use, delinquency, and other adolescent problem behaviors: The Communities That Care Survey. *Evaluation Review*, 26, 575-601.

18. Augimeri, L. K., Enebrink, P., Walsh, M. M., and Jian g, D. (2010), Gender specific childhood risk assessment tools. Early assessment risk lists for boys (EARL-20B) and girls (EARL-21G). In R. K. Otto and K. S. Douglas (eds.), *Handbook of violence risk assessment* (pp. 43-62). New York: Routledge, Taylor and Francis Group.

19. Augimeri, L. K., and Koegel, C. J. (2012). Raising the bar: Transforming knowledge to practice for children in conflict with the law. In R. Loeber and B. C. Welsh (eds). *The Future of Criminology* (pp. 204-210). Oxford, NY: Oxford University Press.

20. Augimeri, L. K., Koegl, C. J., Webster, C. D., and Levene, K. (2001). *Early assessment risk list for boys: EARL-20B, Version 2*. Toronto: Earlscourt Child and Family Centre.

21. Augimeri, L. K., Walsh, M. M., Jiang, D., Koegl, C. J., and Logue L. (2010). Early Assessment Risk List - Pre Checklist: EARL-PC (Pilot Checklist). Toronto, ON: Child Development Institute.

22. Augimeri, L. K., Walsh, M., Liddon, A. D., and Dassinger, C.R. (2011). From risk identification to risk management: A comprehensive strategy for young children engaged in antisocial behavior. In D. W. Springer and A. Roberts, (eds.), *Juvenile justice and delinquency* (pp. 117-140). Sudbury, MA: Jones and Bartlett.

23. Augimeri, L. K., Walsh, M. M, and Slater, N. (2011). Rolling out SNAP, an evidence-based intervention: A summary of implementation, evaluation and research. *International Journal of Child, Youth and Family Studies*, 2, 330-35 2.

24. Austin, J. (2006). How much risk can we take? The misuse of risk assessment in corrections. *Federal Probation*, 70, 58-63.

25. Backer, T. E. (1993). Information alchemy: Transforming information through knowledge utilization. *Journal of tlu American Society for Information Science*, 44, 217-221.

26. Baglivio, M. (2009). The assessment of risk to recidivate among a juvenile offending population. *Journal of Criminal Justice*, 37, 596-607.

27. — (2013a). Serious, violent, chronic analysis. *Briefing Report*. Tallahassee, FL: Florida Department of Juvenile Justice, February 13.

28. —(2013b). The risk principle. *Briefing Report*. Tallahassee, FL: Florida Department of Juvenile Justice, March 21.

29. —(2013c). Serious; violent, and chronic (SVC) offenders : How much crime are they responsible for? *Briefing Report*. Tallahassee, FL: Florida Department of Juvenile

参 照 文 献　253

Justice, December 21.

30. Baglivio, M. T., and Jackowski, K. (2013). Examining the validity of a juvenile offending risk assessment instrument across gender and race/ethnicity. *Youth Violence and Juvenile Justice*, 11, 26-43.

31. Baglivio, M. T., Jackowski, K., Greenwald, M.A., and Howell, J.C. (2014). Serious, violent, and chronic juvenile offenders: A statewide analysis of prevalence and prediction of subsequent recidivism using risk and protective factors. *Criminology and Public Policy*, 13, 83-116.

32. Baird, C. (2009). A question of evidence: A critique of risk assessment models used in the justice system. *A special report*. Oakland, CA: National Council on Crime and Delinquency.

33. Baird, C., Johnson, K., Healy, T., Bogie, A., Dankert, E. W., and Scharenbroch, C. (2013). *Risk and needs assessments in juvenile justice: A comparison of widely available risk and needs assessment systems*. Oakland, CA: National Council on Crime and Delinquency.

34. Baird, S., Storrs, G. M., and Connelly, H. (1984). *Classification of juveniles in corrections: A model systems approach*. Washington, DC: Arthur D. Little, Inc.

35. Barnoski, R. (2002). Washington State's implementation of Functional Family Therapy for juvenile offenders : Preliminary results. Olympia: Washington State Institute for Public Policy. Retrieved from wsipp.wa.gov/.

36. ― (2004a). *Assessing risk for re-offense: Validating the Washington state juvenile court assessment*. Olympia, WA: Washington State Institute for Public Policy. Retrieved from wsipp.wa.gov /.

37. ― (2004b) *Outcome Education of Washington State's research-based programs for juvenile offenders*. Olympia: Washington State Institute for Public Policy. Retrieved from wsipp.wa.gov/

38. ― (2005). *Washington State's experience with research-based juvenile justice programs*. Olympia, WA: Washington State Institute for Public Policy. Retrieved from wsipp.wa.gov/.

39. ― (2009). *Providing evidence-based programs with fidelity in Washington State juvemle courts: Cost analysis*. Olympia: Washington State Institute for Public Policy. Retrieved from wsipp.wa.gov/.

40. Bechard, S., Ireland, C., Berg, B., and Vogel, B. (2011). Arbitrary arbitration: Diverting juveniles into the justice system ―― a reexamination after 22 years. *International Journal of Offender Tlierapy and Comparative Criminology*, 55, 605-625.

41. Bell, K. (2009). Gender and gangs: A quantitative comparison. *Crime and Delinquency*, 55, 363-387.

42. Benda, B. B., and Tollett, C. L. (1999). A study of recidivism of serious and persis-

tent offenders among adolescents. *Journal of Criminal Justice*, 27, 111-126.

43. Berkel, C., Mauricio, A. M., Schoenfelder, E., and Sandler, I. N. (2011). Putting the pieces together: An integrated model of program implementation. *Prevention Science*, 12, 23-33.

44. Bernard, T. J. (1992). *The cycle of juvenile justice*. New York: Oxford University Press.

45. Blumstein, A. (1995). Youth violence, guns, an d the illicit drug industry. *Journal of Criminal Law and Criminology*, 86, 10-36.

46. Borduin, C. M., and Ronis, S. T. (2012). Individual, family, peer, and academic characteristics of female serious juvenile offenders. *Youth Violence and Juvenile Justice*, 10, 386-400.

47. Brown, J., and Langan, P. (1998). *State court sentencing of convicted felons, 1994*. Washington, DC: U.S. Department of Justice, Bureau of Justice Statistics.

48. Brown, L. M. (2003). *Girlftghting: Betrayal and rejection among girls*. New York: New York University Press.

49. Brown, S. A. (2012). *Trends in Juvenile Justice State Legislation: 2001-2011*. Denver, CO: National Conference of State Legislators.

50. Bumbarger, B. K. (2012). Pennsylvania's statewide strategy for promoting blueprint programs. Paper presented at the Annual Blueprints Conference. April. San Antonio, TX.

51. Burke, C., and Pennell, S. (2001). *Breaking Cycles evaluation: A comprelzensive approadt to youthful offenders*. San Diego, CA: San Diego Association of Governments.

52. Burns, B. J., Landsverk, J., Kelleher, K., Faw, L., Hazen, A., and Keeler, G. (2001). Mental health, education, child welfare, and juvenile justice service use. In R. Loeber and D. P. Farrington (eds.). *Child Delinquents: Development, Intervention, and Service Needs* (pp. 273-304). Thousand Oaks, CA: Sage.

53. Bushway, S. D., Krohn, M. D., Lizotte, A. J., Phillips, M. D., and Schmidt, N. M. (2013). Are risky youth less protectable as they age? The dynamics of protection during adolescence and young adulthood. *Justice Quarterly*, 30, 84-116.

54. Bushway, S. D., Thornberry, T. P., and Krohn, M. D. (2003). Desistance as a developmental process: A comparison of static and dynamic approaches. *Journal of Quantitative Criminology*, 19, 129-15.

55. Butts, J. A., and Evans, D. N. (2011). Resolution, reinvestment, and realigrunent: Three strategies for changing juvenile justice. New York, NY: Research and Evaluation Center, John Jay College of Criminal Justice, City University of New York.

56. Cahill, M., and Hayes lip, D. (2010). Findings from the Evaluation of OJJDP's Gang Reduction Program. Juvenile Justice Bulletin. Washington, DC: U.S. Department of Justice, Office of Juvenile Justice and Delinquency Prevention.

参 照 文 献　255

57. California Department of Corrections and Rehabilitation. (2010). Juvenile justice outcome evaluation report: Youth released from the Division of Juvenile Justice in Fiscal Year 2004-05. Sacramento, CA: Office of Research.
58. Campaign for Youth Justice. (2013). State Trends: Legislative Victories 2011-2013. Washington, DC: Campaign for Youth Justice.
59. Centers for Disease Control and Prevention. (2006). Youth risk behavior surveillance: United States, 2005. *Prevention Morbidity and Mortality Weekly Report*, 55 (SS-5), 1-108.
60. Center for the Promotion of Mental Health in Juvenile Justice. (2003). *Guidelines for Child and Adolescent Mental Health Referral*. New York: Columbia University Department of Child and Adolescent Psychiatry.
61. Chapman, J. J., Desai, R. A, Falzer, P. R., and Borum, R. (2006). Violence risk and race in a sample of youth in juvenile detention : The potential to reduce disproportionate minority confinement. *Youth Violence and Juvenile Justice: An Interdisciplinary Journal*, 4, 170-184.
62. Chesney- Lind, M., and Sheldon, R. (2004). *Girls, delinquency, and juvenile justice* (Third ed.). Belmont, CA: Wadsworth.
63. Chesney-Lind, M., Morash, M., and Stevens, T. (2008). Girls' troubles, girls' delinquency, and gender responsive programming: A review. *Australian and New Zealand Journal of Criminology*, 41, 162-189.
64. Chung, H. L., Schubert, C. A, and Mulvey, E. P. (2007). An empirical portrait of community reentry among serious juvenile offenders in two metropolitan cities. *Criminal Justice and Behavior*, 34, 1402-1426.
65. Cocozza, J. J., Veysey, B. M., Chapin, D. A, Dembo, R., Walters, W., and Farina, S. (2005). Diversion from the juvenile justice system: The Miami-Dade juvenile assessment center post-arrest diversion program. *Substance Use and Misuse*, 40, 935-951.
66. Cohen, M. A., Piquero, A. R., and Jennings, W. G. (2010). Estimating the costs of bad outcomes for at-risk youth and the benefits of early childhood interventions to reduce them. *Criminal Justice Policy Review*, 21, 391-434.
67. Cook, P. J., and Laub, J. H. (1998). The unprecedented epidemic of youth violence. In M. Tonry and M. H. Moore (eds.), *Youth violence* (pp. 27-64) Chicago: University of Chicago Press.
68. Crosnoe, R., Erickson, K. G., and Dornbusch, S. M. (2002). Protective functions of family relationships and school factors on the deviant behavior of adolescent boys and girls: Reducing the impact of risky friendships. *Youth and Society*, 33, 515-544.
69. Cullen, F. T. (2005). The twelve people who saved rehabilitation: How the science of criminology made a difference. *Criminology*, 43, 1-42.
70. Davis, J., and Sorensen, J. R. (2013). Disproportionate minority confinement of

juveniles: A national examination of black-white disparity in placements, 1997–2006. *Crime and Delinquency*, 59, 115–139.

71. Decker, S. H., and Pyrooz, D. C. (2010). Gang violence worldwide: Context, culture, and country. Small Arms Survey 2010. Geneva, Switzerland: Small Arms Survey.

72. Dedel-Johnson, K., and Hardyman, P. L. (2004). How do you know if the risk assessment instrument works? National Institute of Corrections. In *Topics in community corrections: Assessment issues for managers* (pp. 20–26). Washington, DC: U. S. Department of Justice, National Institute of Corrections.

73. Dembo, R., Schmeidler J. and Walters, W. (2004). Juvenile assessment centers: An innovative approach to identify and respond to youths with substance abuse and related problems entering the justice system. In A. R. Roberts (ed.), *Juvenile justice sourcebook:Past, present and future* (pp. 512–536). New York, NY: Oxford University Press.

74. Dilulio, J. J., Jr. (1995, November 27). The coming of the super-predators. *Weekly Standard*, pp. 23–28.

75. Dishion, T. J., McCord, J., and Poulin, F. (1999). When interventions harm: Peer groups and problem behavior. *American Psychologist*, 54, 755–764.

76. Dodge, K. A., Dishion, T. J., and Lansford, J.E. (eds.). (2006). *Deviant Peer influences in programs for youth: Problems and solutions*. New York: Guilford Press.

77. Drake, E. K. (2012). Reducing crime and criminal justice costs: Washington State's evolving research approach. *Justice Research and Policy*, 14, 97–115.

78. Drake, E. K., Aos, S., and Miller, M. G. (2009). Evidence-based public policy options to reduce crime and criminal justice costs: Implications in Washington State. *Victims and Offenders*, 42, 170–196.

79. Egley, A., Jr., and Howell, J. C. (2013). *Highlights of the 2011 National Youth Gang Survey*. Washington, DC: U.S. Department of Justice, Office of Justice Programs, Office of Juvenile Justice and Delinquency Prevention.

80. Elliott, D. S. (1994). Serious violent offenders: Onset, developmental course, and termination. *Criminology*, 32, 1–21.

81. Elliott, D.S., ed. (1998). *Blueprints for violence prevention*. Denver, CO: C and M Press.

82. Esbensen, F., Osgood, D. W., Peterson, D., Taylor, T. J., and Carson, D. C. (2013). Short and long term outcome results from a multi-site evaluation of the G.R.E.A.T. Program. *Criminology and Public Policy*, 12, pp. 375–411.

83. Esbensen, F., Peterson, D., Taylor, T. J., and Freng, A. (2010). *Youth violence: Sex and race differences in offending, victimization, and gang membership*. Philadelphia, PA: Temple University Press.

84. Ezelle, M. E. (2007). Examining the overall and offense-specific criminal career lengths of a sample of serious offenders. *Crime and Delinquency*, 53, 3–37.

参 照 文 献　257

85. Fabelo, T., Thompson, M. D., Plotkin, J. D., Carmichael, D., Marchbanks, M. P., and Booth, E. A. (2011). Breaking school rules: A statewide study of how school discipline relates to students' success and juvenile justice system involvement. New York: Council of State Governments Justice Center.

86. Fagan, A. A., Hanson, K., Hawkins, J. D., and Arthur, M. W. (2008). Implementing effective community-based prevention programs in the community youth development study. *Youth Violence and Juvenile Justice*, 6, 256-278.

87. Fagan, A., Van Horn, M. L., Hawkins, J.D., Arthur, M.W. (2007). Gender similarities and differences in the association between risk and protective factors and self-reported serious delinquency. *Prevention Science*, 8, 115-124.

88. Farrell, J. L., Young, D. W., and Taxman, F. S. (2011). Effects of organizational factors on use of juvenile supervision practices. *Criminal Justice and Behavior*, 38, 565-583.

89. Farrington, D. P., Loeber, R., and Howell, J. C. (2012). Young adult offenders: The need for more effective legislative options and justice processing. *Criminology and Public Policy*, 11, 729-750.

90. Farrington, D. P., Loeber, R., Jolliffe, D., and Pardini, D.A. (2008). Promotive and risk processes at different life stages. In R. Loeber, D. P. Farrington, M. Stouthamer-Loeber, et al., *Violence and serious theft: Development and prediction from childhood to adulthood* (pp. 169-229). New York: Rou tledge.

91. Farrington, D. P., Loeber, R., and Joliffe, D. (2008). The age-crime curve in reported offending. In R. Loeber, D. P. Farrington, M. Stouthamer-Loeber, et al., *Violence and serious theft: Development and prediction from childhood to adulthood* (pp. 77-104). New York: Routledge.

92. Farrington, D., and Painter, K. (2004). *Gender differences in risk factors for offending*. Research, Development and Statistics Directorate, UK. (Home Office RDS Online Report OLR09/04) Retrieved October 20, 2012, from http://webarchive. nationalarchives.gov.uk/20110218135832/http://rds.homeoffice.gov.uk/rds/online-pubsl.html.

93. Farrington, D. P., and Welsh, B. C. (2007). *Saving children from a life of crime: Early risk factors and effective interventions*. New York: Oxford University Press.

94. Feyerherm, W., and Butts, J. (2003). Proposed methods for measuring dispro-portionate minority contact. Washington, DC: Office of Juvenile Justice and Delinquency Prevention.

95. Fixsen, D. L., Blasé, K. A., Naoom, S. F., and Wallace, F. (2009). Core implementation components. *Research on Social Work Practice*, 19, 531-540.

96. Fixsen, D. L., Blasé, K. A., Timbers, G. D., and Wolf, M. M. (2001). In search of program implementation: 792 replications of the Teaching-Family Model. In G. A. Bernfeld, D. P. Farrington, and A. W. Leschied (eds.), *Offender rehabilitation in practice: Implementing and evaluating effective programs* (pp. 14-9 166). London:

Wiley.

97. Fixsen, D. L., Naoom, S. F., Blasé, K. A., Friedman, R. M., and Wallace, F. (2005). Implementation research: A synthesis of the literature. Tampa, FL: University of South Florida, Louis de la Parte Florida Mental Health Institute, The National Implementation Research Network (FMHI Publication #231).

98. Flinchum, T., and Hevener, G. (2011). Juvenile recidivism study: FY 2006/07 juvenile sample. Raleigh, NC: North Carolina Sentencing and Policy Advisory Commission.

99. Florida Department of Juvenile Justice. (2012). 2011 *Comprehensive Accountability Report (CAR), Probation and Community Intervention.* Tallahassee, FL.

100. Foshee, V. A., Bauman, K. E., Ennett, S. T., Suchindran, C., Benefield, T., and Linder, G. R. (2005). Assessing the effects of the dating violence prevention program "Safe Dates" using random coefficient regression modeling. *Prevention Science,* 6, 245-258.

101. Fowler, J. (2013). An exploratory statewide analysis of serious, violent, and chronic offenders among delinquent youth in Pennsylvania. Paper presented at the annual meeting of the American Society of Criminology, Atlanta, November.

102. Fox, J. A. (1996). *Trends in juvenile violence: A report to the United States attorney general on current and future rates of juvenile offending.* Washington, DC: Bureau of Justice Statistics.

103. Fraser, M. W., Day, S. H., and Schwalbe, C. (2002). *Risk assessment in jvenile justice: The reliability and validity of a risk assessment instrument protocol.* Chapel Hill, NC: Jordan Institute for Families, School of Social Work, University of North Carolina.

104. Fratello, J., Salsich, A., and Mogulescu, S. (2011). Juvenile detention reform in New York City: Measuring risk through research. New York: Vera Institute of Justice, Center on Youth Justice.

105. Gatti, U., Tremblay, R. E., and Vitaro, F. (2009). Iatrogenic effect of juvenile justice. *Journal of Child Psychology and Psychiatry,* 50, 991-998.

106. Gebo, E., and Bond, B. J. E. (2012). *Beyond suppression: Community strategies to reduce gang violence.* Lanham, MD: Lexington Books.

107. Gebo, E., Stracuzzi, N. F., and Hurst, V. (2006). Juvenile justice reform and the courtroom workgroup: Issues of perception and workload. *Journal of Criminal Justice,* 34, 425-433.

108. Gendreau, P. (1981). Treatment in corrections: Martinson was wrong. Canadian *Psychology,* 22, 332-338.

109. Gilliam, W. S. (2005). *Prekindergartners left behind: Expulsion rates in state pre-kinder-gartner programs.* New York: Foundation for Child Development.

110. Gilman, A. B., Hill, K. G., and Hawkins, J. D. (2014). Long-term consequences of adolescent gang membership for adult functioning. *American Journal of Public*

Health, 104（5）, 938-945. Published online ahead of print March 13, 2014: el-e8. doi: 10.2105/ AJPH.2013.301821

111. Glesmann, C., Krisberg, B., and Marchionna, S.（2009）. *Youth in gangs: Who is at risk?* Focus. Oakland, CA: National Council on Crime and Delinquency.

112. Goldstein, A. P., and Glick, B.（1994）. *The prosocial gang: Implementing Aggression Replacement Training.* Thousand Oaks, CA: Sage.

113. Gorman-Smith, D., and Loeber, R.（2005）. Are developmental pathways in disrupti. ve behaviors the same for girls and boys? *Journal of Child and Family Studies*, 14, 15-27.

114. Gottfredson, D. C., Cross, A., and Soule, D. A.（2007）. Distinguishing characteristics of effective and ineffective after-school programs to prevent delinquency and victimization. *Criminology and Public PolietJ*, 6, 289-318.

115. Gottfredson, D. C., and Gottfredson, G.D.（2002）. Quality of school-based preven-tion programs. *Journal of Research in Crime and Delinquenet*, 39, 3-35.

116. Gottfredson, M. R., and Hirschi, T.（1990）. *A general theory of crime*. Stanford, CA: Stanford University Press.

117. Gottfredson, S. D., and Moriarty, L. J.（2006）. Statistical risk assessment: Old prob-lems and new applications. *Crime and Delinquency*, 52, 178-200.

118. Green, G. S., Carlson, P. M., and Colvin, R. E.（2004）. Juvenile accountability and the specific deterrent effects of short-term confinement. *Juvenile and Family Court Journal*, 55, 63-69.

119. Greenwood, P. W., Model, K. E., Rydell, C. P., and Chiesa, J.（1996）. *Diverting children from a life of crime: Measuring costs and benefits*. Santa Monica, CA: Rand.

120. Greenwood, P. W., and Welsh, B.C.（2012）. Promoting evidence-based practice in delinquency prevention at the state level: Principles, progress, and policy direc-tions. *Criminology and Public Policy*. 11, 493-513.

121. Greenwood, P. W., Welsh, B.C., Rocque, M.（2012）. Implementing proven programs for juvenile offenders. Downington, PA: Advancing Evidence Based Practice.

122. Griffin, P.（2004）. *Aftercare: The sequel. Pennsylvania Progress: Juvenile justice achievements in Pennsylvania*. Pittsburgh, PA: National Center for Juvenile Justice.

123. —（2012）. Legal boundaries between the juvenile and criminal justice systems in the United States. In R. Loeber and D. P. Farrington（eds.）, *From juvenile delin-quency to adult crime: Criminal careers, justice policy and prevention*（pp. 184-199）. New York: Qxford University Press.

124. Griffin, P., Addie, S., Adams, B., and and Firestine, K.（2011）. Trying juveniles as adults: An analysis of state transfer laws and reporting. *National Report Series Bulletin*. Washington, DC: Office of Juvenile Justice and Delinquency Prevention.

125. Grisso, T., Vincent, G., and Seagrave, D.（2005）: *Mental health screening and assess-ment in juvenile justice*. New York: Guilford Press.

126. Grisso, T., and Underwood, L. A. (2004). *Screening and assessing mental health and substance use disorders among youth in the juvenile justice system: A resource guide for practitioners.* Delmar, NY: National Center for Mental Health and Juvenile Justice, Policy Research Associates, Inc.

127. Grove, W. M., Eckert, E. D., Heston, L., Bouchard, T. L Segal, N., and Lykken, D. T. (1990). *Clinical vs. mechanical prediction: A meta-analysis. Minneapolis*, MN: Department of Psychology, University of Minnesota.

128. Grove, W. M., and Meehl, P. E. (1996). Comparative efficiency of informal (subjective, impressionistic) and formal (mechanical, algorithmic) prediction procedures: The clinical-statistical controversy. *Psychology, Public Policy, and Law*, 2, 293-323.

129. Hahn, R. A., McGowan, A., Liberman, A., Crosb y, A., Fullilove, M., Johnson, R., Moscicki, E., Price, L., Snyder, S., Tuma, F., Lowy, L Briss, P., Cory, S., and Stone, G. (2007). *Effects on violence of laws and policies facilitating the transfer of youth from the juvenile to the adult justice system.* Atlanta, GA: Centers for Disease Control.

130. Hallfors, D., and Godette, D. (2002). Will the "principles of effectiveness" improve prevention practice? Early findings from a diffusion study. *Health Education Research*, 17, 461-470.

131. Hamparian, D. M., Schuster, R., Dinitz, S., and Conrad, J. P. (1978). *The violent few: A study of dangerous juvenile offenders.* Lexington, MA: Lexington.

132. Hart, J. L, O' Toole, S. K., Price-Sharps, J. L., and Shaffer, T. W. (2007). The risk and protective factors of violent juvenile offending: An examination of gender differences. *Youth Violence and Juvenile Justice*, 5, 367-384.

133. Hawkins, D. F. (2011). Things fall apart: Revisiting race and ethnic differences in criminal violence amidst a crime drop. *Race and Justice*, 1, 3-48.

134. *Hawkins*, D. F., and Kemp-Leonard, K. (2005). *Our children, their children: Confronting racial and ethnic differences in American juvenile justice.* Chicago, IL: The University of Chicago Press.

135. Hawkins, J. D., Oesterle, S., Brown, E. C., Monahan, K. C., Abbott, R. D., Arthur, M. W., and Catalano, R. F. (2012). Sustained decreases in risk exposure and youth problem behaviors after installation of the Communities That Care prevention system in a randomized trial. *Archives of Pediatrics and Adolescent Medicine*, 166, 140-148.

136. Hawkins, S. R., Graham, P. W., Williams, J., and Zahn, M.A. (2009). Resilient girls: Factors that protect against delinquency. *Bulletin* Washington, DC: Office of Juvenile Justice and Delinquency Prevention.

137. Hayeslip, D., and Cahill, M. (2009). *Community collaboratives addressing youth gangs: Final evaluation findings from the Gang Reduction Program.* Washington, DC: Urban Institute.

138. Hemphill, S. A., McMorris, B. J., Toumbourou, J. W., Herrenkohl, T. I., Catalano, R. F.,

参 照 文 献　261

and Mathers, M. (2007). Rates of student-reported antisocial behavior, school suspensions, and arrests in Victoria, Australia and Washington state, United States. *Journal of School Health*, 77, 30 3-311.

139. Henggeler, S. W., and Schoenwald, S. K. (2011). Evidence-based interventions for juvenile offenders and juvenile justice policies that support them. *Social Policy Report*, 25, 3-26.

140. Hill, K. G., Howell, J. C., Hawkins, J. D., and Battin-Pearson, S. R. (1999). Childhood risk factors for adolescent gang membership: Results from the Seattle Social Development Project. *Journal of Research in Crime and Delinquency*, 36, 300 322.

141. Hipwell, A. E., and Loeber, R. (2006). Do we know which interventions are effective for disruptive and delinquent girls? *Clinical Child and Family Psychology Review*, 9, 221-255.

142. Hipwell, A. E., White, H. R., Loeber, R., Stouthamer-Loeber, M., Chung, T., and Sembower, M. A. (2005). Young girls'expectancies about the effects of alcohol, future intentions and patterns of use. *Journal of Studies on Alcoliol*, 66, 630-639.

143. Hockenberry, S. (2013). Juvenile Residen tial Facility Census, 2010: Selected findings. *National Report Series Bulletin*. Washington, DC: Office of Juvenile Justice and Delinquency Prevention.

144. Hockenberry, S., Sickmund, M., and Sladky, A. (2011). Juvenile Residential Facility Census, 2008: Selected findings. *National Report Series Bulletin*. Washington, DC: Office of Juvenile Justice and Delinquency Prevention.

145. Hoeve, M., McReynolds, L. S., and Wasserman, G. A. (2013). The influence of mental health disorders on severity of reoffending in juveniles. *Criminal Justice and Behavior*, 40, 289-301.

146. Hoge, R. D., and Andrews, D. A. (2010). *Evaluation for risk of violence in juveniles.* New York: Oxford University Press.

147. Hoge, R. D., Vincent, G., and Guy, L. (2012). Prediction and risk/needs assessments. In R. Loeber and D. P. Farrington (eds.), *Transition between juvenile delinquency and adult crime* (pp. 150-183). New York: Oxford University Press.

148. Holman, B., and Ziedenberg, J. (2006). *The dangers of detention: The impact of incarcerating youth in detention and other secure facilities.* Washington, DC: Justice Policy Institute.

149. Howell, J.C. (2001). Risk-needs assessments and screening devices. In R. Loeber and D. P. Farrington (eds.). *Child delinquents: Development, interventions, and service needs* (pp. 395-404). Thousand Oaks, CA: Sage.

150. ―(2003a). Diffusing research into practice using the comprehensive strategy for serious, violent, and chronic juvenile offenders. *Youth Violence and Juvenile Justice: An Interdisciplinary Journal*, 1, 219-45.

151. ―(2003b). *Preventing and reducing juvenile delinquency: A comprehensive frame-*

262

work. Thousand Oaks, CA: Sage.

152. —(2009). *Preventing and reducing juvenile delinquency: A comprehensive framework* (Second ed.). Thousand Oaks, CA: Sage.

153. — (2010). Gang prevention: An overview of current research and programs. *Juvenile Justice Bulletin.* Washington, DC: U.S. Department of Justice, Office of Juvenile Justice and Delinquency Prevention.

154. —(2012). *Gangs in America's communities.* Thousand Oaks, CA: Sage.

155. — (2013a). GREAT results: Implications for PBIS in schools. *Criminology and Public Policy,* 12, pp. 413-420.

156. —(2013b). Why is gang membership prevention important? In T. R. Simon, N. M. Ritter, and R. R. Mahendra (eds.). *Changing course: Preventing gang membership* (pp. 7-18). Washington, DC: U.S. Department of Justice, U.S. Department of Health and Human Services.

157. Howell, J. C., and Egley, A. Jr. (2005). Moving risk factors into developmental theories of gang membership. *Youth Violence and Juvenile Justice,* 3, 334-354.

158. Howell, J. C., Egley, A., Jr., Tita, G., and Griffiths, E. (2011). U.S. *gang problem trends and seriousness.* Tallahassee, FL: Institute for Intergovernmental Research, National Gang Center.

159. Howell, J.C., Feld, B. C., and Mears, D. P. (2012). Young offenders and an effective justice system response: What happens, what should happen, and what we need to know. In R. Loeber and D. P. Farrington (eds.), *From juvenile delinquency to adult crime* (pp. 200-244). New York: Oxford University Press.

160. Howell, J. C., and Howell, M. Q. (2007). Violent juvenile delinquency: Changes, consequences, and implications. In D. Flannery, A. Vazonsyi, and I. Waldman (eds.), *Cambridge handbook of violent behavior* (pp. 501-518). Cambridge, MA: Cambridge University Press.

161. Howell, J. C., Kelly, M. R., Palmer, J., and Mangum, R. L. (2004). Integrating child welfare, juvenile justice and other agencies in a continuum of services for children, youth and families. *Child Welfare,* 83, 143-156.

162. Howell, J. C., and Lipsey, M. W. (2012). Research-based guidelines for juvenile justice programs. *Justice Research and Policy,* 14, 17-34.

163. Howell, M. Q. (2013). Serious, violent and chronic (SVC) offenders in North Carolina. Paper presented at the Annual Meeting of the American Society of Criminology, November. Atlanta, Georgia.

164. Howell, M. Q. and Bullock, J. (2013). *Juvenile diversion in North Carolina.* Raleigh, NC: North Carolina Department of Public Safety, Rehabilitative Programs and Support Services.

165. Howell, M. Q., and Lassiter, W. (2011). *Prevalence of gang-involved youth in North Carolilta.* Raleigh, NC: North Carolina Department of Juvenile Justice and De-

linquency Prevention.

166. Howell, M. Q., Lassiter, W., and Anderson, C. (2012). *North Carolina Department of Juvenile Justice and Delinquency Prevention Annual Report, 2010.* Raleigh, NC: North Carolina Department of Juvenile Justice and Delinquency Prevention.

167. Hubbard, D. J., and Matthews, B. (2008). Recon ciling the differences between the "gender-responsive" and the "what works" literatures to improve services for girls. *Crime and Delinquency*, 54, 225-258.

168. Hubbard, D. J., and Pratt, T. C. (2002). A meta-analysis of the predictors of delinquency among girls. *Journal of Offender Rehabilitation*, 34, 1-13.

169. Huizinga, D. (2010). Who are the long-term gang members? Paper presented at the annual meeting of the American Society of Criminology, San Francisco, November.

170. Huizi nga, D., and Jakob-Chien, C. (1998). The contemporaneous co-occurence of serious and violent offending and other problem behavior. In R. Loeber and D. P. Farrington (eds.). *Serious and violent juvenile offenders: Risk factors and successful interventions* (pp. 46-67). Thousand Oaks, CA: Sage.

171. Huizinga, D., Loeber, R., and Thornberry, T. P. (1995). *Recent findings from the program of research on causes and correlates of delinquency.* Washington, DC: Office of Juvenile Justice and Delinquency Prevention.

172. Huizinga, D., Loeber, R., Thornberry, T. P., and Cothern, L. (2000). Co-occurrence of delinquency and other problem behaviors. *Juvenile Justice Bulletin*. Washington, DC: Office of Juvenile Justice and Delinquency Prevention.

173. Huizinga, D., and Miller, S. (2013). Understanding and responding to girls' delinquency. *Juvenile Justice Bulletin*. Washington, DC: U.S. Department of Justice, Office of Juvenile Justice and Delinquency Prevention.

174. Huizinga, D., Thornberry, T., Knight, K., Lovegrove, P., Loeber, R., Hill, K., and Farrington, D. P. (2007). Disproportionate minority contact in the juvenile justice system: A study of differential minority arrest/referral to court in three cities. A report to the Office of Juvenile Justice and Delinquency Prevention, Rockville, MD: National Criminal Justice Reference Service.

175. Human Rights Watch. (2012). *Growing up locked down: Youth in solitary confinement in jails and prisons across the United States.* New York, NY: Human Rights Watch.

176. Johnson, E. H. (1987). *Handbook on crime and delinquency prevention.* New York: Greenwood Press.

177. Johnson, K., Lanza-Kaduce, L., and Woolard, J. (2011). Disregarding graduated treatment: Why transfer aggravates recidivism. *Crime and Delinquency*, 57, 756-777.

178. Johnson, K., Wagner, D., and Matthews, T. (2002). *Missouri juvenile risk assessment re-validation report.* Madison, WI: National Council on Crime and Delinquency.

179. Justice for Families. (2012). *Families unlocking futures; Solutions to the crisis in juvenile justice*. Oakland, CA: Justice for Families. Retrieved from: www.justice-4families.org.

180. Kelley, B. T., Loeber, R., Keenan, K., and DeLamatre, M. (1997). Developmental pathways in boys' disruptive and delinquent behavior. Juvenile Justice Bulletin. Washington, DC: U.S. Department of Justice, Office of Juvenile Justice and Delinquency Prevention.

181. Kelly, W. R., Macy, T. S., and Mears, D. P. (2005). Juvenile referrals in Texas: An assessment of criminogenic needs and the gap between needs and services. *The Prison Journal*, 85, 467–489.

182. Kempf-Leonard, K., Tracy, P. E., and Howell, J. C. (2001). Serious, violent, and chronic juvenile offenders: The relationship of delinquency career types to adult criminality. *Justice Quarterly*, 18, 449–478.

183. Knitzer, J. (1982). *Unclaimed children: The failure of public responsibility to children and adolescents in need of mental health services*. Washington, DC: The Children's Defense Fund.

184. Knitzer, J., and Cooper, J. (2006). Beyond integration: Challenges for children's mental health. *Health Affairs*, 25, 670–679.

185. Krohn, M. D., Lizo tte, A. J., Bushway, S. D., Schmidt, N. M., and Phillips, M. D. (2014). Shelter during the storm: A search for factors that protect at-risk adolescents from violence. *Crime and Delinquency*, 60, 379–401.

186. Krohn, M. D., and Thornberry, T. P. (2008). Longitudinal perspectives on adolescent street gangs. In A. Liberman (ed.), *The long view of crime: A synthesis of longitudinal research* (pp. 128–160). New York Springer.

187. Krohn, M. D., Thornberry, T. P., Rivera, C., and Le Blanc, M. (2001). Later careers of very young offenders. In R. Loeber and D.P. Farrington (eds.). *Child delinquents: Development, interventions, and service needs* (pp. 67–94). Thousand Oaks, CA: Sage.

188. Kroneman, L., Loeber, R., and Hipwell, A. E. (2004). Is neighborhood context differently related to externalizing problems and delinquency for girls compared with boys? *Clinical Child and Family Psychology Review*, 7, 109–122.

189. Kurlychek, M. C., and Johnson, B. D. (2004). The juvenile penalty : A comparison of juvenile and young adult sentencing outcomes in criminal court. *Criminology*, 42, 485–51 7.

190. Kurlychek, M.C., and Johnson, B.D. (2010). Juvenility and punishment: Sentencing juveniles in adult criminal court. *Criminology*, 48, 725–758.

191. Langberg, J., Fedders, B., and Kukorowski, D. (2011). *Law enforcement officers in Wake County schools: The human, educational, and financial costs*. Durham, NC: Advocates for Children's Services.

参 照 文 献　265

192. Lassiter, W., Clarkson, S., and Howell, M. Q. (2009). *North Carolina Department of Juvenile Justice and Delinquency Prevention Annual Report, 2008*. Raleigh, NC: North Carolina Department of Juvenile Justice and Delinquency Prevention.

193. Latessa, E., Lovins, B., and Ostrowski, K. (2009). *The Ohio Youth Assessment System: Final report*. Cincinnati OH : University of Cincinnati..

194. Lee, B., and Thompson, R (2008). Comparing outcomes for youth in treatment foster care and family style group care, *Children and Youth Services Review*, 30, pp. 746-57.

195. Lee, S., Aos, S., Drake, E., Pennucci, A., Miller, M., and Anderson, L. (2012). *Return on investment: Evidence-based options to improve statewide outcomes*, April 2012 (Document No. 12-04-1201). Olympia, WA: Washington State Institute for Public Policy.

196. Legislative Budget Board. (2011). Statewide criminal justice recidivism and revocation rates. Austin, Texas: Legislative Budget Board.

197. Lerman, P., and Pottick, K. J. (1995). *The parents' perspective: Delinquency, aggression, and mental health*. Chur, Switzerland: Harwood.

198. Levene, K. S., Augimeri, L. K., Pepler, D. J., Walsh, M., Koegl, C. J., and Webster C. D. (2001). *Early assessment risk list for girls*: EARL-21G, *Version 1, Consultation Edition*. Toronto: Earlscourt Child and Family Centre.

199. Leiber, M. J., and Brubaker, S. J. (2010). Does the gender of the intake probation officer contextualize the treatment of Black youth? *Justice Research and Policy*, 12, 51-76.

200. Leiber, M., and Rodriguez, N. (2011). The implementation of the disproportionate minority confinement/contact (DMC) mandate: A failure or success? *Race and Justice*, 1, 103-1 24.

201. Liebman, J. S., Fagan, J., and West, V. (2000). *A broken System: Error rates in capital cases*, 1973-1995. New York: School of Law, Columbia University.

202. Lipsey, M. W. (1992). Juvenile delinquency treatment: A meta-analytic inquiry into the variability of effects. In T. D. Cook, H. Cooper, D. S. Cordray, H. Hartman, L.V. Hedges, R. J. Light, T. A Louis, and F. Mosteller (eds.). *Meta-Analysis for Explanation* (pp. 83-127), New York, NY: Russell Sage Foundation.

203. — (1995). What do we learn from 400 research studies on the effectiveness of treatment with juvenile delinquents? In J. McGuire (ed.). *What works? Reducing reoffending* (pp. 63-78). New York, NY: John Wiley:

204. — (1998). Design sensitivity: Statistical Power for Experimental Research. In L. Bickman, and D. J. Rog (eds). *Handbook of applied social research methods* (pp. 39-68). Thousand Oaks, CA: Sage Publications.

205. — (1999a). Can rehabilitative programs reduce the recidivism of juvenile offenders? An inquiry into the effectiveness of practical programs. *The Virginia*

Journal of Social Policy and the Law, 6, 611-641.

206. — (1999b). Can intervention rehabilitate serious delinquents? *Annals of the American Academy of Political and Social Science*, 564 (July), 142-166.

207. — (2002). Meta-analysis and program outcome evaluation. *Socialvetenskaplig Tidskrift* 9, 194-208.

208. — (2006a). The effects of community-based group treatment for delinquency: A meta-analytic search for cross-study generalizations. In K. A. Dodge, T. J. Dishion, and J. E. Lansford (eds.), *Deviant peer influences in programs for youth: Prnblems and solutions*, (pp. 162-184). New York: Guilford Press.

209. — (2006b). *The evidence base for effective juvenile programs as a source for best practice guidelines.* Nashville, TN: Vanderbilt University, Center for Evaluation Research and Methodology.

210. — (2007). *The evidence base for effective juvenile programs as a source for best practice guidelines.* Nashville, TN: Vanderbilt University, Center for Evaluation Research and Methodology.

211. — (2008). *The Arizona Standardized Program Evaluation Protocol (SPEP) for Assessing the Effectiveiiess of Programs for Juvenile Probationers: SPEP Ratings and Relative Recidivism Reduction for the Initial SPEP Sample. A Report to the Juvenile Justice Services Division, Administrative Office of the Courts, State of Arizona.* Center for Evaluation Research and Methodology, Vanderbilt Institute for Public Policy Studies. Retrieved from http://peabody.vanderbilt.edu/research/pri/publications.php.

212. — (2009). The primary factors that characterize effective interventions with juvenile offenders: A meta-analytic overview. *Victims and Offenders*, 4, 124-147.

213. Lipsey, M. W., and Cullen, F. T. (2007). The effectiveness of correctional rehabilitation: A review of systematic reviews. *Annual Review of Law and Social Science*, 3, 297-320.

214. Lipsey, M. W., and Derzon, J. H. (1998). Predictors of violent or serious delinquency in adolescence and early adulthood: A synthesis of longitudinal research. In R. Loeber and D. P. Farrington (eds.), *Serious and violent juvenile offenders: Risk factors and successful interventions* (pp. 86-105). Thousand Oaks, CA: Sage.

215. Lipsey, M. W., and Howell, J. C. (2012). A broader view of evidence-based programs reveals more options for state juvenile justice systems. *Criminology and Public Policy*, 11, 515-523.

216. Lipsey, M. W., Howell, J. C., Kelly, M. R., Chapman, G. L., and Carver, D. (2010). *Improving the effectiveness of juvenile justice programs: A new perspective on evidence-based practice.* Washington, DC: Georgetown University, Center for Juvenile Justice Reform. Retrieved from http://peabody.vanderbilt.edu/research/pri/publications.php.

参照文献　267

217. Lipsey, M. W., Howell, J.C., and Tidd, S. T. (2007). *A practical approach to evaluating and improving juvenile justice programs utilizing the Standardized Program Evaluation Protocol (SPEP): Final evaluation report.* Nashville, TN: Vanderbilt University, Center for Evaluation Research and Methodology. Retrieved from http: // peabody.vanderbilt.edu/research/ pri/ publications.php.

218. Lipsey, M. W., and Landenberger, N. A. (2006). Cognitive-behavioral interven- lions. In B. C. Welsh and D. P. Farrington (eds.), *Preventing crime. what works for children, offenders, victims, and places* (pp. 57-71). Belmont, CA: Wadsworth.

219. Lipsey, M. W., and Wilson, D. B. (1993). The efficacy of psychological, educational, and behavioral treatment: Confirmation from meta-analysis. *American Psychologist*, 48, 1181-1209.

220. ― (1998). Effective intervention for serious juvenile offenders : A synthesis of research. In R. Loeber and D.P. Farrington (eds.), *Serious and violent juvenile offenders: Risk factors and successful interventions* (pp. 313-345). Thousand Oaks, CA: Sage.

221. ―(2001). Practical meta-analysis. Thousand Oaks, CA: Sage.

222. Lipsey, M. W., Wilson, D. B., and Cothern, L. (2000). Effective interventions for serious and violent juvenile offenders. *Juvenile Justice Bulletin.* Washington, DC: U.S. Department of Justice, Office of Juvenile Justice and Delinquency Prevention.

223. Lipton, D., Martinson, R., and Wilks, J. (1975). *The effectiveness of correctional treatment: A survey of treatment evaluation studies.* New Yor k, NY: Praeger.

224. Lizotte, A. J., Krohn, M. D., Howell, J. C., Tobin, K., and Howard, G. J. (2000). Faetors influencing gun carrying among young urban males over the adolescent-young adult life course. *Criminology*, 38, 811-834.

225. Loeber, R., and Ahonen, L. (2013). Invited address: Street killings: Prediction of homicide offenders and their victims. *Journal of Youth Adolescence*, 42, 1640-1650.

226. Loeber, R., and Farrington, D. P., eds. (1998). *Serious and violent juvenile offenders: Risk factors and successful interventions.* Thousand Oaks, CA: Sage.

227. ―, eds. (2001). *Child delinquents: Development, intervention, and service needs.* Thousand Oaks, CA: Sage.

228. ―(2011). *Young homicide offenders and victims: Risk factors, prediction, and prevention from childhood.* New York: Springer.

229. ―, eds. (2012). *From juvenile delinquency to adult crime.* New York: Oxford University Press.

230. Loeber, R., Farrington, D. P., Howell, J. C., and Hoeve, M. (2012). Overview, conclusions and key recommendations. In R. Loeber and D. P. Farrington (eds.), *From juvenile delinquency to adult crime* (pp. 315-83). New York: Oxford University Press.

231. Loeber, R., Farrington, D. P., Stouthamer-Loeber and White, H. (2008). Conclusions and policy implications. In R. Loeber, D. P. Farrington, M. Stouthamer-Loeber,

and H. White (eds.). *Violence and serious theft: Development and prediction from childhood to adulthood* (pp. 309-334). New York: Routledge.

232. Loeber, R., Farrington, D. P., Stouthamer-Loeber, M., White, H. R., and Wei, E. (2008), *Violence and serious theft: Development and prediction from childhood to adulthood*. New York: Routledge.

233. Loeber, R., Farrington, D. P., and Waschbush, D. A. (1998). Serious and violent juvenile offenders. In R. Loeber and D. P. Farrington (eds.), *Serious and violent juvenile offenders: Risk factors and successful interventions* (pp. 13-29). Thousand Oaks, CA: Sage.

234. Loeber, R., Hoeve, M., Farrington, D. P., Howell, J. C., Slott, N. W., and Van Der Laan, P. H. (2012). Overview, conclusions, and policy and research recommendations. In R. Loeber, M. Hoeve, N. W. Slott, and and P. H. Van Der Laan (eds.), *Persisters and desisters in crime from adolescence into adulthood* (pp. 335-412). Burlington, VT: Ashgate.

235. Loeber, R., Hoeve, M., Slott, N. W., and Van Der Laan, P. H. (eds.) (2012). *Persisters and desisters in crime from adolescence into adulthood*. Burlington, VT: Ashgate.

236. Loeber, R., Keenan, K., and Zhang, Q. (1997). Boys' experimentation and persistence in developmental pathways toward serious delinquency. *Journal of Child and Family Studies, 6*, 321-357.

237. Loeber, R., Stott, W., and Stouthamer-Loeber, M. (2008). A cumulative developmental model of risk and promotive factors. In R. Loeber, H. M. Koot, N. W. Slott, P. H. Van der Laan, and and M. Hoeve (eds.), *Tomorrow's criminals: The development of child delinquency and effective interventions* (pp. 3-17). Hampshire, England: Ashgate.

238. Loeber, R., Slott, N. W., Van Der Laan, P. H., and Hoeve, M. (2008). *Tomorrow's criminals: The development of cltild delinquency and effective interventions*. Burlington, VT: Ashgate.

239. Loeber, R., Wei, E., Stouthamer-Loeber, M., Huizinga, D., and Thornberry, T. P. (1999). Behavioral antecedents to serious and violent offending: Joint analyses from the Denver Youth Survey, Pittsburgh Youth Study, and the Rochester Youth Development Study. *Studies on Crime and Crime Prevention, 8*, 245-263.

240. Loeber, R., and Wikstrom, P. H. (1993). Individual pathways to crime in different types of neighborhood. In D. P. Farrington, R. J. Sampson, and P.H. Wikstrom (eds.), *Integrating individual and ecological aspects of crime* (pp. 169-204). Stockhom: SWE: National Council for Crime Prevention.

241. Loeber, R., Wung, P., Keenan, K., Giroux, B., Stouthamer-Loeber, M., Van Kammen, W. B., and Maughan, B. (1993). Developmental pathways in disruptive child behavior. *Development and Psychopathology, 5*, 103-133.

242. Lösel, F., and Bender, D. (2003). Protective factors and resilience. In D. P. Far-

rington, and J. W. Coid (eds.). Early Prevention of Adult Anti.social Behavior (pp. 130-204). Cambridge, UK: Cambridge University Press.

243. Lösel, F., and Farrington, D. P. (2012). Direct protective and buffering protective factors in the development of youth violence. *American Journal of Preventive Medicine*, 43, 8-23.

244. Loughran, T. A., Mulvey, E. P., Schubert, C. A, Fagan, J., Piquero, A R., and Losoya, S. H. (2009). Estimating a dose-response relationship between length of stay and future recidivism in serious juvenile offenders. *Criminology*, 47, 699-740.

245. Loughran, T. A., Piquero, A. R., Fagan, J., and Mulvey, E. P. (2012). Differential deterrence: Studying heterogeneity and changes in perceptual deterrence among serious youthful offenders. *Crime and Delinquency*, 58, 3-27.

246. Lovins, B., and Latessa, E. (2013). Creation and validation of the Ohio Youth Assessment System (OYAS) and strategies for successful implementation. *Justice Research and Policy*, 15, 67-93.

247. Lowenkamp, C. T., and Latessa, E. J. (2004). Understanding the risk principle: How and why correctional interventions can harm low risk offenders. In *Topics in community corrections: Assessment issues for managers* (pp. 3-8). Washington, DC: U.S. Department of Justice, National Institute of Corrections.

248. Lowenkamp, C. T., Makarios, M. D., Latessa, E. J., Lemke, R., and Smith, P. (2010). Community corrections facilities for juvenile offenders in Ohio: An examination of treatment integrity and recidivism. *Criminal Justice and Beliavior*, 37, 695-708.

249. Macleod, J. F., Groves, P. G., and Farrington, D. P. (2012). *Explaining criminal careers*. Oxford: Oxford University Press.

250. Maguin, E., and Loeber, R. (1996). Academic performance and delinquency. In M Tonry (ed.), *Crime and Justice: A Review of Research*, Vol. 20. Chicago, IL: University of Chicago Press, pp. 145-264.

251. Males, M., and Macallair, D. (2010). California miracle: Drastically reduced youth incarceration, drastically reduced youth crime. San Francisco: Center on Juvenile and Criminal Justice.

252. Mallett, C. A., Stoddard-Dare, P., and Seck, M. M. (2011). Explicating correlates of juvenile offender detention length: The impact of race, mental health difficulties, maltreatment, offense type, and court dispositions, *Youth Justice*, 11, 134-149.

253. Martinson, R. (1974). What works? Questions and answers about prison reform *Public Interest*, 35, 22-54.

254. Matsueda, R. L., Kreager, D. A., and Huizinga, D. (2006). Deterring delinquents: A rational choice model of theft and violence. *American Sociological Review*, 71, 95-122.

255. McCord, J. (1985). Deterrence and the light touch of the law. In D. P. Farrington and J. Gunn (eds.), *Reactions to crime: The public, the police, courts, and prisons*

270

(pp. 73–85). New York: John Wiley.

256. McCord, J., Widom, C. S., and Crowell, N. A. (eds.). (2001). *Juvenile crime, juvenile justice*. Washington, DC: National Academy Press.

257. McGowan, A., Hahn, R., Liberman, A., Crosby, A., Fullilove, M., Johnson, R., Moscicki, E., et al. (2007). Effects on violence of laws and policies facilitating the transfer of juveniles from the juvenile justice system to the adult justice system: A systematic review. *American Journal of Preventive Medicine*, 32 (4, Suppl. #1), 7–28.

258. McReynolds, L. S., Schwalbe, C. S., and Wasserman, G. A. (2010). The contribution of psychiatric disorder to juvenile recidivism. *Criminal Justice and Behavior*, 37, 204–216.

259. McReynolds, L. S., Wasserman, G. A., DeComo, R. E., John, R., Keating, J.M., and Nolen, S. (2008). Psychiatric disorder in a juvenile assessment center. *Crime and Delinquency*, 54, 313–334.

260. Mears, D. P., Cochran, J. C., Greenman, S. J., Bhati, A. S., and Greenwald, M. A. (2011). Evidence on the effectiveness of juvenile court sanctions. *Journal of Criminal Justice*, 39, 509–520.

261. Medaris, M. L. (1998). *A guide to the Family Educational Rights and Privacy Act*. Washington, DC: U. S. Department of Justice, Office of Juvenile Justice and Delinquency Prevention.

262. Mendel, R. A. (2011). No place for kids: *The case for reducing juvenile incarceration*. Baltimore, MD: Annie E. Casey Foundation.

263. Medaris, M. L., Campbell, E., and James, B. (1997). *Sharing information: A guide to the Family Educational Rights and Privacy Act and participation in juvenile justice programs*. Washington, DC: U.S. Department of Justice, Office of Justice Programs, Office of Juvenile Justice and Delinquency Prevention.

264. Mihalic, S., Irwin, K., Elliott, D., Fagan, A., and Hansen, D. (2001). Blueprints for violence prevention. *Juvenile Justice Bulletin*. Washington, DC: Office of Juvenile Justice and Delinquency Prevention.

265. Miller, J., and Maloney, C. (2013). Practitioner compliance with risk/ needs assessment tools: A theoretical and empirical assessment. *Criminal Justice and Behavior*, 40, 716–736.

266. Missouri Juvenile and Family Division. (2013). *Annual report: Calendar 2012*. Jefferson City, MO: Juvenile and Family Division, Office of State Courts Administrator.

267. Moffitt, T. E. {1993). Adolescence-limited and life-course-persistent antisocial behavior: A developmental taxonomy. *Psychological Review*, 100, 674–701.

268. Moffitt, T. E., Caspi, A., Rutter, M., and Silva, P.A. (2001). *Sex differences in antisocial behavior: Conduct disorder, delinquency, and violence in the Dunedin Longitudinal Study*. New York: Cambridge University Press.

参 照 文 献　271

269. Monahan, K C., and Piquero, A. R. (2009). Investigating the longitudinal relation between offending frequency and offending variety. *Criminal Justice and Behavior*, 36, 653-673.

270. Moore, J.E., Bumbarger, B. K., and Cooper, B. R. (2013). Examining adaptations of evidence-based programs in natural contexts. *Journal of Primary Prevention*, 34, 147-161.

271. Mulvey, E. P. (2011). Highlights from pathways to desistance: A longitudinal study of serious adolescent offenders. *Juvenile Justice Bulletin*. Washington, DC: U.S. Department of Justice, Office of Juvenile Justice and Delinquency Prevention.

272. Mulvey, E. P., Schubert, C. A., and Chung, H. L. (2007). Service use after court involvement in a sample of serious adolescent offenders. *Child and Youth Services Review*, 29, 518-44.

273. Mulvey, E. P., Steinberg, L., Fagan J., Cauffman, E., Piquero, A., and Chassin, L. et al. (2004). Theory and research on desistance from antisocial activity among serious adolescent offenders. *Youth Violence and Juvenile Justice*, 2, 213-236.

274. Mulvey, E. P., Steinberg, L., Piquero, A. R., Besana, M., Fagan, J., Schubert, C., and Caufman, E. (2010). Trajectories of desistance and continuity in antisocial behavior following court adjudication among serious adolescent offenders. *Developmental Psychopathology*, 22, 453-475.

275. National Center on Addiction and Substance Abuse. (2010). *National survey of American attitudes on substance abuse XV: Teens and parents*, 2010. New York: National Center on Addiction and Substance Abuse, Columbia University.

276. National Gang Center. (2010). *Best practices to address community gang problems: OJJDP's Comprehensive Gang Model*. Washington, DC: Author.

277. National Juvenile Justice Evaluation Center. (2012). *Evaluation-related needs of state, local, and tribal juvenile justice grantees*. Washington, DC: Justice Research and Statistics Association.

278. National Research Council. (2013). *Reforming juvenile justice: A developmental approach*. Washington, DC: National Academy of Sciences, National Academies Press.

279. Nugent, W. R., Bruley, C., and Allen, P. (1999). The effects of Aggression Replacement Training on male and female antisocial behavior in a runaway shelter. *Research on Social Work Practice*, 9, 466-82.

280. Office of Juvenile Justice and Delinquency Prevention. (2010). Conditions of confinement. *Juvenile Justice Bulletin*. Washington, DC: U.S. Department of Justice, Office of Juvenile Justice and Delinquency Prevention.

281. Office of State Courts Administrator. (2002). *Missouri's juvenile offender risk and needs assessment and classification system: User manual*. Jefferson City, MO: Juvenile and Adult Court Programs Division, Office of State Courts Administrator.

282. —(2004). *Report on standards for the administration of juvenile justice.* Jefferson City, MO: Juvenile and Adult Court Programs Division, Office of State Courts Administrator.

283. —(2009). *Juvenile offender recidivism report: 2009 statewide juvenile court report.* Jefferson City, MO: Juvenile and Adult Court Programs Division, Office of State Courts Administ rator.

284. Oldenettel, D., and Wordes, M. (2000). The community assessment center concept. *Juvenile Justice Bulletin.* Washington, DC: U.S. Department of Justice, Office of Juvenile Justice and Delinquency Prevention.

285. Olds, D.; Hill, P.; Mihalic, S.; and O'Brien, R. (1998). *Blueprints for Violence Prevention, Book Seven: Prenatal and Infancy Home Visitation by Nurses.* Boulder, CO: Center for the Study and Prevention of Violence.

286. Olson, D. (2007). Florida makes PACT with state's youthful offenders. *Juvenile and Family Justice Today,* Winter, 6–9.

287. Olver, M. E., Stockdale, K. C., and Worrnith, J. S. (2009). Risk assessment with young offenders: A meta-analysis of three assessment measures. *Criminal Justice and Behavior,* 36, 329–353.

288. Pearl, N., Ashcraft, R. G. P., and Geis, K. A. (2009). Predicting juvenile recidivism using the San Diego Regional Resiliency Check-Up. *Federal Probation,* 7, 46–49.

289. Pennsylvania Commission on Crime and Delinquency. (2012a). *A family guide to Pennsylvania's juvenile justice system.* Harrisburg, PA: Pennsylvania Commission on Crime and Delinquency. Retrieved from: http://www.pachiefprobation officers. org/ library.php.

290. —(2012b). *Pennsylvania's juvenile justice system enhancement strategy.* Harrisburg, PA: Pennsylvania Commission on Crime and Delinquency. Harrisburg, PA: Pennsylvania Commission on Crime and Delinquency. Retrieved from: http: //pachiefprobationofficers.org/docs/JJSES_Monograph.pdp.

291. —(2013). *The Pennsylvania Juvenile Justice Recidivism Report: Juveniles with a 2007 Case Closure.* Harrisburg, PA: Pennsylvania Commission on Crime and Delinquency.

292. Pepler, D., Walsh, M., Yuile, A., Levene, K. Jiang, D., Vaughan, A., and Webber, J. (2010). Bridging the gender gap: Interventions with aggressive girls and their parents. *Prevention Science,* 11, 229–238.

293. Petersen, R. and Howell, J.C. (2013). Girls Involvement in gangs: A review of research, programs, and policies, *Criminal Justice Review,* 38, 491–509.

294. Peterson, D. (2012). Girlfriends, gun-holders, and ghetto-rats? Moving beyond narrow views of girls in gangs. In S. Miller, L. D. Leve, and P. K. Kerig (eds.), *Delinquent girls: Contexts, relationships, and adaptation* (pp. 71–84). New York: Springer.

参 照 文 献　273

295. Pratt, G. W. (2004). *Report on mental health services in the North Carolina Department of Juvenile Justice and Delinquency Prevention.* Raleigh, NC: Department of Juve-nile Justice and Delinquency Prevention.

296. Prior, D., Farrow, K., Hughes, N., Kelly, G., Manders, G., White, S., and Wilkinson, B. (2011). *Maturity, young adults, and criminal justice.* Birmingham: Institute of Applied Social Studies, School of Social Policy, University of Birmingham.

297. Puzzanchera, C., and Adams, B. (2011). Juvenile arrests, 2009. *Juvenile Justice Bulletin.* Washington, DC: U.S. Department of Justice, Office of Juvenile Justice and Delinquency Prevention.

298. Puzzanchera, C., Adams, B., and Hockenberry, S. (2012). *Juvenile court statistics, 2009.* Pittsburgh, PA: National Center for Juvenile Justice.

299. Pyrooz, D. C., Sweeten, G., and Piquero, A. R. (2013). Continuity and change in gang membership and gang embeddedness. *Journal of Research in Crime and Delinquency,* 50, 239–271.

300. Redpath, D. P., and Brandner, J. K. (2010). *The Arizona Standardized Program Evaluation Protocol (SPEP) for assessing the effectiveness of programs for juvenile probationers: SPEP rating and relative recidivism reduction: An update to the January 2008 report by Dr. Mark Lipsey.* Phoenix: Arizona Supreme Court, Administrative Office of the Courts, Juvenile Justice Service Division. Retrieved from http://peabody.vanderbilt.edu/peabody research institute/publications.xml.

301. Rhoades, B. L., Bumbarger, B. K., and Moore, J. E. (2012). The role of a state-level prevention support system in promoting high-quality implementation and sustainability of evidence-based programs. *American Journal of Community Psychology,* 50, 386–401.

302. Robers, S., Zhang, J., Truman, J., and Snyder, T. D. (2012). *Indicators of school crime and safety, 2011.* Washington, DC: U.S. Department of Justice, National Center for Education Statistics, Bureau of Justice Statistics.

303. Rodriguez, N. (2010). The cumulative effect of race and ethnicity in juvenile court outcomes and why preadjudication detention matters. *Journal of Research in Crime and Delinquency,* 47, 391–413.

304. Rosenfeld, R., White, H., and Esbensen, F. (2012). Special categories of serious and violent offenders: Drug dealers, gang members, homicide offenders, and sex offenders. In R. Loeber and D. P. Farrington (eds.), *From juvenile delinquency to adult crime* (pp. 118–149). New York: Oxford University Press.

305. Sametz, L., and Hamparian, D. (1990). *Innovative programs in Cuyahoga County juvenile court: Intensive probation supervision and probation classification.* Cleveland, OH: Federation for Community Planning.

306. Schneider, A. L. (1990). *Deterrence and juvenile crime: Results from a national policy experiment.* New York: Springer-Verlag.

307. Schneider, A. L., and Ervin, L: (1990). Specific deterrence, rational choice, and decision heuristics: Applications in juvenile justice. *Social Science Quarterly*, 71, 585-601.

308. Schubert, C. A., Mulvey, E. P., and Glasheen, C. (2011). The influence of mental health and substance use problems and criminogenic risk on outcomes in serious juvenile offenders. *The Journal of the American Academy of Child and Adolescent Psychiatry*, 50, 925-937.

309. Schumacher, M., and Kurz, G. (2000). *The 8% solution: Preventing serious, repeat juvenile crime*. Thousand Oaks, CA: Sage Publications.

310. Schwalbe, C. S. (2007). A meta analysis of juvenile justice risk assessment predictive validity. *Law and Human Behavior*, 31, 449-462.

311. ─(2008). A meta-analysis of juvenile justice RAI: Predictive validity by gender. *Criminal Justice and Behavior*, 35, 1367-1381.

312. Schwalbe, C. S., Fraser, M. W., Day, S. H., and Arnold, E. M. (2004). North Carolina Assessment of Risk (NCAR): Reliability and predictive validity with juvenile offenders. *Journal of Offender Rehabilitation*, 40, 1-22.

313. Schwalbe, C. S., Fraser, M. W., and Day, S. H. (2007). Predictive validity of the Joint Risk Matrix with juvenile offenders : A focus on gender and race/ethnicity. *Criminal Justice and Behavior*, 34, 348-361.

314. Schwalbe, C. S., Fraser, M. W., Day, S. H., and Cooley, V. (2006). Classifying juvenile offenders according to risk of recidivism: Predictive validity, race/ethnicity, and gender. *Criminal Justice and Behavior*, 33, 305-324.

315. Schwalbe, C. S., Gearing, R. E., MacKenzie, M. J., Brewer, K. B., and Ibrahim, R. (2012). A meta-analysis of experrmental studies of diversion for juvenile offenders. *Clinical Psychology Review*, 32, 26-33.

316. Schwalbe, C. S., Macy, R. J., Day, S. H., and Fraser, M. W. (2008). Classifying offenders: An application of latent class analysis to needs assessment in juvenile justice. *Youth Violence and Juvenile Justice*, 6, 279-294.

317. Sedlak, A. J., and McPherson, K. S. (2010). Youth's needs and services: Findings from the survey of youth in residential placement. *Juvenile Justice Bulletin*. Washington, DC: Office of Juvenile Justice and Delinquency Prevention.

318. Shannon, L.W. (1991). *Changing patterns of delinquency and crime: A longitudinal study in Racine*. Boulder, CO: Westview.

319. Shlonsky, A., and Wagner, D. (2005). The next step: Integrating actuarial risk assessment and clinical judgment into an evidence-based practice framework in CPS case management. *Children and Youth Services Review*, 27, 409-427.

320. Shook, J. J and Sarri, R. C. (2007). Structured decision making in juvenile justice: Judges' and probation officers' perceptions and use. *Children and Youth Services Review*, 29, 1335-1351.

321. Shufelt, J. S., and Cocozza, J.C. (2006). *Youth with mental health disorders in the juvenile justice system*. Delmar, NY: National Center for Mental Health and Juvenile Justice.

322. Simon, T. R., Rjtter, N. M., and Mahendra, R. R., eds. (2013). *Changing course: Preventing gang membership*. Washington, DC: U.S. Department of Justice, U.S. Department of Health and Human Services.

323. Singh, J. P., Desmarais, S. L., Sellers, B. G., Hylton, T., Tirotti, M., and Van Dorn, R. A. (2013). From risk assessment to risk management: Matching interventions to adolescent offenders' strengths and vulnerabilities. *Children and Youth Services Review*.

324. Skowyra, K., and Cocozza, J. J. (2006). *A blueprint for change: A comprehensive model for the identification and treatment of youth with mental health needs in contact with the juvenile justice system*. Delmar, NY: National Center for Mental Health and Juvenile Justice.

325. Slobogin, C. (2013). Risk assessment and risk management in juvenile justice. ABA *Criminal Justice Magazine*, 27 (Winter), 16-25.

326. Slobogin, C., and Fondacaro, M. R. (2011). *Juveniles at risk: A plea for preventive justice*. New York: Oxford University Press.

327. Smith, C., Lizotte, A. J., Thornberry, T. P., and Krohn, M. D. (1995). Resilient youth: Identifying factors that prevent high-risk youth from engaging in delinquency and drug use. In Z. S. Blau and J. Hagan (eds.), *Current perspectives on aging and the life cycle* (pp. 217-247). Greenwich, CT: JAI.

328. Snyder, H. N. (1998). Serious, violent and chronic juvenile offenders: An assessment of the extent of and trends in officially recognized serious criminal behavior in a delinquent population. In R. Loeber and D.P. Farrington (eds.), *Serious and violent juvenile offenders: Risk factors and successful interventions* (pp. 428-444). Thousand Oaks, CA: Sage.

329. ― (2001). Epidemiology of official offending. In R. Loeber and D.P. Farrington (eds.), *Child delinquents: Development, interventions, and service needs* (pp. 25-46). Thousand Oaks, CA: Sage.

330. Snyder, H. N., and Sickmund, M. (2006). *Juvenile offenders and victims: 2006 national report*. Washington, DC: U.S. Department of Justice, Office of Juvenile Justice and Delinquency Prevention.

331. Soler, M., Shoenberg, D., and Schindler, M. (2009) Juvenile justice : Lessons for a new era. *Georgetown Journal on Poverty Law and Policy*, Volume XVI, Symposium Issue.

332. Spanjaard, H.J. M., Van der Knaap, L. M., Van der Put, C. E., and Stams, G. J. (2012). Risk assessment and the impact of risk and protective factors. In R. Loeber, M. Hoeve, N.W. Slott, and P.H. Van Der Laan (eds.), *Persisters and desisters in crime*

from adolescence into adulthood (Vol. 127-157). Burlington, VT: Ashgate.

333. Spergel, I. A., Wa, K. M., and Sosa, R. V. (2006). The comprehensive, community-wide, gang program model: Success and failure. In J. F. Short and L. A. Hughes (eds.), *Studying youth gangs* (pp. 203-224). Lanh am, MD: AltaMira Press.

334. Steffensmeier, D., Zhong, H., Ackerman, J., Schwartz, J., and Agha, S. (2006). Gender gap trends for violent crimes, 1980 to 2003: A UCR-NCVS comparison. *Feminist Criminology*, 1, 72-98.

335. Stevens, T., Morash, M., and Park, S. (2011). Late-adolescent delinquency: Risks and resilience for girls differing in risk at the start of adolescence. *Youth and Society*, 43, 1433-1458.

336. Stouthamer-Loeber, M., and Loeber, R. (2002). Lost opportunities for intervention: Undetected markers for the development of serious juvenile delinquency. *Criminal Behavior and Mental Health*, 12, 69-82.

337. Stouthamer-Loeber, M., Loeber, R., Stallings, R., and Lacourse, E. (2008). Desistance from and persistence in offending. In R. Loeber, D. P. Farrington, M. Stouthamer-Loeber, and H. R. White (eds.), *Violence and serious theft: Development and prediction from childhood to adulthood* (pp. 269-306). New York: Routledge.

338. Strom, K. J., Colwell, A., Dawes, D., and Hawkins, S. (2010). *Evaluation of the Methodist Home for Children's value-based therapeutic environment model. Research* Triangle Park, NC: Research Triangle Institute.

339. Suter, J. C., and Bruns, E. J. (2009). Effectiveness of the wraparound process for children with emotional and behavioral disorders: A meta-analysis. *Clinical Child and Family Psychology Review*, 12, 336-351.

340. Sweeten, G. (2006). Who will graduate? Disruption of high school education by arrest and court involvement. *Justice Quarterly*, 23, 462-480.

341. Sweeten, G., Pyrooz, D. C., and Piquero, A. R. (2013). Disengaging from gangs and desistance from crime. *Justice Quarterly*, 30, 469-500.

342. Tanner-Smith, E. (2012). Pubertal development and adolescent girls' substance use: Race, ethnicity, and neighborhood contexts of vulnerability, *The Journal of Early Adolescence*, 32, 621-649.

343. Tanner-Smith, E. E., Wilson, S. J., and Lipsey, M. L. (2013a). Risk factors and crime. In F.T. Cullen and P. Wilcox (eds.), *The Oxford handbook of criminological theory* (pp. 89-111). New York: Oxford University Press.

344. —(2013b). The comparative effectiveness of outpatient treatment for adolescent substance abuse: A meta-analysis. *Journal of Substance Abuse Treatment*, 44, 145-158.

345. Task Force on Community Preventive Services. (2007). Recommendation against policies facilitating the transfer of juveniles from juvenile to adult justice systems for the purpose of reducing violence. *American Journal of Preventive Medicine*, 32 (4

参 照 文 献　277

Suppl. #1), 5-6.

346. Taxman, F. S. (2013a). The technical background of the Risk, Need, Responsivity (RNR) Simulation Tool. Fairfax, VA: Center for Advancing Correctional Excellence, George Mason University.

347. ―(2013b). Keys to "Make EBPs Stick": Lessons from the field. *Federal Probation*, September, 76-86.

348. Teplin, L. A., Abram, K. M., McClelland, G. M., Dulcan, M. K., and Washburn, J. J. (2006). Psychiatric disorders of youth in detention. *Juvenile Justice Bulletin*. Washington, DC: Office of Juvenile Justice and Delinquency Prevention.

349. Teske, S. C., and Huff, J. B. (2011). When did making adults mad become a crime? The court's role in dismantling the school-to-prison pipeline. *Juvenile and Family Justice Today*, Winter, 14-17.

350. Thornberry, T. P. (1998). Membership in youth gangs and involvement in serious and violent offending. In R. Loeber and D.P. Farrington (eds.), *Serious and violent juvenile offenders: Risk factors and successful interventions* (pp. 147-166). Thousand Oaks, CA: Sage.

351. ― (2005). Explaining multiple patterns of offending across the life course and across generations. *The Annals of the American Academy of Political and Social Science*, 602, 156-195.

352. Thornberry, T.P., Giordano, P. C., Uggen, C., and Matsuda, M. (2012). Explanations for offending. In R. Loeber and D. P. Farrington (eds.), *From juvenile delinquency to adult crime* (pp. 47-85). New York: Oxford University Press.

353. Thornberry, T. P., Huizinga, D., and Loeber, R. (1998). The prevention of serious delinquency and violence: Implications from the program of research on the causes and correlates of delinquency. In J. C. Howell, B. Krisberg, J. D. Hawkins, and J. J. Wilson (eds.). *Sourcebook on serious, violent, and chronic juvenile offenders* (pp. 213-237). Thousand Oaks, CA: Sage Publications, Inc.

354. Thornberry, T. P., and Krohn, M. D. (2001). The development of delinquency: An interactional perspective. In S. O. White (ed.), *Handbook of youth and justice* (pp. 289-305). New York : Plenum.

355. Thornberry, T. P., Krohn, M. D., Lizotte, A. J., Smith, C. A., and Tobin, K. (2003). *Gangs and delinquency in developmental perspective*. New York: Cambridge University Press.

356. Thornberry, T. P., Smith, C. A., Rivera, C., Huizinga, D., and Stouthamer-Loeber, M. (1999). Family disruption and delinquency. *Juvenile Justice Bulletin*. Washington, DC: U. S. Department of Justice, Office of Juvenile Justice and Delinquency Prevention.

357. Tolan, P. H., Gorman-Smith, D., and Loeber, R. (2000). Developmental timing of onsets of disruptive behaviors and later delinquency of irmer-city youth. *Journal of*

Child and Family Studies, 9, 203-330.

358. Tonry, M. (2007). Treating juveniles as adult criminals: An iatrogenic violence prevention strategy if ever there was one. *American Journal of Preventive Medicine*, 32, 3-4.

359. ― (2009). Explanations of American punishment policies: A national history. *Punishment and Society*, 11, 377-394.

360. Towberrnan, D. B. (1992). A national survey of juvenile risk assessment. *Family and Juvenile Court Journal*, 43, 61-67.

361. U.S. Department of Justice. (2007). *Department of Justice activities under the Civil Rights of Institutionalized Persons Act: Fiscal year 2006*. Washington, DC: Office of the Attorney General, U.S. Department of Justice.

362. ―(2012). *Department of Justice activities under the Civil Rights of Institutionalized Persons Act: Fiscal year 2011*. Washington, DC: Office of the Attorney General, U.S. Department of Justice.

363. Van der Geest, V., Blokland, A., and Bijleveld, C. (2009). Delinquent development in a sample of high-risk youth: Shape, content, and predictors of delinquent trajectories from age 12 to 32. *Journal of Research in Crime and Delinquency*, 46, 111-143.

364. Van Der Put, C. E., Dekovic, M., Geert, J. J., Starns, G. J., Van Der Laan, P. H., Hoeve, M., and Van Amelsfort, L. V. (2011). Changes in risk factors during adolescence: Implications for risk assessment. *Criminal Justice and Behavior*, 38, 248-262.

365. Van Der Put, C. E., Dekovic, M., Stams, G. J., Hoeve, M., Dekovic, M., Spanjaard, H.J. M., Van Der Laan, P. H., and Barnoski, R. P. (2012). Changes in the relative importance of dynamic risk factors on recidivsm during adolescence. *International Journal of Offender Therapy and Comparative Criminology*, 56, 296-316.

366. Van Der Put, C. E., Van Vugt, E. S., Stams, G. J., Dekovic, M., and Van Der Laan, P. H. (2013). Differences in the prevalence and impact of risk factors for general recidivism between different types of juveniles who have committed sexual offenses JSOs) and juveniles who have committed nonsexual offenses (NSOs). *Sexual Abuse: A Journal of Research and Treatment*, 25, 41-68.

367. Van Domburgh, L., Vermeiren, R., and Doreleijers, T. (2008). Screening and assessments. In R. Loeber, H. M. Koot, N. W. Slott, P. H. Van der Laan, and M. Hoeve (eds.), *Tomorrow's criminals : The development of child delinquency and effective interventions* (pp. 165-178). Hampshire, England: Ashgate.

368. Vieira, T. A., Skilling, T. A., and Peterson-Badali, M. (2009). Matching court-ordered services with treatment needs: Predicting treatment success with young offenders. *Criminal Justice and Behavior*, 36, 385-401.

369. Villarruel, F. A., and Walker, N. E. (2002). *Donde esta la justicia? A call to action on behalf of Latino and Latina youth in the U.S. justice system*. Washington, DC: Build-

ing Blocks for Youth.

370. Vincent, G. M., Guy, L. S., and Grisso, T. (2012). *Risk assessment in juvenile justice: A guidebook for implementation.* Chicago, IL: John D. and Catherine T. MacArthur Foundation.

371. Virginia Department of Juvenile Justice. (2005). Juvenile recidivism in Virginia. *DJJ Research Quarterly*, III, 1-12.

372. Wagner, D. (2009). Recommendations for developing a quality assurance program: Alaska Division of Juvenile Justice. Madison, WI: National Council on Crime and Delinquency.

373. Waint, G. (2002). *Standards for the administration of juvenile justice: The need to evaluate performance, identify barriers and incentives for their use.* Williamsburg, VA: National Center for State Courts, Institute for Court Management.

374. Warren, R. (2007). Evidence-based practice to reduce recidivism: Implications for state judiciaries. Williamsburg, VA: National Center for State Courts, National Institute of Corrections.

375. Wasserman, G. A., and Ko, S. J. (2003). Columbia Guidelines for Child and Adolescent Mental Health Referral. New York: Columbia University Department of Child and Adolescent Psychiatry, Center for the Promotion of Mental Health in Juvenile Justice (www.promotementalhealth.org).

376. Wasserman, G. A., Ko, S. J., and McReynolds, L. S. (2004). Assessing the mental health status of youth in juvenile justice settings. *Juvenile Justice Bulletin.* Washington, DC: U.S. Department of Justice, Office of Juvenile Justice and Delinquency Prevention.

377. Wasserman, G. A., and McReynolds, L. S. (2011). Contributors to traumatic exposure and posttraumatic stress disorder in juvenile justice youths. *Journal of Traumatic Stress*, Vol. 24(4): 422-429.

378. Wasserman, G. A., McReynolds, L. S., Ko, S. J., Katz, L. M., and Carpenter, J. (2005). Gender differences in psychiatric disorders at juvenile probation intake. *American Journal of Public Health*, 95, 131-137.

379. Wasserman, G. A., McReynolds, L. S., Lucas, C., Fisher, P., and Santos, L. (2002). The Voice DISC-IV with incarcerated male youth: Prevalence of disorder. *Journal of the American Academy of Child and Adolescent Psychiatry*, 41, 314-321.

380. Wasserman, G. A., McReynolds, L. S., Musabegovic, H., Whited, A. L., Keating, J. M., and Huo, Y. (2009). Evaluating Project Connect: Improving juvenile probationers' mental health and substance use service access. *Administration and Policy in Mental Health and Mental Health Services Research*, 36, 393-405.

381. Wasserman, G. A., McReynolds, L. S., Schwalbe, C. S., Keating, J. M., and Jones, S. A. (2010). Psychiatric disorder, comorbidity, and suicidal behavior in juvenile justice youth. *Criminal Justice and Behavior*, 37, 1361-1376.

382. Watson, L., and Edelman, P. (2012). *Improving the juvenile justice system for girls: Lessons from the states.* Washington, DC: Georgetown Center on Poverty, Inequality, and Public Policy.

383. Welsh, B. C., and Farrington, D. P. (2006). Evidence -based crime prevention. In B. C. Welsh and D. P. Farrington (eds.), *Preventing crime: What works for children, offenders, victims, and places* (pp. 1-17). Dordrecht, The Netherlands : Springer.

384. Welsh, B. C., Loeber, R., Stevens, B. R., Stouthamer-Loeber, M., Coehn, M. A., and Farrington, D. P. (2008). Costs of juvenile crime in urban areas. *Youth Violence and Juvenile Justice,* 6, 3-27.

385. Welsh, B. C., Sullivan, C. J., and Olds, D. L. (2010). When early crime prevention goes to scale: A new look at the evidence. *Prevention Science,* 11, 115-125.

386. Welsh, B. C., and Farrington, D. P. (2007). Save children from a life of crime. *Criminology and Public Policy,* 6, 871-880.

387. West, C. (1993). *Race matters.* Boston : Bacon.

388. Wiebush, R. G., ed. (2002). *Graduated sanctions for juvenile offenders: A program model and planning guide.* Oakland, CA: National Council on Crime and Delinquency and National Council of Juvenile and Family Court Judges.

389. Wiebush, R. G., Baird, C., Krisberg, B., and Onek, D. (1995). Risk assessment and classification for serious, violent, and chronic juvenile offenders. In J.C.Howell, B. Krisberg, J.D.Hawkins, and J.J.Wilson (eds.). *Sourcebook on serious, violent and chronic juvenile offenders* (pp. 171-212). Thousand Oaks, CA: Sage Publications, Inc.

390. Wiebush, R. G., and Hamparian, D. M. (1991). Variations in "doing" intensive supervision: Programmatic issues in four Ohio jurisdictions. In T.L. Armstrong (ed.), *Intensive interventions with high-risk youths: Promising approaches in juvenile probation and parole* (pp. 153-188). Monsey, NY: Criminal Justice Press.

391. Wilson, H. A., and Hoge, R. D. (2013). The Effect of Youth Diversion Programs on Recidivism : A Meta-Analytic Review. *Criminal Justice and Behavior,* 40, 497-518.

392. Wilson, J. J., and Howell, J. C. (1993). *A comprehensive strategy for serious, violent and chronic juvenile offenders.* Washington, DC: Office of Juvenile Justice and Delinquency Prevention.

393. —(1994). OJJDP's comprehensive strategy for serious, violent, and chronic juvenile offenders. *The Juvenile and Family Court Journal,* 45, 3-12.

394. —(1995). Comprehensive strategy for serious, violent, and chronic juvenile offenders. In J.C. Howell, B. Krisberg, J.D. Hawkins, and J.J. Wilson (eds.), A *Sourcebook: Serious, violent, and chronic juvenile offenders* (pp. 36-46). Thousand Oaks, CA: Sage.

395. Wilson, J. J., Kelly, M. R., and Howell, J. C. (2012). *Delaware Report: The Little Engine that Could.* Richmond, VA: The Comprehensive Strategy Group.

参 照 文 献　281

396. Wilson, J. Q. (1995). Crime and public policy. In J. Q. Wilson and J. Petersilia (eds.), *Crime* (pp. 489-507). San Francisco: ICS Press.

397. Wilson, S. J., Lipsey, M. W., and Derzon, J. H. (2003). The effects of school-based intervention programs on aggressive behavior: A meta-analysis. *Journal of Consulting and Clinical Psychology*, 71, 136-149.

398. Winokur-Early, K., Hand, G. A., and Blankenship, J. L. (2012). Validity and Reliability of the Florida Positive Achievement Change Tool (PACT) Risk and Needs Assessment Instrument: A Three-Phase Evaluation (Validation Study, Factor Analysis, Inter-Rater Reliability). Tallahassee, FL: Justice Research Center.

399. Wolfgang, M. E., Figlio, R. M., and Sellin, T. (1972). *Delinquency in a birth cohort.* Chicago: University of Chicago Press.

400. Wong, T. M. L., Slottboom, A.-M, and Bijleveld, C. C. J. H. (2010). Risk factors for delinquency in adolescent and young adult females: A European review. *European Journal of Criminology*, 7, 266-284.

401. Wooldredge, J. D. (1988). Differentiating the effects of juvenile court sentences on eliminating recidivism. *Journal of Research in Crime and Delinquency*, 25, 264-300.

402. Wright, B. R. E., Caspi, A., Moffitt, T. E., and Paternoster, R. (2004). Does the perceived risk of punishment deter criminally prone individuals? Rational choice, self-control, and crime. *Journal of Research in Crime and Delinquency*, 41, 180-213.

403. Yan, J. (2009). A multidisciplinary study on juvenile recidivism and multilevel impacts: Risk factors, neighborhood features, and juvenile justice intervention. Unpublished doctoral dissertation, University of Missouri, Columbia, Missouri.

404. Young, D., Moline, K., Farrell, J., and Bierle, D. (2006). Best implementation practices: Disseminating new assessment technologies in a juvenile justice agency. *Crime and Delinquency,*, 52, 135-158.

405. Zahn, M.A., Agnew, R., Fishbein, D., and Miller, S. (2010). Causes and correlates of girls' delinquency. *Juvenile Justice Bulletin.* Washington, DC: U.S. Department of Justice, Office of Juvenile Justice and Delinquency Prevention,

406. Zahn, M. A., Day, J. C., Mihalic, S. F., and Tichavsky, L. (2009). Determining what works for girls in the juvenile justice system: A summary of evaluation evidence. *Crime and Delinquency*, 55, 266-293.

407. Zara, T., and Farrington, D. P. (2013). Assessment of risk for juvenile compared with adult criminal onset: Implications for policy, prevention, and intervention. *Psychology, Public Policy, and Law*, 19, 235-249.

408. Zavlek, S. (2005). Planning community-based facilities for violent juvenile offenders as part of a system of graduated sanctions. *Juvenile Justice Bulletin.* Washington, DC: U.S. Department of Justice, Office of Juvenile Justice and Delinquency Prevention.

409. Zimring, F. E. (1998). *American youth violence.* New York: Oxford University Press.

索　引

和文事項索引

あ 行

移送（少年司法制度から成人を対象とする刑事
　司法制度への移送）　3, 84, 226, 228
今すぐに非行をやめて計画をたてよう（SNAP®）
　（Stop Now and Plan（SNAP®））　73, 127, 241
ウォーシントン州公共政策インスティテュート
　（Washington State Institute for Public
　Policy（WSIPP））　136, 143, 176
ウォーシントン州少年裁判所評価
　（Washington State Juvenile Court
　Assessment（WSJCA））　149, 168,
　176, 187, 188
恐れさせてまともにする
　（Scared and Straight）　3, 103
オハイオ州若年者評価システム
　（Ohio Youth Assessment System（OYAS））
　176, 181, 186, 187

か 行

カウンセリング　100, 101, 104-107, 109,
　110, 121, 122, 135, 218, 242
カウンティ全体にわたる切れ目のない連続する
　サービスの構築　201
家族機能セラピー
　（FFT Functional Family Therapy）
　97, 109, 136, 137, 149, 194
家族の関与の重要性　134, 146
家族のドメイン（段階領域）　34, 40, 132
学校、精神衛生及び薬物問題　54, 77
学校におけるゼロ・トレランス政策の除去
　74, 210-212
学校に基礎を置く証拠に基づくプログラム　128

学校による少年裁判所への送致を減少させる実
　施要領
　（School Referral Reduction Protocol
　（SRRP））　74, 75, 213
学校のドメイン（段階領域）　34, 47
家庭形式での教育モデル
　（Teaching-Family Home Model）　233
看護師・家族パートナーシップ
　（Nurse Family Partnership）　128
管理に関する情報システム（MIS）　126, 159,
　197, 199-201
機関間でのクライアントの送致　125, 126
ギャング　5, 22-24, 27, 30, 33, 40-47, 50, 52,
　69, 89, 129, 131, 133, 134, 178,
　181, 182, 211, 212, 243-250
ギャングに関与することに関係するリスク要因
　と保護要因　41
行列表（処分決定のための）
　（dispositional matrix）　60, 66, 72, 87, 91,
　141, 153-155, 159, 191-193, 195,
　196, 198, 199, 203-205, 220, 232
切れ目のない連続するサンクション、サービス
　59, 60, 63, 64, 66, 69, 86, 87, 91, 93,
　123, 139, 141, 182, 192, 193, 196,
　199, 201, 205, 209, 220, 239, 240
クレイトン・カウンティ児童研究協同ティーム
　（Clayton County Collaborative Child Study
　Team）　74
ケア・コミュニティ
　（Community That Care（CTC））　70
刑事司法制度は少年犯罪者を扱うモデルとして
　適切ではないこと　228
経路（SVC への）　11, 12, 31, 32, 45-47, 50-53,
　55, 58, 59, 61, 77, 90, 133, 141, 152

和文事項索引　285

拘禁施設への収容　3,6,7,59,66,67,73,78,82,
　　134,141,143,158,180,205,210,
　　216,222,224,225,228-233,245
攻撃に代わる対処の訓練
　（Aggression Replacement Training）
　　　　97,137,149,242
構造化された意思決定（リスク評価およびニー
　ズの評価もみよ）　72,91,141,149,154,
　　157,159,160,162,194,
　　196,203,204,205,206
構造化された意思決定ツール　157,159,160,
　　162,203-206,209
高度のリスクを抱えた家族　128
ゴールト（In re Gault）-少年事件における憲法上
　の諸権利の保護　214
ゴールト（In re Gault）の約束　214
ゴールト（In re Gault）の約束が守られていない
　理由　215-217
ゴールト（In re Gault）の約束の実現　214
コストが低く便益の高いプログラム　136-138
個人のドメイン（段階領域）　33,133

さ　行

サービス・ティーム（コミュニティ・プランニング・
　ティーム）　123,124
サービスの「青写真」　160,236,237
再逮捕の予測　220
裁判所の成果（performance）へのサポート
　　　　202,203
再犯リスク　180,184,188,191-195,201,202
再犯リスクの評価　177,178,180,191,195,201
再犯率　5,7-9,11,22,24,72,83,84,103,
　　104,107,110,114,119,120,136,138,
　　140-142,149,169,170,182,196,208
三振法（キャリフォーニア州）　77
サン・ディエゴ再犯サイクル打破プログラム
　（San Diego Breaking Cycle program）
　　　　70,81,82

指導者（mentor）　94,106,121,124,
　　128,148,149,205,221
児童特別擁護者（裁判所による任命）
　（Court Appointed Special Advocates
　（CASA） for Children）　136
児童の非行への初期介入　26,72,78,127
社会と被害者へのコスト（SVC）　16-24,27-29,
　　46,51-53,55,57-60,62,63,71,
　　73,76,84,123,132,133,140,
　　166,178,189,199,232,246
若年者と家族のニーズと強さの評価モデル
　（Model Youth and Family Assessment of
　Needs and Strengths）　179,181,197
州全体にわたる証拠に基づくプログラム策定の
　障碍　145-147
収容のコスト対ディヴァージョンのコスト
　　　　67,72,73,77,78,136-138,228,229
重大犯罪および粗暴犯への発達経路　49-53
重大犯罪と粗暴犯を犯す少年犯行者に対する包
　括戦略
　（Comprehensive Strategy （CS） for
　Serious, Violent Juvenile Offenders）
　　　　19,64,209
重大犯罪を犯し、粗暴犯を犯し、かつ慢性的に犯
　行を犯す犯行者
　（serious, violent, chronic （SVC） offenders）
　　　16-24,27-29,46,51-53,55,57-60,
　　　62,63,71,73,76,84,123,132,133,
　　　140,166,178,189,199,232,246
証拠に基づくサービスのコストと便益　136-138
証拠に基づくプログラム　4,5,70,86,87,93,95,
　　97-100,109,112,123,127,136,139,
　　145-153,157,172,197-199,210,229,241,250
証拠に基づくプログラムと実務の全国登録
　（National Registry of Evidence-based
　Programs and Practices （NREPP））　95
少年サンクション・センター・リスク評価ツール
　（Juvenile Sanctions Center （JSC） Risk
　Assessment Instrument　169,173,175,176

少年司法プラン策定ツール
  （Juvenile Justice Planning Tool（JJPT））
    200
少年司法情報システム　　200
少年司法精神衛生促進センター（コロンビア大
  学）
  （Center for the Promotion of Mental Health
  in Juvenile Justice at Columbia Univercity）
    124
少年司法制度の効果を高める戦略
  （Juvenile Justice System Enhancement
  Strategy（JJSES））　　155,198
少年司法の運用に関するミズーリ州成果基準
  （Missouri's Performance Standards for the
  Administration of Juvenile Justice）　202
少年司法の課題　　5
少年司法のサイクル　　1
少年の性犯罪者　　129-131
少年の犯行に関する三つの指導的理論　　47
少年の身柄拘束の代替策を始めるイニシャティ
  ヴ
  （Annie E. Casey Juvenile Detention
  Alternatives Initiative）　　221
少年のリスク評価（「リスク評価」もみよ）　169
少年犯行者のキャリア　　12,16,19
少年犯罪予防会議
  （Juvenile Crime Preventin Councils
  （JCPCs））　　69,70,88
少年評価センター
  （Juvenile Assessment Centers）　75,76,88
少年プロベイション主任担当官ペンシルヴァニ
  ア州カウンシル家族関与委員会
  （Family Involvement Committee of the
  Pensylvania Council of Chief Juvenile
  Probation Officers）　　135
少年を刑事司法制度に移すことをなくすこと
    76,88
初期の介入　　26,46,62,63,72,78,90,127

初期の犯行の開始（SVC）　　16-24,27-29,46,
  51-53,55,57-60,62,63,71,73,76,84,123,
  132,133,140,166,178,189,199,232,246
処遇上のニーズの重複　　182
女子（の非行）　　6,15,26,38-41,43-45,53,54,
  71,169,175,189,211,234-243
女子に関するリスク要因と保護要因　　38-41
女子の健康度検査ツール
  （Girls Health Screen（GHS）instrument）
    240
女子の処遇上のニーズとバランスのとれた方法
  による対処　　234
女子の繋がりに関するリスクの評価ツール
  （Girls Link risk assessment instrument）
    175
女性に応答するという視点対何が効果があるか
  という視点　　238-243
女性に応答するプログラム　　238
人種・民族の少数者と少年司法制度
    6,207,210,222-224
人種・民族の少数者の少年司法制度との均衡を
  失した接触を減少させること
    75,76,221,224-226
ステータス・オフェンス（status offense）
    61,235
精神衛生　　5,6,23-26,39,54,55,62,68,76-78,
  90,124-129,131,134,135,137,146,
  159,160,179,181,183,189,190,197,
  206,212,217,218,229,235,238,240
静的要因を用いた予測対動的要因を用いた予測
  （リスク評価ツールにおける）　　168
制度全体にわたる評価の枠組み　　141,142
性に中立的なプログラム　　241,242
性犯罪者　　101,129-131
性犯罪の女性被害者　　39
ゼロ・トレランス　　74,210-212
全国ギャング・センター（National Gang Center）
    249

和文事項索引　287

全国少年弁護センター
　　（National Juvenile Defender Center）　217
全国リサーチ協議会
　　（National Research Council）　137
粗暴犯予防のための青写真
　　（Blueprints for Violence Prevention）94,97

た　行

逮捕に代わる非刑事の反則処理切符（citation）
　　　　　　　　　　　　　　　　75,194
多次元的治療のための里親ケア
　　（Multidimentional Treatment Foster Care
　　（MTFC））　　　　　　　　　　97
多面全科セラピー
　　（MST（Multi-Systemic Therapy））
　　　　　　97,101,109,137,149,194,241
段階的サンクション　60,64,66,71,77,79,80-87,
　　　　　92,106,158,192,205,246
段階的評価(密度の異なる二つのレベル)
　　　　　　47,154,159,189,197
ディヴァージョン　7,28,65,66,71-75,90,91,
　　　　　137,142,166,186,194,201
データを収集し分析し活用する（システム）
　　（data-driven system）　69,85,88,91,155,
　　　　　　　　　　200,202,209
デュー・プロセス上の権利　　　　　214
デュー・プロセスと効果的な弁護　　214
統合されたサービス　　　　　　　　126
同輩のドメイン（段階領域）
　　　　　35,37,40,42,133,134
特別のニーズ　　　　　　　　129,213
特別のニーズのある児童　　　　　　129
トラウマに関する情報を踏まえたサービス
　　　　　　　　　　　238,239,241

な　行

ニーズ（ニード）の評価　28,58,60,72,91,122,
　　　127,142,158,160-162,169,177,179,180,
　　　184,187,190,191,200,203,204,209,225,238
ニューヨーク市身柄拘束選別ツール　　219
年齢とともに変化する可能性のあるリスク要因
　　　　　　　　　　　　　　25,30-38
年齢犯罪曲線　　　　　14,45,48,138-140
ノースキャロライナ州リスク評価
　　（North Carolina Assessment of Risk
　　（NCRA））　　　　　　　　　176

は　行

破壊的児童　　　　　　　　　　　127
発達過程　　　　　　　12,46,49,58,159
発達過程に関連するリスク要因と保護要因
　　　　　　　　　　　24-26,33-36
発達上のドメイン（各段階領域）　45,131,180
発達段階におけるリスク要因　　26,29,30,
　　　　　　32-37,40,42,45,47,
　　　　　131-134,174,180,181
発達段階に応じた適切なサービス　131-134,159
発達の経路　　　　　　　　　　49-53
発達理論　　　　　　　　　　49,50,55
バランスのとれたシステムの枠組み
　　　　　　　　　　202,204,234
バランスのとれた修復的司法
　　（Balanced and Restorative Justice）　200
犯行者とサービスとのマッチング　29,71,72,
　　　88,91,121-124,132,142,149,153,
　　　154,157,161,165,171,181-183,186,
　　　188,193,196,197,201,205,209
犯行を自らやめること（dessistance）　133,134
犯罪と非行に関するペンシルヴァニア州委員会
　　（Pennsylvania Commission on Crime and
　　Delinquency）　　　　　8,135,149,155

反則処理（civil citation） 75,76,194
反則処理切符（citation） 75,76
被害に遭った女子 239
非行予防の「青写真」
（Blueprints for Prevention, the OJJDP
Model Program Guide） 94,97,99
被収容者基本権法（CRIPA）
（Civil Rights of Institutionalized Persons
Act） 25,231
標準化されたケース・プラン 197
標準化されたプログラム評価手順（実施要綱）
（SPEP Standerdized Program Evaluation
Protocol） 113-122,139,153-155,208
ブート・キャンプ 101,103
ブランド名のないサービス 115,197
ブランド名のないプログラム
98,103,108-110,153
プログラムの改善の「青写真」 119,120
プログラムの質の保障（QA） 198
プログラム評価の標準手順（実施要領）
（Standerdized Program Evaluation
Protocol（SPEP）） 113
フロリダ州少年司法品質改善局
（Bureau of Quality Improvement in the
Florida Department of Juvenile Justice） 198
フロリダ州少年司法部処分勧告行列表
（Florida Department of Juvenile Justice
Dispositional Recommendation Matrix） 195
弁護権 214-217
ペンシルヴァニア州の少年司法制度に関する家
族のためのガイド
（Family Guide to Pennsylvania's Juvenile
System） 135
包括戦略（comprehensive strategy） 19,26,
57-93,123,139,153,154,
157,158,192,203,209,232
包括戦略の要 123
包括的ケース・プラン 91,123,124,134,196
包括的リスクおよびニーズの評価ツール 169

保護要因 11,24,26,29,31-33,35,36,38,
41,45-47,53,58,68,69,81,85,
132,158,164,177,188,200

ま 行

マサチューセッツ若年者選別ツール第二版
（Massachusetts Youth Screening
Instrument Second Version（MAYSI-2））
190
マッチング（サービスとニーズの） 29,71,72,
88,91,121-124,132,142,149,153,
154,157,161,165,171,181-183,186,
188,193,196,197,201,205,209
身柄拘束（観護措置）（detention） 3,6,7,129,
143,157,186,190,207,210,216,
218-221,223-225,228,235,240,245
身柄拘束の過度の使用 6,207,218,224
身柄拘束の度を超した利用をなくすこと
218,225
身柄拘束評価モデル・ツール
（model Detention Assessment Instrument
（DAI）） 218,219
未成熟を理由とする割引（少年） 227
メタ分析 24,26,35,39,72,73,79,88,
94,95,100-103,106,107,109,
110,113-115,139,208,233,242
メタ分析の定義 102
メンタリング 100,104,106,107,121,128
モデル・プログラム・ガイド 95
モデル・プログラムの忠実な実施 110-112

や 行

良い方向への変化をもたらすツール
（Positive Achievement Change Tool
（PACT）） 188,189,195,200
予防の層 68

ら 行

リスク・ニード・応答性モデル
（Risk-Need-Responsivity（RNR）model）
94,184,185

リスクの保険統計的評価　123,164-168,170,
172,175,176,178,
187-189,204,237

リスク評価　　46,55,57,58,66,81,88,118,
123,127,132,133,141,149,153,
155,157-161,163-178,179,183,
187,191,201,204,209,229,237

リスク要因　　23-25,29-47,53,57,58,61,63,
65,68-70,81,83,85,87,89,120,130-132,
158,163-165,168,171,173,174,176,177,
188,200,204,219,222,244,247,249

リスク要因と保護要因　　24,33-36,38,41,47,
53,69,85,132,188,200

英数字

Lipsey の研究　　107

OJJDP（アメリカ合衆国司法省少年司法および
非行予防局）
（Office of Juvenile Justice and Delinqueny
Prevention）　　18,59,60,95,97,175,209,
223,230,231,241,247,250

SPEP ツールでの主要なサービス・タイプで示
されたニーズとのマッチング　　121-123

SVC（重大犯罪を犯し、粗暴犯を犯し、かつ慢性
的に犯行を犯す犯行者）　　16-24,27-29,46,
51-53,55,57-60,62,63,71,73,76,84,123,
132,133,140,166,178,189,199,232,246

SVC グループにおけるギャングメンバー
22-24,27,246

SVC の犯行全体に占める割合　　18-22,27,53,71

Voice 診断（児童を対象とする Voice 診断インタ
ヴュースケジュール第四版
（Voice Diagnostic Interview Schedule for
Children（DISC-IV））　　189,238

8 パーセントに対する初期介入プログラム
（8%　Early Intervention Program）　81,178

英文事項索引

A・B・C・D

Annie E. Casey Juvenile Detention Alternatives
Initiative
（少年の身柄拘束の代替策を始めるイニシャ
ティヴ） 221

ART（Aggression Replacement Training）
（攻撃に代わる対処の訓練） 97,137,149,242

balanced and restorative justice
（バランスのとれた修復的司法） 200

Blueprints for Prevention, the OJJDP Model
Program Guide（非行予防の青写真） 97

Blueprints for Violence Prevention Project
（粗暴犯予防プロジェクト青写真） 4,94,97

Bureau of Quality Improvement in the Florida
Department of Juvenile Justice
（フロリダ州少年司法品質改善局） 198

Center for the Promotion of Mental Health in
Juvenile Justice
（少年司法精神衛生促進センター） 124

Clayton County Collaborative Child Study Team
（クレイトン・カウンティ児童研究協同ティ
ーム） 74

Communities That Care（CTC）
（ケア・コミュニティ） 70

Comprehensive Risk and Needs Assessment
（CRN）instrument
（包括的リスクおよびニーズの評価ツール）
169

Comprehensive Strategy（CS）for Serious,
Violent Juvenile Offenders
（重大犯罪と粗暴犯を犯す少年非行者に対す
る包括戦略） 19,57-92,93,123,209,232

confinement（拘禁施設への収容） 3,6,7,24,
59,63-67,73,78,82,83,134,141,143,158,
180,205,210,216,222,224,225,228-233,245

CrimeSolutions.gov 243

CRIPA（Civil Rights of Institutionalized Persons
Act）（被収容者基本権法） 231,250

detention（身柄拘束（観護措置）） 3,6,7,129,
143,157,186,190,210,216,218-221,
223-225,228,235,240,245

disposition matrix（処分決定に用いる行列表）
60,66,72,87,91,141,153-155,
159,191-193,195,196,198,
199,203-205,220,232

F・G・I・J・M

Family Involvement Committee of the Pensyl-
vania Council of Chief Juvenile Probation
Officers
（少年プロベイション主任担当官ペンシルヴ
ァニア州カウンシル家族関与委員会） 135

FFT（Family Functional Therapy）
（家族機能セラピー）
97,109,136,137,149,194

Florida Department of Juvenile Justice
Disposition Recommendation Matrix
（フロリダ州少年司法部処分勧告行列表）
195

Girls Health Screen（GHS）instrument
（女子の健康チェックツール） 240

Girls Link risk instrument
（女子のリンク評価ツール） 175

In re Gault（ゴールト） 214

Juvenile Assessment Centers（JACs）
（少年評価センター） 75,76,88

英文事項索引　291

Juvenile Crime Prevention Councils（JCPCs）
　（少年犯罪予防会議）　　　69,70,88
Juvenile Justice Information System（OJIS）
　（少年司法情報システム）　　200
Juvenile Justice Planning Tool（JJPT）
　（少年司法計画ツール）　　　200
Juvenile Justice System Enhancement Strategy
　（JJSES）
　（少年司法制度の効果を高める戦略）
　　　　　　　　　　　　　155,198
Juvenile Sanctions Center（JSC）Risk
　Assessment Instrument
　（少年サンクション・センター・リスク評価
　ツール）　　　　　　　　175,176
Juvenile Sanctions Center
　（少年サンクション・センター）
　　　　　　　　169,173,175,176
Massachusetts Youth Screening Instrument
　Second Version（MAYSI-2）
　（マサチューセッツ若年者選別ツール第二
　版）　　　　　　　　　　　　190
MIS（Management Information System）
　（管理に関する情報システム）　　199
model Detention Assessment Instrument（DAI）
　身柄拘束評価モデル・ツール　　218
Model Programs Guide
　（モデル・プログラム・ガイド）　95,97
MST（Multi-systemic Therapy）
　（多面全科セラピー）　　97,101,109,137,
　　　　　　　　　　　　　149,194,241
MTFC（Multidimentional Treatment Foster
　Care）
　（多次元的治療のための里親ケア）　97,241

N・O・P・R・S

National Gang Center
　（全国ギャング・センター）　　249

National Juvenile Defender Center
　（全国少年弁護センター評価）　　217
National Registry of Evidence-based Programs
　and Practices（NREPP）
　（証拠に基づくプログラムと実務の全国登録
　リスト）　　　　　　　　　　95
National Research Council
　（全国リサーチ協議会）　　　137
NCJFCJ Juvenile Sanctions Center
　（NCFTJ 少年裁判所および家庭裁判所所裁
　判官全国カウンシルサンクション・センタ
　ー）　　　　　　　　　　　181
NCJFCJ（National Council of Juvenile and
　Family Court Jedges）
　（少年裁判所および家庭裁判所全国カウンシ
　ル）　　　　　　175,176,179,181
North Carolina Assessment of Risk（NCRA）
　（ノースキャロライナ州リスク評価）　176
Nurse Family Partnership
　（看護師・家族パートナーシップ）　128
Office of Juvenile Justice and Delinquency
　Prevention（OJJDP）
　（アメリカ合衆国司法省少年司法および非行
　予防局）　　　16-24,27-29,46,51-53,55,
　　　　　57-60,62,63,71,73,76,84,123,132,
　　　　　133,140,166,178,189,199,232,246
Ohio Youth Assessment System（OYAS）
　（オハイオ州若年者評価システム）
　　　　　　　　　　　176,186,187
Positive achievement change tool（PACT）
　（良い方向への変化をもたらすツール）
　　　　　186,188,189,194,195,200
Pennsylvania Commission on Crime and
　Delinquency
　（ペンシルヴァニア州犯罪および非行委員
　会）　　　　　8,135,149,155
Risk-Need-Responsivity（RNR）model
　（リスク・ニード・応答性モデル）
　　　　　　　　　　　94,184,185

San Diego County Breaking Cycles Program
（サンディエゴ・カウンティ再犯サイクル打破プログラム）　81

School Referral Reduction Protocol（SRRP）
（学校による少年裁判所への送致を減少させる実施要綱）　74,75,213

Serious, Violent, Chronic（SVC）Offenders
（重大犯罪を犯し、粗暴犯を犯し、かつ慢性的に犯行を犯す犯行者）　60,71

SPEP Standerdized Program Evaluation Protocol
（標準化されたプログラム評価手順（実施要綱））　113,122,139,153-155,208

Stop Now and Plan（SNAP®）
（今犯行をやめてプランをたてよう）73,127

T・V・W・Y

Teaching-Family Home Model
（家庭形式での教育モデル）　233

Voice Diagnostic Interview Schedule for Children（DISC-IV）
（児童を対象とする Voice 診断インタヴュー・スケジュール第四版）　189,238

Washington State Institute for Public Policy（WSIPP）
（ウォーシントン州公共政策インスティテュート）　136,143,176

Washington State Juvenile Court Assessment（WSJCA）
（ウォーシントン州少年裁判所評価）　149,168,176,187,188

Youth Assessment and Screening Instrument（YASI）
（若年者評価およびスクリーニングツール）　167

Youth Level of Service/Case Management Inventory（YLS/ CMI）
（若年者のサービスレベルとケース管理の目録）　167

訳 者 紹 介

中野目善則
なか の め よし のり

- 1953 年　福島県に生まれる
- 1975 年　中央大学法学部卒業
- 1979 年　同大学院法学研究科刑事法専攻修士課程修了
- 1983 年　同大学院法学研究科刑事法専攻博士後期課程中退
- 1988 年　川村学園女子大学文学部専任講師
- 1992 年　川村学園女子大学文学部助教授
- 1994 年　桐蔭横浜大学法学部助教授
- 1998 年　中央大学法学部教授
- 2004 年　中央大学大学院法務研究科教授
- 2014 年より中央大学法学部教授

〈主な著書・訳書・論文〉

著書　『二重危険の法理』中央大学出版部（2015 年）

編著　『法の機能と法解釈』八千代出版（1993 年）
　　　『国際刑事法』中央大学出版部（2013 年）

翻訳　「リストーラティヴ・ジャスティス理論の有効性のデータによる検証」『比較法雑誌』45 巻 4
　　　号（2012 年）
　　　「企業の刑事責任に関する新たなアプローチ」、「イギリス法における企業の刑事責任」、「オ
　　　ーストラリアにおけるコーポレート・ガバナンス」丸山秀平編『企業の活動に関する法規
　　　制』日本比較法研究所（2011 年）

論文　「違法排除法理の展開における違法認定と証拠排除—第一京浜職務質問および車内検査事件
　　　最高裁判例を契機に—」『中央ロー・ジャーナル』13 巻 2 号（2016 年）
　　　「緊急捜索・押収の適法性について」『中央ロー・ジャーナル』9 巻 1 号（2012 年）
　　　「プライバシーの合理的期待の観点からする捜査活動の規律—任意・強制の区別による規律
　　　から，プライバシーの合理的期待の分析による規律へ—」『中央ロー・ジャーナル』8 巻 2
　　　号（2011 年）
　　　「英国における犯罪の予防・減少のための PPO 戦略（Prolific and Other Priority Offender
　　　Strategy—慢性多発性優先処遇犯対処戦略)について」『比較法雑誌』43 巻 4 号（2010 年）
　　　「OJJDP による Comprehensive strategy」渥美東洋編『犯罪予防の法理』成文堂（2008 年）
　　　他多数

証拠に基づく少年司法制度構築のための手引き

日本比較法研究所翻訳叢書（78）

2017 年 5 月 25 日　初版第 1 刷発行

訳　者　中野目善則
発行者　神﨑茂治

発行所　中央大学出版部

〒 192-0393
東京都八王子市東中野 742-1
電話 042（674）2351・FAX 042（674）2354
http://www2.chuo-u.ac.jp/up/

ⓒ 2017　中野目善則　　　ISBN　978-4-8057-0379-3　　　藤原印刷株式会社

本書の無断複写は、著作権法上での例外を除き、禁じられています。
複写される場合は、その都度、当発行所の許諾を得てください。

日本比較法研究所翻訳叢書

0	杉山直治郎訳	仏 蘭 西 法 諺	B 6 判 (品切)
1	F・H・ローソン 小堀憲助他訳	イギリス法の合理性	A 5 判 1200 円
2	B・N・カドーゾ 守屋善輝訳	法 の 成 長	B 5 判 (品切)
3	B・N・カドーゾ 守屋善輝訳	司 法 過 程 の 性 質	B 6 判 (品切)
4	B・N・カドーゾ 守屋善輝訳	法律学上の矛盾対立	B 6 判 700 円
5	P・ヴィノグラドフ 矢田一男他訳	中世ヨーロッパにおけるローマ法	A 5 判 (品切)
6	R・E・メガリ 金子文六他訳	イギリスの弁護士・裁判官	A 5 判 1200 円
7	K・ラーレンツ 神田博司他訳	行 為 基 礎 と 契 約 の 履 行	A 5 判 (品切)
8	F・H・ローソン 小堀憲助他訳	英米法とヨーロッパ大陸法	A 5 判 (品切)
9	I・ジュニングス 柳沢義男他訳	イギリス地方行政法原理	A 5 判 (品切)
10	守屋善輝編	英 米 法 諺	B 6 判 3000 円
11	G・ボーリー他 新井正男他訳	〔新版〕消 費 者 保 護	A 5 判 2800 円
12	A・Z・ヤマニー 真田芳憲訳	イスラーム法と現代の諸問題	B 6 判 900 円
13	ワインスタイン 小島武司編訳	裁判所規則制定過程の改革	A 5 判 1500 円
14	カペレッティ編 小島武司編訳	裁判・紛争処理の比較研究(上)	A 5 判 2200 円
15	カペレッティ 小島武司他訳	手続保障の比較法的研究	A 5 判 1600 円
16	J・M・ホールデン 高窪利一監訳	英 国 流 通 証 券 法 史 論	A 5 判 4500 円
17	ゴールドシュティン 渥美東洋監訳	控 え め な 裁 判 所	A 5 判 1200 円

日本比較法研究所翻訳叢書

18	カペレッティ編 小島武司編訳	裁判・紛争処理の比較研究（下）	A5判 2600円
19	ドゥローブニク 他編 真田芳憲他訳	法社会学と比較法	A5判 3000円
20	カペレッティ編 小島・谷口編訳	正義へのアクセスと福祉国家	A5判 4500円
21	P・アーレンス編 小島武司編訳	西独民事訴訟法の現在	A5判 2900円
22	D・ヘーンリッヒ編 桑田三郎編訳	西ドイツ比較法学の諸問題	A5判 4800円
23	P・ギレス編 小島武司編訳	西独訴訟制度の課題	A5判 4200円
24	M・アサド 真田芳憲訳	イスラームの国家と統治の原則	A5判 1942円
25	A・M・プラット 藤本・河合訳	児童救済運動	A5判 2427円
26	M・ローゼンバーグ 小島・大村編訳	民事司法の展望	A5判 2233円
27	B・グロスフェルト 山内惟介訳	国際企業法の諸相	A5判 4000円
28	H・U・エーリヒゼン 中西又三編訳	西ドイツにおける自治団体	A5判 (品切)
29	P・シュロッサー 小島武司編訳	国際民事訴訟の法理	A5判 (品切)
30	P・シュロッサー他 小島武司編訳	各国仲裁の法とプラクティス	A5判 1500円
31	P・シュロッサー 小島武司編訳	国際仲裁の法理	A5判 1400円
32	張晋藩 真田芳憲監修	中国法制史（上）	A5判 (品切)
33	W・M・フライエンフェルス 田村五郎編訳	ドイツ現代家族法	A5判 (品切)
34	K・F・クロイツァー 山内惟介監訳	国際私法・比較法論集	A5判 3500円
35	張晋藩 真田芳憲監修	中国法制史（下）	A5判 3900円

日本比較法研究所翻訳叢書

36	G・レジエ 他 山野目章夫 他訳	フランス私法講演集	A5判 1500円
37	G・C・ハザード 他 小島武司 編訳	民事司法の国際動向	A5判 1800円
38	オトー・ザンドロック 丸山秀平 編訳	国際契約法の諸問題	A5判 1400円
39	E・シャーマン 大村雅彦 編訳	ＡＤＲと民事訴訟	A5判 1300円
40	ルイ・ファボルー 他 植野妙実子 編訳	フランス公法講演集	A5判 3000円
41	S・ウォーカー 藤本哲也 監訳	民衆司法—アメリカ刑事司法の歴史	A5判 4000円
42	ウルリッヒ・フーバー 他 吉田 豊・勢子訳	ドイツ不法行為法論文集	A5判 7300円
43	スティーヴン・L・ペパー 住吉 博 編訳	道徳を超えたところにある法律家の役割	A5判 4000円
44	W・マイケル・リースマン 他 宮野洋一 他訳	国家の非公然活動と国際法	A5判 3600円
45	ハインツ・D・アスマン 丸山秀平 編訳	ドイツ資本市場法の諸問題	A5判 1900円
46	デイヴィド・ルーバン 住吉 博 編訳	法律家倫理と良き判断力	A5判 6000円
47	D・H・ショイイング 石川敏行 監訳	ヨーロッパ法への道	A5判 3000円
48	ヴェルナー・F・エブケ 山内惟介 編訳	経済統合・国際企業法・法の調整	A5判 2700円
49	トビアス・ヘルムス 野沢・遠藤訳	生物学的出自と親子法	A5判 3700円
50	ハインリッヒ・デルナー 野沢・山内 編訳	ドイツ民法・国際私法論集	A5判 2300円
51	フリッツ・シュルツ 眞田芳憲・森 光訳	ローマ法の原理	A5判 (品切)
52	シュテファン・カーデルバッハ 山内惟介 編訳	国際法・ヨーロッパ公法の現状と課題	A5判 1900円
53	ペーター・ギレス 小島武司 編	民事司法システムの将来	A5判 2600円

日本比較法研究所翻訳叢書

54	インゴ・ゼンガー 占積・山内 編訳	ドイツ・ヨーロッパ民事法の今日的諸問題	A 5 判 2400 円
55	ディルク・エーラース 山内・石川・ 工藤 編訳	ヨーロッパ・ドイツ行政法の諸問題	A 5 判 2500 円
56	コルデュラ・シュトゥンプ 楢崎・山内 編訳	変革期ドイツ私法の基盤的枠組み	A 5 判 3200 円
57	ルードフ・V・イエーリング 眞田・矢澤 訳	法学における冗談と真面目	A 5 判 5400 円
58	ハロルド・J・バーマン 宮島直機訳	法 と 革 命 II	A 5 判 7500 円
59	ロバート・J・ケリー 藤本哲也監訳	アメリカ合衆国における組織犯罪百科事典	A 5 判 7400 円
60	ハロルド・J・バーマン 宮島直機訳	法 と 革 命 I	A 5 判 8800 円
61	ハンゾ・D・ヤラス 松原光宏編	現代ドイツ・ヨーロッパ基本権論	A 5 判 2500 円
62	ヘルムート・ハインリッヒス他 森 勇 監訳	ユダヤ出自のドイツ法律家	A 5 判 13000 円
63	ヴィンフリート・ハッセマー 堀内捷三監訳	刑罰はなぜ必要か 最終弁論	A 5 判 3400 円
64	ウィリアム・M・サリバン他 柏木 昇 他訳	アメリカの法曹教育	A 5 判 3600 円
65	インゴ・ゼンガー 山内・鈴木 編訳	ドイツ・ヨーロッパ・国際経済法論集	A 5 判 2400 円
66	マジード・ハッドゥーリー 眞田芳憲訳	イスラーム国際法 シャイバーニーのスィヤル	A 5 判 5900 円
67	ルドルフ・シュトラインツ 新井誠訳	ドイツ法秩序の欧州化	A 5 判 4400 円
68	ソーニャ・ロートエルメル 只木誠監訳	承諾、拒否権、共同決定	A 5 判 4800 円
69	ペーター・ヘーベルレ 畑尻・土屋 編訳	多元主義における憲法裁判	A 5 判 5200 円
70	マルティン・シャウアー 奥田安弘訳	中東欧地域における私法の根源と近年の変革	A 5 判 2400 円
71	ペーター・ゴットバルト 二羽和彦編訳	ドイツ・ヨーロッパ民事手続法の現在	A 5 判 2500 円

日本比較法研究所翻訳叢書

72	ケネス・R・ファインバーグ 伊藤壽英訳	大惨事後の経済的困窮と公正な補償	A5判 2600円
73	ルイ・ファヴォルー 植野妙実子監訳	法 に と ら わ れ る 政 治	A5判 2300円
74	ベートラ・ポールマン 山内惟介編訳	ドイツ・ヨーロッパ保険法・競争法の新展開	A5判 2100円
75	トーマス・ヴュルテンベルガー 畑尻 剛編訳	国家と憲法の正統化について	A5判 5100円
76	ディルク・エーラース 松原光宏編訳	教 会・基 本 権・公 経 済 法	A5判 3400円
77	ディートリッヒ・ムルスヴィーク 畑 尻 剛編訳	基 本 権・環 境 法・国 際 法	A5判 6400円

＊価格は本体価格です。別途消費税が必要です。